Das Buch:

Wir alle tragen ein riesiges Repertoire an Emotionen mit uns herum, sind sehr stark eingebunden in unsere Gefühle und Erfahrungen, die zum Teil schon durch Erlebnisse in der frühen Kindheit in uns angelegt wurden. Diese können heute, im Alltag, oft durch kleinste zwischenmenschliche Ereignisse wieder hervorgerufen werden. Emotionen können also aus sich heraus unseren Alltag bestimmen, unser soziales Miteinander in Beruf- und Privatleben beeinflussen und auch massiv unser gesundheitliches und seelisches Wohlergehen beeinträchtigen.

Wie man lernt, seine Emotionen zu hinterfragen, ihnen auf den Grund zu gehen und entsprechend zu verarbeiten, um mit ihnen zurechtzukommen, beschreibt dieses Buch auf ausführliche und anschauliche Weise.

Stefanie Menzel,

Jahrgang 1959, hat nach dem Studium der Kunsttherapie und der energetischen Lebensphilosophie eine zusätzliche Ausbildung im Bereich Aufstellungsarbeit absolviert. Freiberuflich ist sie heute als Dozentin, Beraterin (Schwerpunkt: energetische Klärung bei Krankheiten und Lebensproblemen), energetischer Coach und Künstlerin tätig. Ein Großteil ihrer Arbeit widmet sich der Forschung und Lehre hinsichtlich der zwischenmenschlichen Energiefeldverbindungen. Den Schulungsweg zum Heilenergetiker® und der energetischen Aufstellungsarbeit hat sie selbst begründet und entwickelt.

Stefanie Menzel

Heilenergetik

Die eigene Aura stärken
Das Leben bewusst gestalten
mit mentalen
und energetischen
Aufbau-Übungen

ISBN 978-3-89767-802-6

Stefanie Menzel:	Umschlag: Murat Karaçay
Heilenergetik -	Grafiken: Regina Zienczyk, Stefanie Menzel
Die eigene Aura stärken	Redaktion: Heike Wietelmann, Schirner
das Leben bewusst gestalten	Satz: Michael Zuch, Frankfurt am Main
Copyright © 2009	Herstellung: Reyhani Druck & Verlag,
Schirner Verlag, Darmstadt	Darmstadt, Germany

www.schirner.com

2. erweiterte und überarbeitete Auflage 2010

Alle Rechte der Verbreitung, auch durch Funk, Fernsehen und sonstige
Kommunikationsmittel, fotomechanische oder vertonte Wiedergabe sowie
des auszugsweisen Nachdrucks vorbehalten

Inhalt

Vorwort   9

Einleitung   11

1.   Das Energiefeld als Grundlage der menschlichen Existenz
      Alles ist Energie   13
      Darstellung und Funktionsweise der Aura   16
      Stärkung der Aura   22

2.   Das Energiebarometer   25
      Entscheidung   29
      Entwicklung   30
      »Hüter der Schwelle« und Prüfung   31
      Wachstum und Entfaltung   34
      Ohnmacht   36
      Überblick und Nutzen   39
      Energiebarometer im täglichen Leben   42
      Positive Veränderung durch das Energiebarometer   44

3.   Die Chakren als Organe des Energiefeldes   47
      Bedeutung der Chakren   54
      Wirkung geöffneter Chakren   57

4.   Gefühle, Berührungspunkte von Geist und Materie   79
      Gefühle und Emotionen   85
      Entwicklung von Gefühl und Emotion   87
      Klassifizierung der Gefühle   92
        Basisgefühle   92
        Primärgefühle   96
        Sekundärgefühle   98
      Energetische Sicht der Gefühle   104
      Emotionen als Lebensgestalter   104

5.   *Strukturen in der Aura*   *109*

        Energetische Ohnmacht   *111*
        Ohnmacht aus energetischer Sicht   *118*
        Trotz   *125*
        Wut   *128*
        Trauer   *131*
        Scham   *133*
        Moral   *135*
        Glaubenssätze   *137*
        Loch und Kabel   *142*
        Angst   *155*
        Angst aus energetischer Sicht   *160*
        Lüge   *165*
        Lüge aus energetischer Sicht   *170*
        Sucht   *172*
        Sucht aus energetischer Sicht   *175*
        Dünkel und Selbstmitleid   *180*
        Energetische Sicht zu Dünkel und Selbstmitleid   *184*
        Neid und Eifersucht   *187*
        Energetische Sicht zu Neid und Eifersucht   *188*

6.   *Rollen*   *193*

7.   *Bedeutung von Ego und Wesen*   *203*

        Integration von Wesen und Ego   *205*

8.   *Es gibt uns nur im Spiegel*   *211*

        Partner als Spiegel   *213*
        Kinder als Spiegel   *215*
        Tiere als Spiegel   *220*
        Auto als Spiegel   *222*
        Geld als Spiegel   *223*
        Aspekte der Persönlichkeit   *224*
        Direkter und verdeckter Spiegel   *227*

9. Bewertungen
Sinn und Zweck von Bewertungen   231
Bewertungen im persönlichen Leben   234
Energetische Wirkung von Bewertungen   240

10. Wahrheitsausschnitt   241

11. Entstehung von Realität   243

12. Ein Symptom ist die Heilung eines energetischen Problems
Übergeordnete Energiefelder   246
Persönliche Auswirkungen   252

13. Sinnanalytische Aufstellungen   258
Sinnanalytische Aufstellungen sind prozessorientiert   260
Funktion der sinnanalytischen Aufstellung   260
Möglichkeiten der sinnanalytischen Aufstellung   265
Aufstellungen mit Gegenständen   265
Die Wie-Aufstellung   265
Die Warum-Aufstellung   268
Einsatz von sinnanalytischen Aufstellungen   271

14. Werden Sie zum bewussten Gestalter Ihres Lebens   272

15. Das Gesamtbild   275

Nachwort   277

Übungen

1. Übung — Bewusst atmen   23
2. Übung — Den Hüter der Schwelle erlösen   33
3. Übung — Entscheidung treffen   41
4. Übung — Mudras   75
5. Übung — Tönen   107
6. Übung — Ohnmacht lösen   122
7. Übung — Trotz lösen   127
8. Übung — Wut lösen   130
9. Übung — Trauer lösen   132
10. Übung — Scham lösen   134
11. Übung — Moral lösen   136
12. Übung — Glaubenssätze lösen   140
13. Übung — Kabel trennen   152
14. Übung — Löcher schließen   154
15. Übung — Scheinriese erlösen   159
16. Übung — Angst auflösen   163
17. Übung — Lüge auflösen   171
18. Übung — Sucht auflösen 1   176
19. Übung — Sucht auflösen 2   179
20. Übung — Vierfaches Verzeihen   186
21. Übung — Neid klären   171
22. Übung — Eifersucht klären   192
23. Übung — Rollen auflösen   200
24. Übung — Wesen und Ego in Einklang bringen   208
25. Übung — Kind als Spiegel erlösen   219
26. Übung — Spiegel annehmen   229
27. Übung — Bewertung loslassen   238
28. Übung — Aura ausdehnen   245
29. Übung — Herz-zu-Herz-Übung   258
30. Übung — Gedankenkraft bewusst leben   275

Vorwort

Im Rahmen meiner zwei Jahrzehnte während Kurs- und Beratungstätigkeit habe ich Menschen aus den unterschiedlichsten Berufsgruppen kennengelernt. Die meisten von ihnen waren bestrebt, ganzheitlich zu arbeiten.
Die Vorstellungen von Ganzheitlichkeit sind jedoch sehr verschieden. Ich glaube, allen gemeinsam ist die körperbezogene, methodische Symptomarbeit.
Das Streben nach Ganzheitlichkeit besteht meist darin, für ein diagnostiziertes Symptom die Ursache nicht ausschließlich an der betroffenen Körperstelle zu lokalisieren, sondern die Ursachenforschung auf den gesamten Körper sowie die Psyche auszudehnen.

Mit meiner Arbeit der Heilenergetik möchte ich ein wirklich komplexes Verständnis von Ganzheitlichkeit einführen.

Der Mensch in seiner Ganzheitlichkeit ist ein Wesen aus Energie, die sich in ihrer langsamsten Schwingungsfrequenz als materieller Körper manifestiert.
Die schneller schwingenden Frequenzbereiche bilden das den physischen Körper umgebende Energiefeld, das im Folgenden als *Aura* bezeichnet werden wird.
In seinem materiellen Sein als Körper geht der Mensch hier auf der Erde einen Erkenntnisweg. Auf diesem sehr individuellen Weg steht er mit der geistigen Welt in ständiger Verbindung.

Ganzheitlichkeit bedeutet nun in *meiner* Arbeit, den Menschen in seiner gesamten Existenz als Körper *und* Energiefeld wahrzunehmen und die Wirkung seiner immerwährenden Verbindungen zur geistigen Welt miteinzubeziehen. Denn dies kann ihm eine völlig neue Perspektive auf den Sinn seines Lebens eröffnen.

Meine Arbeit in der Heilenergetik dient diesem ganzheitlichen Umgang mit den Problemen, die die Menschen an mich herantragen.

Das Verstehen dieser sehr komplexen Ganzheitlichkeit führt zur eigentlichen Heilung des Menschen. Denn Heilung bedeutet letztlich, die gesamten Zusammenhänge zu begreifen, den eigenen Sinn im Leben zu verstehen, das Leben nicht weiter als Kampf zu fühlen, sondern als das großartigste Geschenk annehmen zu können. Heil werden in dem Sinn bedeutet, dass ich in mir selber heil werden darf, um dann andere Menschen auf ihrem Weg begleiten zu können.

Was in unserem Körper oder in unserem Lebensumfeld als Symptom erscheint, hat sich, wenn es auf diese innovative Weise ganzheitlich betrachtet wird, in der Folge als Thema im Leben erledigt; es ist quasi »abgearbeitet«.

In der Arbeit der Heilenergetik fügen sich Ansätze verschiedener Disziplinen der Heilberufe und der Esoterik zu einem Ganzen zusammen, wie es bisher noch nie erfasst wurde.

Für Sie als Leser setzt sich das Buch aus einzelnen kleinen Puzzleteilen zusammen, die Ihnen *zum Teil* vielleicht bekannt vorkommen. Am Ende werden die einzelnen Teile jedoch ein komplettes Bild ergeben. Sie können Ihr eigenes Leben darin neu entdecken und den ganz individuellen Sinn, warum Sie auf dieser Welt leben, verstehen.

Beim Schreiben dieses Buches hat mir mein Partner Theo Kaiser wesentlich geholfen. Er vermochte es, meine Arbeit in Worten und Beispielen zu verdeutlichen. Hierfür gilt ihm mein herzlicher Dank. Ebenso danken möchte ich Regina Zienczyk für die Mühe, die sie sich bei der Umsetzung meiner Grafiken gemacht hat.

Ich danke auch den vielen Wegbegleiterinnen und Wegbegleitern, die die Heilenergetik mit tragen und in ihren Berufen tagtäglich umsetzen.

Energetische Aufstellungen, heilenergetische Kursarbeit, Energiefeldmassage, Pädagetik sind einige der neuen ganzheitlichen Ansätze, die Heilenergetiker in ihrer praktischen Arbeit den Menschen anbieten.

Heilenergetiker sein bedeutet, die neue Ganzheitlichkeit für sich verinnerlicht und daraus die Kraft gefunden zu haben, Wegweiser für Andere zu sein. Mehr Information hierzu unter *www.heilenergetiker.de*.

Ihre
Stefanie Menzel

Einleitung

Ihr Leben bietet Ihnen täglich ein riesiges Spektrum an Erfahrungen. Sie lernen aus Ereignissen, Begegnungen und Abläufen. Permanent erweitern Sie Ihr Wissen und Ihre Handlungsmöglichkeiten.

Hin und wieder erfahren Sie sogar einschneidende Hinweise und Korrekturen in Ihrem Alltag. Wenn Sie sich an der heißen Herdplatte verbrennen, von einem Baum herunterfallen oder in den Straßengraben geschleudert werden, macht Sie dies eindrücklicher auf die physikalischen Bedingungen des irdischen Umfeldes aufmerksam als die Warnungen der Mutter oder das Zeichen auf einem Verkehrsschild.

Die physikalischen Gesetze sind Ihnen seit früher Kindheit bekannt. Sie machen der Herdplatte keinen Vorwurf, dass sie heiß ist, weil Sie wissen, dass Sie sie selbst eingeschaltet haben.
Sie drohen dem Baum kein Gerichtsverfahren an, bevor Sie auf ihn klettern, sondern treffen Vorkehrungen, die Sie vor dem Herunterfallen schützen.
Sie fahren mit angepasster Geschwindigkeit und tragen die Folgen einer Fehleinschätzung der Straßenverhältnisse.
Sie tun dies deshalb, weil Sie das Gesetzt von Ursache und Wirkung kennen. Sie wissen also um die Zusammenhänge, kennen die unangenehmen Folgen eines bestimmten Verhaltens – und passen sich den Umständen entsprechend an.

Als Pendant zu diesen physikalischen Gesetzen gibt es auch energetische Gesetze, mit denen Sie tagaus und tagein leben.
Auch sie basieren auf dem Ursache-Wirkungs-Prinzip und sind bestimmend für unsere Lebensabläufe.

Die energetischen Gesetze sind maßgebend für Ihre Verwirklichung als Mensch auf der Erde und für alle Interaktionen mit anderen Menschen.

In diesem Buch werden die energetischen Gesetze in ihrer Komplexität und ihrer Wirkungsweise erfahrbar.

Sie sind als Mensch ein geistiges Wesen, das in einem begrenzten Zeitraum Erfahrungen in der Welt der Materie sammelt. Die materielle Welt ist in dieser Zeit für Sie derart bestimmend, dass Sie Ihren Ursprung als geistiges, energetisches Wesen völlig vergessen haben.
Sie beschäftigen sich mit Naturwissenschaften und erforschen die Materie bis in ihre kleinsten Bestandteile. Sie beobachten Abläufe, hinterfragen sie und werten die Ergebnisse aus. Sie haben Bücher, CDs und das Internet als gigantische Wissensbibliotheken zur Verfügung.

Wenn Sie Vorgänge beobachten, die Sie nicht mit materiellem Wissen erklären können, bezeichnen Sie sie als Zufall, Unfall oder Schicksal. Die tieferen Zusammenhänge, die den »zufälligen« Ereignissen, Erlebnissen und Begegnungen in Ihrem Leben zugrunde liegen, haben Sie verlernt, zu sehen und zu begreifen.

Mit der Kenntnis der energetischen Gesetze werden Sie Ihr Leben angenehmer und bewusster gestalten. Ihre Anwendung im Alltag hat weitgreifende positive Auswirkungen in allen Lebensbereichen.
Sobald Sie die Zusammenhänge erkennen und verstehen, können Sie handeln. Sie sind dann nicht mehr das passive Opfer von unbekannten Prozessen, sondern aktiver, bewusster Gestalter Ihres Lebens.

Ihr Leben wird glücklich, entspannt und gewinnt an Fülle, Bewusstsein und Erkenntnis.

1.
Das Energiefeld als Grundlage
der menschlichen Existenz

Alles ist Energie

Als Mensch sind Sie ein geistiges Wesen, das sich eine Form oder Hülle gesucht hat, um in der materiellen Welt der Erde leben und Erfahrungen sammeln zu können. Diese Form ist der Körper.

Im Verhältnis zu Ihrem gesamten Sein als Mensch ist Ihr Körper vergleichbar mit der Spitze eines Eisberges. Die Spitze ist weithin sichtbar, glänzt in der Sonne, kann bestiegen werden. Sie ist auf Fotos abgebildet, Eisbären liegen dort gemütlich in der Sonne und manchmal landet ein Helikopter, damit Wissenschaftler dort Bohrungen vornehmen können.

Sicher ist Ihnen bekannt, dass die sichtbare Spitze des Eisberges der kleinste Teil des Gesamtgebildes ist. Gerade mal ein Siebtel der Gesamtmasse ragt aus dem Wasser heraus – aber ohne diesen unsichtbaren Teil gäbe es den sichtbaren nicht.

Auch das Wesen Mensch an sich ist nur zu einem kleinen Teil sichtbar und mit den fünf körperlichen oder materiellen Sinnen wahrnehmbar. Der nicht sichtbare oder nicht wahrnehmbare Teil ist Ihrem Bewusstsein weitgehend verloren gegangen. Doch gerade dieser Teil ist existenziell prägend für die rein äußerlichen Vorgänge auf der Oberfläche, und so lohnt es sich wirklich, sich damit zu beschäftigen.

Sie als Mensch sind ein Wesen aus Energie.

Diese Energie schwingt in verschiedenen Umlaufbahnen und Geschwindigkeiten um Ihren Körper herum und durch Ihren Körper hindurch. Sie bildet ein Energiefeld, die *Aura*, das Ihren Körper mit Leben und Bewusstsein versorgt und ihn mit seiner Umgebung, mit den Mitmenschen und mit den natürlichen Abläufen des Lebens verbindet.

Das Energiefeld oder die Aura stellt eine Art energetische Vorlage dar, nach der Ihr materieller Körper gestaltet ist. Die Kraft der Aura ist maßgeblich für Ihre gesamte Lebensgestaltung.

Die Kraft dieses Energiefeldes prägt Ihre Stellung im Leben, Ihre sozialen Kontakte, Ihren Erfolg im Beruf, Ihre Beziehung zu Geld, Ihr Ansehen, Ihren Einfluss, Ihre Macht, Ihre Ausstrahlung.

Wenn Sie sich nun bildlich vorstellen, dass jeder Mensch eine Wesenheit aus einem Körper und einer ihn umgebenden Aura ist, wird Ihnen schnell klar werden, dass sich die Energiefelder der einzelnen Individuen von Zeit zu Zeit berühren. Die Felder durchdringen sich gegenseitig und nehmen sich dabei wahr. Sie nehmen sich selbst und die Menschen in Ihrer Umgebung also als Erstes über Ihr eigenes Energiefeld wahr.

Nehmen wir an, Sie sitzen mit mehreren Personen an den verschiedenen Seiten eines Tisches. Sie sehen sich, Sie hören sich und nehmen vielleicht sogar die verschiedenen Gerüche wahr..

Tatsächlich ist es aber so, dass Ihr Energiefeld die Energiefelder all Ihrer Tischnachbarn durchdringt, diese wahrnimmt und selbst wahrgenommen wird.

Dies ist eine sehr intensive und unverschleierte Wahrnehmung.

Während Sie Ihren Körper mit Make-up, schicker Kleidung oder kunstvollen Frisuren verschönen, mit wohlüberlegten diplomatischen Worten sprechen und Ihren Geruch mithilfe eines Parfüms überdecken können, ist Ihr Energiefeld, wie es ist, und bringt Ihr Wesen unverfälscht und unverschleiert zum Ausdruck.

Die Wahrnehmungsfähigkeit über Ihre fünf körperlichen Sinne ist im Vergleich zu der Ihres Energiefeldes eingeschränkt und beeinflussbar.

Bevor Sie als Mensch in der Lage sind, sich über Ihre fünf körperlichen Sinne ein Bild von Ihrem Gegenüber zu machen, haben sich die beiderseitigen Energiefelder bereits vollkommen durchdrungen und das Gegenüber genauer kennengelernt, als es Ihre körperlichen Sinne jemals zustande gebracht hätten.

Sie können noch so intensiv bestrebt sein, durch Kleidung, Schminke, Parfüm, gepflegtes Sprechen und sanfte Berührungen Eindruck auf einen Mitmenschen zu machen, Ihre Energiefelder haben schon sämtliche Schwingungen wahrgenommen und durch Resonanzen und Schwingungsunterschiede über Sympathie und Abneigung entschieden.

Das Wissen von der Existenz und Wirkungsweise der Energiefelder steht jedem Menschen zur Verfügung. Jeder kann zu diesem Wissen Zugang erlangen. In früheren Zeiten war dem Menschen das Wissen um diese Energien selbstverständlich. Wir haben uns jedoch von dem ganzheitlichen Menschen weg entwickelt zu einem Wesen, das ganz in der materiellen Welt verwoben ist. So ist es nicht verwunderlich und ein logischer Entwicklungsweg, wenn wir jetzt als einzige Lebensorientierung Zahlen, Daten, Fakten und wissenschaftliche Erkenntnisse akzeptieren.

Dabei sind wir wunderbare symbiotische Geschöpfe, fähig zu einem genialen Zusammenspiel von Bewusstsein und Materie. Erfüllend und befreiend wäre es, wenn wir einen Zugang zu diesen Dimensionen entdecken und in großen Schritten aus dem weit verbreiteten Lebensleid, das durch die Prägung einer rein materiellen Weltsicht entstanden ist, aussteigen könnten.

Darstellung und Funktionsweise der Aura

Die Aura bildet ein Schwingungsfeld, das in einem Drei-Sekunden-Rhythmus von Ihrem Herzzentrum zur Peripherie und zurück zum Herzzentrum schwingt. Die Größe der Aura kann bis zu neun Meter in alle Richtungen (gemessen vom Herzmittelpunkt bis zur Peripherie der Aura) betragen.

In der Aura fließen zwei Energiearten ineinander, die kosmische und die Erdenergie.
Beide Energiearten verbinden sich im menschlichen Energiefeld zu einem vieldimensionalen Schwingungskörper.
Die *Erdenergie* enthält (in Form von Schwingungen) sämtliche energetischen Informationen, die sie mit allen irdischen Abläufen in Verbindung hält. Diese werden somit an die Schwerkraft und an die Einflüsse von Erd- oder Sonnenstrahlung angepasst. Die Erdenergie ermöglicht es dem Menschen, ein unbewusstes Grundverständnis zu haben für Wachstum, Entwicklung und Vergehen, für ein Miteinander von Mensch, Tier und Materie, für Witterungsveränderungen oder für eine drohende Gefahr.

Die *kosmische Energie* verbindet den Menschen mit den Schwingungsinformationen der geistigen Welt, und leitet ihn somit an, seiner Aufgabenstellung, dem Sinn und Ziel in diesem Leben gemäß zu agieren.
Beide Energiearten bilden in ihrer Gesamtheit Ihre persönliche Aura.

Beim Betrachten des Schaubildes auf der gegenüberliegenden Seite wird deutlich, dass die kosmische und die Erdenergie in gegensätzlichen Fließrichtungen durch die Aura schwingen. Sie fließen ineinander, verwirbeln und strömen weiter. Durch diese Berührungen und Verwirbelungen verlangsamt sich die Strömungsgeschwindigkeit, und an der Mittelachse der Aura kommt es so zur Entstehung von Sinuskurven im Schwingungsgefüge.
Hier, an der Mittelachse der Aura, fließt der Energiestrom an der Wirbelsäule des physischen Körpers als Kundalini entlang, hüllt sie ein und durchdringt sie.

Energiefeldaufbau Kundalini

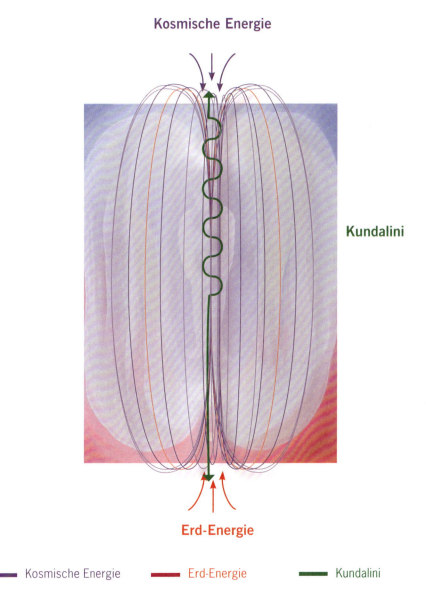

Zeichnung 1: Energiefeldaufbau Kundalini

Energie Schwingungsbereich

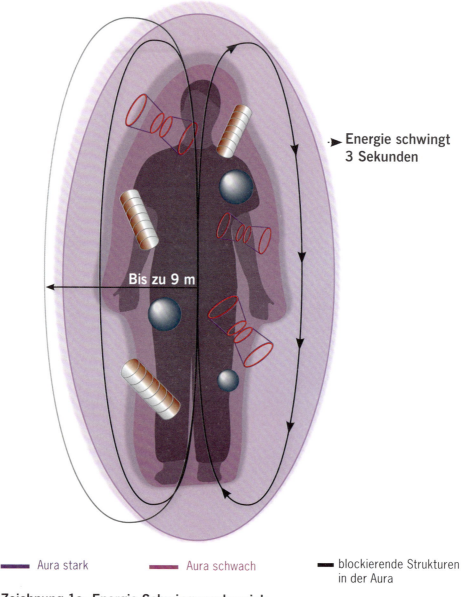

Zeichnung 1a: Energie Schwingungsbereich

An den Knotenpunkten der Sinuskurven im Schwingungsgefüge entstehen Energiezentren, die Chakren, die der Aura als Wahrnehmungsorgane dienen.

Abhängig von der Schwingungsgeschwindigkeit und dem Volumen Ihrer Aura befinden sich in Ihrem Körper bis zu zehn Chakren. Im Kapitel 3 erfahren Sie alles über die Entwicklung und Wirkungsweise der Chakren und wie diese Hauptorgane der Aura auf die körperlichen, materiellen Funktionen wirken.

Der Mittelpunkt der Kundalini und der gesamten Aura befindet sich im Zentrum Ihres Herzens. Hier kommen die beiden Energiearten beim Ineinanderfließen alle drei Sekunden kurz zum Stillstand. An diesem Schwingungsnullpunkt hat Ihre Selbstwahrnehmung die höchste Intensität. An dieser Stelle können Sie fühlen, dass Sie ein Wesen sind, das Körper und Geist symbiotisch in sich vereint.

Beim Durchschwingen des Energiefeldes vom Zentrum des Herzens hin zur Peripherie nimmt Ihre Aura energetisch einen Eindruck der Umgebung auf und speichert ihn, ähnlich einem Foto, in Ihrem Energiefeld ab. Ihre Aura entwickelt sich so im Laufe Ihres Lebens zu einem riesigen Wissensspeicher.

Alle Erlebnisse, Erfahrungen und Begegnungen Ihres Lebens (und die damit verbundenen Gefühle) sind dort in Drei-Sekunden-Bildern aufgezeichnet. Auf diese Weise ist in Ihrer Aura, wie in einem großen Buch, Ihr ganzes Leben enthalten.

Hellsichtige Menschen können sich den Wissensspeicher ihres Gegenübers anschauen und Informationen über Lebenszusammenhänge erhalten. Hellsichtigkeit bedeutet, dass die Aura des Hellsehers so weit entwickelt ist, dass über sie mehr wahrgenommen werden kann als bei »gewöhnlichen« Menschen. Die Übersetzung eines anderen Energiefeldes in die eigenen Gedanken des Hellsehers bedeutet hellsichtig zu sein.

Das bloße »Verrücken« von Bewusstseinsebenen fällt nicht unter Hellsichtigkeit. Hierbei werden Ausschnitte aus Energiefeldern erlebt, ergeben jedoch keinen Zusammenhang oder Sinn. Wirkliche Hellsichtigkeit setzt einen hohen Entwicklungsstand des eigenen Bewusstseins voraus.

Sind Sie mit Ihrer Umgebung im Einklang, bleibt Ihr Energiefeld in Fluss.

Kommt es jedoch zu ärgerlichen, belastenden, Angst machenden Begegnungen mit anderen Menschen, bildet sich eine Struktur, die einen Teil Ihrer Energie bindet. Der sonst freie Energiefluss wird somit gestört.

Dies ist ein Vorgang, der erst Entwicklung ermöglicht und den Sie sehr bewusst zu Ihrer eigenen Entwicklung nutzen können.

Im Laufe Ihres Lebens haben Sie viele solcher Erfahrungen gesammelt, die sich in der Aura abgespeichert haben. Situationen gleicher Ursache fügen sich zusammen und bilden mit der Zeit immer stärker werdende Gebilde. Sie können sich diese Gebilde wie Kapseln vorstellen, in denen die unangenehmen Sachverhalte verschlossen werden, um sie im Alltagsbewusstsein nicht ständig präsent zu haben.

Mit eingeschlossen in solch eine Struktur wird die Energie, die mit der jeweiligen belastenden Situation verbunden war. Ein solches Ereignis bildet in Ihrer Aura eine Blockade.

Stellen Sie sich vor, Sie hatten als kleines Kind sehr große Angst, weil Sie spät abends noch einmal aufwachten und feststellten, dass Ihre Eltern nicht da waren. Jeder Windstoß, jedes Geräusch, jeder Scheinwerfer eines vorbeifahrenden Autos verursachte Panik. Können Sie nachempfinden, wieviel Energie in dieser Angstsituation steckte? Die Situation wird abgekapselt und gerät vermeintlich in Vergessenheit. Im Energiefeld ist sie jedoch als Struktur vorhanden und die dort gespeicherte Energie steht der Lebensgestaltung nicht zur Verfügung.

Im Laufe seines Lebens wird dieser Mensch immer wieder in Angstsituationen geraten, die sich ebenfalls im Energiefeld abkapseln. Die gebundene Energie wird somit immer größer – und die frei fließende und zur Lebensgestaltung zur Verfügung stehende Energie wird immer weniger. Dieses Reservoir an gespeicherter Energie, diese Struktur, gilt es im Laufe des Lebens wieder freizusetzen.

In diesem Buch erfahren Sie unter anderem, wie Sie Blockaden und Strukturen mit einfachen Übungen lösen, um Ihre Aura zu stärken.

Die Wahrnehmung über Ihr Energiefeld ist ein immerwährender Vorgang. Er ist nicht zu reglementieren oder abzuschalten. Sie stehen mit jedem Wesen und allem, was Ihnen begegnet, ständig und unvermeidbar über Energieschwingungen, Wellen und Feldern in Verbindung. Ihre Aura ist gleichzusetzen mit Ihrem Bewusstsein.

Der menschliche Anteil Ihrer Persönlichkeit, der aus der geistigen energetischen Welt stammt, entspringt einem universellen, ewig währenden Energiefluss. Dort gibt es keinen Mangel. Das energetische Universum ist, für Ihren körperlichen Verstand nicht vorstellbar, unerschöpflich an Fülle und Energie.

Das Leben als Mensch in einem materiellen Körper, in einer materiellen Umwelt lässt Sie dagegen Mangel fühlen. Von Geburt an scheint von allem nie genug zur Verfügung zu stehen.

Da alle Menschen diesen Mangel fühlen, ist jeder bestrebt, von dem Vorhandenen einen möglichst großen Teil zu erlangen. Die Begegnung mit anderen Menschen ist daher vom Streben geprägt, besser, größer, schöner, mächtiger, reicher zu sein als der andere. Dieser »Kampf« führt zu ständig neuen Strukturbildungen im Energiefeld.

»Erfahrungen machen« bedeutet in diesem Sinn, dass die frei fließende Energie Ihres Feldes durch Begegnungen mit anderen Menschen gebunden wird.

Im Laufe Ihres Lebens verfügen Sie über eine riesige Menge Erfahrungen und damit über sehr viel gebundene, nicht frei fließende Energie. Das bringt Ihre Aura mehr und mehr in einen Mangel- und damit veränderten, reduzierten Bewusstseinszustand.

Dies ist vergleichbar mit der Festplatte eines Computers, auf der sich nach und nach immer mehr Datenmaterial ansammelt. Ihr PC wird immer langsamer und das Speichern neuer Dateien braucht mehr Zeit. Manchmal ist es hilfreich, die Festplatte zu defragmentieren, um sie neu zu sortieren und nicht benötigte Dateien zu löschen.

Stärkung der Aura

Ihre Aura kann grundlegend durch einfache Übungen aufgebaut und gestärkt werden, die leicht im Lebensalltag anzuwenden sind.

Die Luft, die Sie einatmen, ist nicht nur aus Stoffen zusammengesetzt, die Ihr Körper zum Überleben braucht, wie Sauerstoff, Stickstoff oder andere Gase. Sie besteht auch aus Lichtschwingungen, die in ihrer Schwingungsfrequenz um einiges schneller sind als die Ihres physischen Körpers. Diese schnelleren Schwingungen nehmen Sie bei jedem Atemzug in sich auf.

Und genau diese Lichtschwingungen sind es, die mit jedem tiefen Atemzug, den Sie tun, zum Aufbau Ihrer Aura beitragen.

Aus eigener Erfahrung wissen Sie, wie gut es tut, einen tiefen Atemzug an der frischen Luft zu machen. Aber auch, wie niedergeschlagen Sie sich fühlen können, wenn im Winter die Tage kürzer werden und das Licht immer weniger wird. Ihr Energiefeld leidet dann an einer Unterversorgung an Lichtschwingungen – und das schlägt aufs Gemüt.

Eine bewusste Atemtechnik ist eine heilende Grundlage für energetische Arbeit.

Beginnen Sie daher mit der folgenden, grundlegenden Atemübung, um Ihre Aura liebevoll zu versorgen.

Nehmen Sie sich für diese Übung etwas Zeit, in der Sie ungestört bleiben. Suchen Sie sich einen bequemen Platz, und setzen Sie sich so hin, dass Ihre beiden Fußsohlen den Boden berühren. Ihre Hände liegen locker auf den Oberschenkeln. Die Handflächen sind nach oben geöffnet.

1. Übung —
Bewusst atmen

Atmen Sie entspannt und ruhig durch die Nase ein und durch den Mund aus.

Der Atem fließt durch Ihre Nase ein und füllt Ihre gesamten Lungenflügel aus.

Legen Sie eine Hand auf Ihre Bauchdecke und spüren Sie, wie sich der Bauch bei jedem Atemzug anhebt.

Spüren Sie, wie mit jedem Atemzug Licht und Energie in Sie einströmen.

Fühlen Sie Ihre Verbindung durch den Atem mit dem gesamten Universum.

Machen Sie mindestens zehn tiefe Atemzüge, bis Sie in Ihrem gesamten Körper ein leichtes, wohliges Kribbeln spüren.

Das ist ein Zeichen der Entspannung und des Aufbaus der Aura und zeigt, dass Ihre Energie zu fließen beginnt.

Atmen entspannt und bringt Kraft.

Denken oder sagen Sie sich den Satz: Ich öffne mein Herz mit dem Dank für den Atem.

Spüren Sie nach, wie sich dieser Satz in Ihrem Körper anfühlt.

Spüren Sie die Fülle der Energie, spüren Sie die Kraft Ihrer Aura.

2.
Das Energiebarometer

Stellen Sie sich vor, Ihre Aura sei ein großes Gefäß. Sie sammeln in diesem Gefäß Energie. Je mehr Energie Sie ansammeln, desto mehr Bewusstsein haben Sie und desto bewusster nehmen Sie sich und Ihre Umgebung wahr. Entsprechend groß sind Ihre Ausstrahlung, Ihr Selbstbewusstsein und Ihre Gestaltungskraft für alle Bereiche Ihres Lebens.

Wenn dieses Gefäß randvoll ist, haben Sie einhundert Prozent Energie zur Gestaltung Ihres Daseins zur Verfügung. Sie fühlen sich wohl, glücklich und voller herzlicher Lebensfreude. Ihre Umgebung achtet und liebt Sie, Sie leben in einer erfüllten Partnerschaft, sind erfolgreich im Beruf und verfügen über genügend Geld.
 So sollte es bleiben, denken Sie.
Die energetischen Gesetze sind jedoch beständig auf Wandel, Wachstum und Entfaltung ausgerichtet.

Ihr Auragefäß füllt sich also weiter mit Energie und läuft Gefahr, überzulaufen. Deshalb nehmen Sie ein doppelt so großes Gefäß und schütten die angesammelte Energie dort hinein.
Energetisch bedeutet dies, dass Ihre Aura sich entwickelt. Das Volumen der Aura wird größer, wenn ein bestimmter Energiedruck aufgebaut ist. Nun können Sie weiter Energie ansammeln, sich entwickeln und in Ihrem Wesensausdruck wachsen.

Entwicklung der Aura

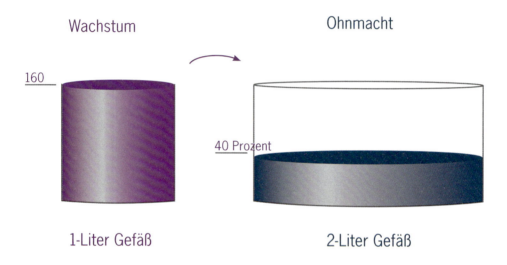

Zeichnung 2: Aura verändert sich durch Entwicklung vom Zustand
»Wachstum« in den Zustand »Ohnmacht«

Dieser Vorgang ist in Ihrem Leben schon oft abgelaufen. Es ist ein unbe-wusster Vorgang, den Sie jedoch wahrnehmen können, wenn Sie auf die täglichen Gefühle und Ereignisse in Ihrem Leben achten.

Das folgende Energiebarometer gibt Ihnen einen zuverlässigen Über-blick über Ihren energetischen Zustand und gleichzeitig Hinweise zur Unterstützung Ihrer Entwicklung.

Anhand des Energiebarometers können Sie Ihren energetischen Zustand in jedem Augenblick und für jeden Zeitraum Ihres Lebens einschätzen. (vgl. Zeichnung 3, Energiebarometer, auf der folgenden Seite)

Im Energiebarometer werden zwei Hauptrichtungen in der Aura sichtbar. Der obere Teil des Barometers mit mehr als 50 Prozent Energie bedeutet für Ihre Aura Entwicklung und Wachstum.
Der untere Teil des Barometers mit weniger als 50 Prozent Energie bedeu-tet für Ihre Aura Stillstand und Rückschritt.

Der entscheidende Punkt, an dem Ihre energetische Situation in die eine oder andere Richtung tendiert, liegt bei 50 Prozent des derzeit möglichen Energievolumens. Ihr momentanes »Energiegefäß« ist halb voll mit der Tendenz sich aufzufüllen oder halb leer mit der Tendenz noch leerer zu werden.
Die Entscheidung liegt bei Ihnen, in welche Richtung die Energiemenge in Ihrem Auragefäß sich entwickeln wird. Sie selbst haben es in der Hand, den Anstieg oder den Abfall Ihrer Energie zu steuern.

Lesen Sie die nachstehende Beschreibung und werfen Sie immer wieder einen Blick auf das Energiebarometer. Sie werden dann die Ereignisse und Entwicklungen in Ihrem Leben aufgrund der energetischen Gesetze ver-stehen und werden Ihr Leben bewusster gestalten können.

Sie fragen sich, wie Sie feststellen können, in welchem Bereich des Ener-giebarometers Ihre momentane Energiesituation einzuordnen ist.
Mit ein wenig Übung werden Sie diese Frage künftig schnell und leicht beantworten können, denn die Antwort darauf gibt Ihnen ganz einfach Ihr Alltag.

Energie-Barometer

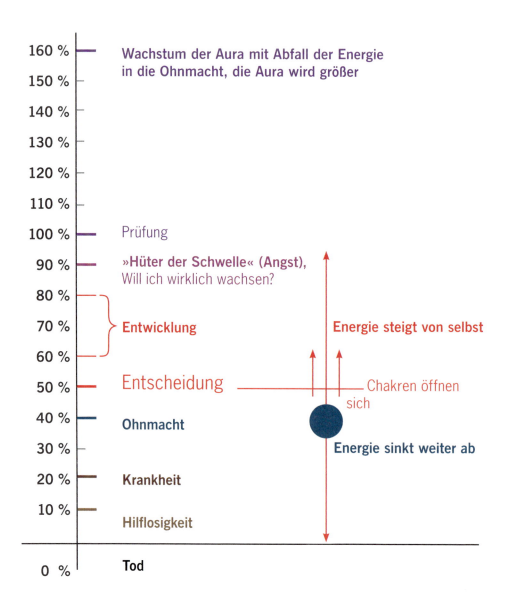

Zeichnung 3: Energiekreislauf in der Aura

Entscheidung

Ist das Energieniveau Ihrer Aura bei 50 Prozent, so erleben Sie Ihren Alltag als einen Zustand, in dem Sie ständig Entscheidungen fällen müssen. Sie finden sich in Situationen wieder, in denen Sie gefordert sind, Ihre Lebensabläufe bewusst zu gestalten.
Die Entscheidungssituationen sind so vielfältig wie das Leben selbst.
Sei es, dass Sie wegen eines Umzugs entscheiden müssen, welches Möbelstück, welche Kaffeetasse oder welche Bluse mitgenommen oder weggeworfen wird.
Sei es, dass Sie sich beim Autokauf mit den verschiedenen Marken, Modellen, Karosserie- und Motorvarianten, der Innenausstattung und dem Sonderzubehör beschäftigen müssen.
Sei es die Wahl der weiterführenden Schule Ihrer Tochter oder des Fußballvereins Ihres Sohnes, die Auswahl von Produkten im Supermarkt oder die Frage, mit welchem Abendessen Sie Ihren neuen Freund verwöhnen möchten.
Es können bedeutungsvolle und weitreichende Entscheidungen vor Ihnen stehen oder die kleinen Alltagsentscheidungen.

Bevor Sie das Energiebarometer kennenlernten, sagten Sie in solchen Fällen:
»Diese anstrengende Zeit geht auch vorbei, und wenn das erst hinter mir liegt, habe ich wieder meine Ruhe.« Sie wunderten sich über den Zufall, der Ihnen andauernd Entscheidungen abverlangte oder ärgerten sich über Ihren untätigen Ehemann, der Ihnen alle Entscheidungen überließ. Möglicherweise fühlten Sie sich von den vielen Entscheidungsanforderungen genervt, zogen sich zurück und überließen es anderen, die Entscheidungen zu treffen.

Ab heute können Sie anhand des Energiebarometers schnell erkennen, dass Ihr persönliches Energieniveau derzeit bei 50 Prozent steht. Dies ist eine objektive Feststellung Ihres derzeitigen energetischen Zustands. Sie haben daher keinen Grund, sich über die vielen Entscheidungsanforderungen zu wundern oder zu ärgern. Sie haben es selbst in der Hand, Ihre Energie ansteigen zu lassen und den Zustand zu erreichen, in dem das Leben sich in fließender Leichtigkeit entwickelt.

Wenn Sie eine anstehende Entscheidung zielstrebig fällen, geben Sie Ihre Kraft hinein und setzen somit eine Entwicklung in Gang, die für Sie genau richtig ist.
Wollen Sie sich nicht entscheiden, verläuft Ihre Energie im Sande und Sie fühlen sich als Opfer.

> Jede Entscheidung gibt Ihnen Kraft und bringt Ihr Leben in Fluss. Und das Wichtigste: Es gibt keine falschen Entscheidungen!

Da Sie nicht wissen können, wie der weitere Verlauf gewesen wäre, wenn Sie sich anders entschieden hätten, ist die gefällte Entscheidung immer richtig. Es ist sinnvoller und entwicklungsorientierter, aus einer gefällten Entscheidung kraftvoll *einen* Weg zu gehen, als *ohne* sich entscheiden zu wollen die eigene Kraftlosigkeit und Ohnmacht zu spüren.

Entwicklung

»Im Fluss des Lebens sein« bedeutet, dass für Sie alles stets zur rechten Zeit am rechten Ort ist. Das Leben läuft wie von selbst. Sie genießen die Fülle und ernten viel Wohlwollen aus Ihrer Umgebung. Die Energie steigt in dieser Phase der Entwicklung in der Aura von selbst weiter an.

> Die Phase der Entwicklung ist geprägt vom reibungslosen Fließen der Lebensabläufe.

In dieser Phase des Energiebarometers sind Entscheidungen nicht nötig und würden Sie in Ihrer weiteren Entwicklung sogar behindern. Wenn Sie sich in der Phase der Entwicklung befinden, würde Sie eine verstandesorientierte Entscheidung auf ein Niveau von unter 50 Prozent bringen.

Lassen Sie die Entwicklung laufen und freuen Sie sich herzlich darüber, dass für Sie alles zur rechten Zeit am rechten Platz ist. Das mag zunächst für Sie ungewohnt sein, aber genießen Sie den reibungslosen Lauf Ihres Lebens.

»Hüter der Schwelle« und Prüfung

Steigt die Energie in Ihrer Aura auf 100 Prozent, stellt sich Ihnen eine Prüfung. Dies ist eine Alltagssituation, die mit Angst einhergeht und eine Schwelle zu wirklicher Bewusstseinsentwicklung darstellt.

> Die Frage an diesem Punkt im Leben heißt: »Willst du dich wirklich entwickeln?« Es geht bei der Prüfung in erster Linie darum, sich mit der Angst vor der Prüfung zu beschäftigen.

Die Prüfung selbst ist zweitrangig und wird erfolgreich sein, wenn die Angst bewusst verarbeitet wurde.

In vielen Büchern wird von Alters her die Angstempfindung vor einer Prüfungssituation als »Hüter der Schwelle« bezeichnet. Mögen sich auch viele sagenumwobene, geheimnisvolle oder spirituelle Geschichten um den »Hüter der Schwelle« gebildet haben, so ist er im Energiebarometer doch nur eine der Stationen, die zu Ihrer Entwicklung beitragen. Es geht darum, die Bedeutung dieser Stationen kennenzulernen und auf Ihr eigenes Leben anzuwenden.

In Ihrem Leben haben Sie bestimmt schon viele Prüfungen absolviert und entsprechend viele Ängste ausgestanden. Sie haben Techniken angewendet oder zu Medikamenten gegriffen, um Ihre Prüfungsängste zu unterdrücken. Unterdrücken, betäuben und nicht mehr spüren steht einer bewussten Bearbeitung allerdings entgegen.
Die Prüfungen in Ihrem Leben haben viele Gesichter. Das Abitur, die Fahrprüfung, eine schwere Erkrankung, ein Ortswechsel, Vorstellungs-

gespräche, ein neuer Job, das Angebot, in das Haus der Schwiegereltern einzuziehen, ein Zahnarztbesuch, der Beginn in einer weiterführenden Schule, eine große Rolle in einem Theaterstück oder ein Rendezvous mit einer Frau oder einem Mann, die oder den Sie gerne näher kennenlernen möchten.

Viele Menschen resignieren vor dem Hüter der Schwelle. Sie wollen es vermeiden, ihren Ängsten ins Auge zu sehen, denn sie verstehen nicht, dass das wirkliche Wachstum im Leben aus der Überwindung dieser Angst entsteht.

Aber es gibt nichts im Leben, vor dem man wirklich Angst haben muss, es sei denn, der physische Körper ist bedroht. Alle anderen Ängste können Sie sich anschauen und an Ihnen reifen. (Siehe Kapitel 5 »Strukturen«)

Als energetisches Phänomen betrachtet hat Angst die Tendenz, sämtliche Energie dazu zu verwenden, Gefahren und Probleme überlebensgroß aufzuzeigen. Es entwickelt sich eine lebhafte Fantasie über alle möglichen Geschehnisse und Entwicklungen, die sich ereignen könnten. In diesen Fantasien entstehen Bilder, in denen man versagt, nicht gut genug ist oder ausgelacht wird. Diese Vorstellungen machen Sie bewegungsunfähig und nehmen ihnen einen großen Teil Ihrer Kreativität und Kraft. Sie schrecken vor jeder persönlichen Entwicklung zurück und bleiben beim Bekannten und Vertrauten. Dies ist energetisch ein Rückfall in den Bereich der Ohnmacht.

Erinnern Sie sich an die Frage, die der »Hüter der Schwelle« stellt: Willst du dich wirklich entwickeln? Mit der folgenden Übung überwinden Sie mühelos den Hüter der Schwelle und werden ein Stück mehr zum Gestalter Ihres Lebens.

Alle Angaben werden vertraulich behandelt.
*Der Newsletter kann jederzeit abbestellt werden.

Name/Vorname:

Straße:

PLZ, Ort:

Telefon:

E-Mail:

Geburtsdatum:

Bitte senden Sie mir:
☐ weitere Informationen aus dem Schirner Verlag
☐ den Schirner Newsletter (nur als E-Mail*)
☐ das Schirner Seminarprogramm

Diese Karte entnahm ich dem Buch:

Würden Sie dieses Buch weiterempfehlen?

Vielen Dank!

Das Porto übernehmen wir für Sie!

Antwort

Schirner Verlag
Elisabethenstr. 20 – 22
D-64283 Darmstadt

Jedes Organ hat seine Zeit

Lothar Ursinus
**Die Organuhr –
leicht erklärt**
152 Seiten, Paperback
€ 8,95 (D)
ISBN: 978-3-89767-844-3

2. Übung —
Den Hüter der Schwelle erlösen

Setzen Sie sich entspannt hin, und atmen Sie durch die Nase ein und durch den Mund aus.

Machen Sie sich Ihren individuellen »Hüter der Schwelle« bewusst.

Was ist Ihre Prüfung und wovor genau haben Sie Angst?

Was kann Ihnen schlimmstenfalls passieren?

Fragen Sie sich selbst immer weiter: »Was passiert dann? Und was passiert dann?«

Erstellen Sie sich schriftlich eine Liste von allen Eventualitäten, die eintreffen können, falls Sie die Prüfung nicht bestehen.

Schauen Sie sich auf diese Art und Weise die Angst vor Ihrer Prüfung sehr genau an. Ihr Bewusstsein lässt jetzt Ihre Angst schrumpfen.

Spüren Sie jetzt, wie sich mit dieser Betrachtung Ihre Angst auflösen kann und mit jedem Ihrer Atemzüge kleiner wird.

Verbrennen Sie den Zettel mit der Liste, und lassen Sie so zusätzlich Ihre Angst vor der Prüfung los.

Gehen Sie bewusst und angstfrei in die Prüfung, und entscheiden Sie sich kraftvoll für Ihre Entwicklung.

Sie haben den Hüter der Schwelle überwunden und sich für Ihre Kraft und Ihr Wachstum entschieden.

Nach Ablegung der Prüfung erfolgt eine Phase des persönlichen Wachstums.

Nach dem Abitur ist der Mensch in der Lage, in die Welt hinauszugehen und ein Studium zu beginnen. Die Fahrprüfung ist der Beginn individueller Freiheit und Beweglichkeit. Nach überstandener schwerer Krankheit ist bei Kindern ein Entwicklungsschub zu beobachten. Erwachsene erlangen durch das Überwinden einer schweren Krankheit oft eine höhere Stufe geistiger Bewusstheit und sehen ihr Leben mit anderen Augen.

> Jede absolvierte Prüfung setzt neue Kräfte frei, die aus der Überwindung der Prüfungsangst stammen.

Bevor Sie das Energiebarometer kennenlernten, kannten Sie die Zusammenhänge in Ihrem Leben auf diese Weise nicht und haben Prüfungen vermieden. »Ich habe schon genügend Prüfungen absolviert, diesen Stress lade ich mir nicht wieder auf.«

Ziehen Sie jedoch ab sofort in Betracht, welch ein Wachstumspotenzial in solchen Situationen steckt, dann können Sie sich mit offenem Herzen Ihrer Angst stellen.

Wachstum und Entfaltung

> Haben Sie Ihre Angst bearbeitet und die Prüfung absolviert, können Sie sich energetisch frei bewegen. Ihrem weiteren Wachstum steht nichts mehr im Weg und Ihr Energieniveau steigt weiter an, bis Sie 160 Prozent Energie erreichen.

Jetzt ist der energetische Druck in Ihrer Aura so weit angestiegen, dass sich Ihr Energiefeld bis auf 160 Prozent entfaltet. Sie sind nun stark genug, Ihre Ideen und Kenntnisse an andere Menschen weiterzugeben. Dieses Wachstum setzt sich individuell um. Sie veranstalten Seminare, werden schwanger, bauen ein Haus, bewerben sich erfolgreich auf eine Führungsposition, kaufen ein größeres Auto oder suchen eine größere Wohnung. Bei diesem hohen Energielevel entwickelt sich Ihre Aura im wahrsten Sinne des Wortes. Sie entfaltet sich in die Außenbereiche und wird räumlich größer. Die zusätzlich vorhandene Energie geben Sie auf Ihre persönliche Art an die Umgebung weiter.

Nach diesem Wachstumsschub zeigt sich nun vorübergehend das Phänomen des gefühlten Rückfalls in »alte Zeiten«.
Sie kennen sicherlich die Erfahrung, nach einem besonders schönen Erlebnis einen Rückschlag zu erleben. Ihre Eltern oder Verwandten haben Ihnen seit früher Kindheit geraten, sich nicht allzu überschwänglich zu freuen, sondern auf dem Boden zu bleiben. »Wer hoch hinaus will fällt tief«, solche und ähnliche Aussagen sind im Volksmund weit verbreitet. Der Abfall nach einer Hochphase ist ein allgemein bekanntes Ereignis.

Durch den Vorgang der Entfaltung fällt innerhalb der vergrößerten Aura das Gesamtgefüge der Energie vorübergehend zurück auf unter 50 Prozent. Bildlich gesprochen wurde Ihr volles 1-Liter Gefäß in ein 2-Liter Gefäß umgefüllt (siehe Zeichnung 2) und umfasst so nur noch die Hälfte des Volumens.

Ihre Aura ist weiter geworden, damit auch Ihre Lebensmöglichkeiten. Schauen Sie auf das Energiebarometer und stellen Sie fest, dass das Gefäß halb voll ist und darauf wartet, dass Sie die Entscheidungen treffen, die nötig sind, um das weitere Entwickeln Ihres Lebens in Gang zu setzen.

Ihr Energieniveau liegt nach der Entfaltung wieder bei knapp unter 50 Prozent. Hier beginnt der Ablauf von Entscheidung, Entwicklung, Prüfung, Wachstum und Entfaltung aufs Neue.

Das Leben des Menschen durchläuft stetig diese Phasen in einer aufwärts gerichteten Spirale.
Ein Rückfall dieser Entwicklung findet nicht statt.
Manche Themen Ihres Lebens begegnen Ihnen zwar immer wieder, aber nach jedem Entwicklungszyklus befinden Sie sich auf einem höheren Energieniveau. Dieser Kreislauf findet so lange statt, bis Ihre Kraft groß genug ist, das Thema in dem für Sie bestimmten Sinn zu begreifen und ein für alle Mal abzulegen.

Ihr Leben ist ein Weg hin zu Wachstum und Bewusstsein mit dem Ziel, das Energiefeld möglichst zu vergrößern. Mit dieser persönlichen Entwicklung tragen Sie zum Fortschritt der gesamten Menschheit bei, denn mit Ihrer individuellen Entwicklung stehen Sie in permanenter Interaktion mit allen Menschen.

Ohnmacht

Nachdem die obere Hälfte des Energiebarometers, der Bereich von Entwicklung und Wachstum dargestellt wurde, folgt nun die Erklärung der unteren Hälfte des Energiebarometers: der Bereich von Stillstand und Rückschritt.

Ist die zur Verfügung stehende Energie bis zu einem Prozentsatz von 40 Prozent abgesunken, tritt ein Schutzmechanismus ein. Um einen schnellen, unkontrollierten Energieabfall zu verhindern, schottet sich das Energiefeld von der Umwelt weitgehend ab. Es bildet eine Energieblase, in der der Mensch auf sich selbst reduziert ist. Er fühlt sich ohnmächtig in der Gestaltung seines Lebens, den Machenschaften anderer ausgeliefert, handlungsunfähig.

Dieser niedrige Energiezustand wird im Kapitel 5, »Ohnmacht«, ausführlich beschrieben.

Im Zustand der Ohnmacht fühlen Sie sich als Opfer und projizieren alle Probleme und Schwierigkeiten des Alltags auf Ihre Umwelt. In dieser Phase ist das Leben schwer, nichts gelingt, trotz großer Mühe ist der Lohn karg. Ihre Anstrengung wird von anderen nicht gesehen, Sie selbst werden als individueller Mensch nicht wahrgenommen.

Innerhalb der Energieblase, in der Sie sich befinden, sinkt die Energie langsam aber stetig weiter ab. Sie sind von Ihrer Umgebung zunehmend genervt. Die anderen scheinen Ihnen überlegen zu sein und Sie übervorteilen zu wollen. Sie projizieren all Ihren Frust auf Ihre Mitmenschen und fühlen sich schwach und klein. Der Partner, die Kinder, die Mutter, der Chef, der Busfahrer, der Lehrer – alle sind sie schuld, dass es Ihnen so schlecht geht.

Für die eigene missliche Lage die Verantwortung bei anderen zu suchen, ist typisch für den energetischen Zustand der Ohnmacht. »Wer anderen die Schuld gibt, gibt ihnen die Macht« lautet ein altes Sprichwort. Sie geben die Eigenverantwortung für Ihr Leben ab und finden nicht die Kraft, selbst für Ihre Gesunderhaltung, Ihr Glück und Ihre Lebensfreude zu sorgen.

Falls Sie in Ihrer Kindheit in einem familiären Umfeld lebten, das von Ohnmacht geprägt war, lernten Sie, das Leben aus dieser Sichtweise zu beurteilen. Für Sie gilt dann als Tatsache, dass das Leben hart und ungerecht ist, dass Sie wenig beachtet werden und nichts wert sind. Sie verbringen dann, gerade so wie Sie es gelernt haben, Ihr Leben im Bereich der Ohnmacht und lehren Ihre Nächsten, ebenfalls ihr Leben im Bereich der Ohnmacht zu verbringen.

Wenn Sie es nicht schaffen, Ihre Energie durch Bewusstsein, Freude oder Aktion zu erhöhen, sinkt Ihr Energieniveau weiter ab. Nach und nach steht nicht mehr genügend Energie zur Verfügung, um den Körper ausreichend zu versorgen. Er reagiert auf das Sinken der Energie mit Krankheiten. Der Körper greift zum Selbstschutz, bekommt Fieber und Schmerzen. Er möchte Sie aus dem normalen Ablauf des Alltags herausziehen, der Sie ansonsten immer weiter nach unten ziehen würde.

Alle fiebrigen Erkrankungen entstehen bei einem Energieniveau von circa 20 Prozent. Sie sollten jetzt auf Ihren Körper vertrauen, ihm für diesen Hinweis dankbar sein und ihm die Zeit zur Regeneration lassen.
Gelingt in dieser Phase keine energetische und körperliche Erholung, sinkt die Energie weiter. Aus Selbstmitleid wird schließlich Resignation, und die energetische Situation wird für den physischen Körper bedrohlich.

Ist die Energie auf 2 Prozent abgesunken, kann der Mensch sich selbst nicht mehr helfen und ist auf die sofortige, intensive Hilfe von anderen angewiesen.

Wie können Sie sich helfen, wenn Sie in einem Zustand der Ohnmacht sind?

> Suchen Sie eine Beschäftigung, die Ihnen Freude macht. Gönnen Sie sich etwas Gutes oder Schönes. Treffen Sie bewusst kleine Entscheidungen in Ihrem aktuellen Alltag. Gelingt es Ihnen, sich selbst wieder zu spüren und nach und nach das Leben bewusst wahrzunehmen, dann sind Sie auf dem Weg, Ihre energetische Situation zu verbessern.

Der zentrale Punkt in dem ständigen Vorgang des Wachsens und Entwickelns ist der Energiezustand um 50 Prozent.
Bei diesem Energieniveau entscheidet sich, ob die Chakren Ihres Energiefeldes sich öffnen.
Entscheidungen tragen, wie schon beschrieben, erheblich zu einem Energiezuwachs bei und sind lebensnotwendig für Ihre Entwicklung.
Das Fällen einer Entscheidung bringt immer einen Energieanstieg mit sich. Es gibt keine falschen Entscheidungen, da Sie nie wissen, welche Konsequenzen die anderen Möglichkeiten mit sich gebracht hätten, die zur Wahl gestanden hatten.
Sind Sie unentschieden oder weigern sich sogar, Entscheidungen zu treffen, sinkt Ihr Energieniveau rapide ab.
Wenn Sie nicht selbst eine Entscheidung fällen, entscheidet ein anderer. Sie werden entschieden und leben nicht in Eigenverantwortung.

Dieser Vorgang des Entschieden-Werdens schwächt Sie ebenso.
Das heißt, Sie sind sofort im niedrigen Energieniveau der Ohnmacht. Wenn Sie nicht den Mut zu einer Entscheidung haben oder eine Entscheidung aus falsch verstandener Rücksichtnahme unterlassen, erleben Sie eine Phase der Ohnmacht.
Dies ist eine logische Konsequenz und sollte weder zu Selbstvorwürfen noch zu Schuldzuweisungen gegenüber anderen führen. Vorwürfe und Schuldzuweisungen sind sinnlos und können die Ohnmacht verstärken.
Sind Sie sich jedoch der Wirkungsweise der energetischen Gesetze bewusst, finden Sie sehr schnell aus einer Phase der Ohnmacht heraus und gelangen über die Phase der Entscheidungen in den Bereich der Entwicklung, in der Ihr Leben fließt und alles wie von selbst gelingt.

Überblick und Nutzen

Wenn Sie sich jetzt, nach der Beschreibung der verschiedenen energetischen Zustände, selbst betrachten und Ihr Umfeld analysieren, werden Sie feststellen, dass die meisten Menschen sich im Bereich der energetischen Ohnmacht befinden. Sie fühlen sich schwach, ausgenutzt, suchen die Schuld bei anderen, verhalten sich passiv, treffen keine bewussten Entscheidungen, hängen an alten Verhältnissen fest, jammern über die Zustände, ändern sie jedoch nicht.

Überdenken Sie Ihre eigene Situation:
Sind Sie krank, sind Sie im Selbstmitleid, beklagen Sie sich über andere, werden Sie gemobbt, schimpfen Sie über den Partner, den Lehrer, die Kinder, über Ihren Arbeitsplatz, über Ihre Schwiegermutter, über das Wetter, über die Banken, über den Staat?

Immer, wenn Sie sich selbst zum Opfer werden lassen, sind Sie in einer Ohnmacht und weit davon entfernt, Ihr Leben eigenverantwortlich zu gestalten.

Diese Zusammenhänge deutlich und einfach erkennen zu können, ist der erste Schritt, um aus einem energetischen Tief auszusteigen. Beobachten Sie Ihre Gefühle, und werfen Sie einen Blick auf das Energiebarometer. Sie erkennen sofort, auf welchem Energieniveau Sie sich befinden und können entsprechend handeln. Sie werden sich künftig nur noch selten und nur für kurze Zeit in einem energetischen Tief aufhalten.

Sie können mit Ihrem Partner, mit Ihrer Freundin oder Ihrer Nachbarin besser umgehen, wenn Sie die Wirkungsweise der energetischen Gesetze kennen. Befindet sich eine Person in einem Zustand der energetischen Ohnmacht, helfen alle gut gemeinten Ratschläge nicht. Sie kann in diesem Zustand auf die Argumente anderer nicht hören und reagiert verärgert. Jede Intensivierung der Hilfestellungen von außen verstärkt ihren Rückzug und ihren Ohnmachtszustand.

Wie der legendäre Münchhausen, der sich am eigenen Haarschopf aus dem Sumpf gezogen hat, können Sie sich nur selbst aus dem Zustand der Ohnmacht befreien.

Der verstehende Begleiter in einer solchen Situation ist still präsent und signalisiert Nähe und Herzenswärme.

Üben Sie sich in Entscheidungen. Dies ist der dritte Schritt des bewussten energetischen Entwicklungsweges.
Ihr Alltag ist ein ideales Übungsfeld, um viele kleine Entscheidungen bewusst zu treffen.

Mit welchem Fuß verlasse ich mein Bett? Heute mache ich es anders als sonst.
Mit welcher Hand putze ich meine Zähne? Heute nehme ich die andere.
Trinke ich Kaffe oder Tee? Heute wähle ich bewusst.
Welche Kleidung trage ich? Heute will ich mich wohlfühlen – oder heute will ich auffallen.
Ich lese in der Tageszeitung die Artikel, die ich sonst nicht lese.
Ich gehe früher ins Büro, ich fahre einen anderen Weg zur Arbeit, ich bin freundlich zu den Kollegen …«

Es gibt unzählige Möglichkeiten, bewusste Entscheidungen zu treffen. Die folgende Übung wird Ihnen sehr schnell zu einer bewussten und befreienden Lebensperspektive verhelfen.

Immer wenn Sie spüren, dass Sie in der Energie absinken und sich ausgeliefert fühlen, können Sie mit dieser Übung anfangen, Ihr Leben neu zu gestalten.

Es sind die kleinen Entscheidungen, die Ihre Energie langsam ansteigen lassen. Durch viele kleine aber bewusst getroffene Entscheidungen gelingt es Ihnen, Eigenverantwortung für Ihr gesamtes Leben zu übernehmen.

3. Übung —
Entscheidung treffen

Setzen Sie sich entspannt hin, und atmen Sie durch die Nase ein und durch den Mund aus.

Überlegen Sie mit Hilfe des Barometers, in welchem energetischen Zustand Sie sich befinden.

Durch welches Niveau des Barometers ist Ihr Leben zurzeit geprägt?

Wenn Sie feststellen, dass Sie sich in Ohnmachten befinden, ändern Sie Ihren Zustand sofort, indem Sie eine Entscheidung treffen (oder indem Sie die Ohnmacht – wie im Kapitel 5 beschrieben – auflösen).

Entscheiden Sie sich, diese Übung täglich bewusst durchzuführen.

Entscheiden Sie die kleinen Dinge Ihres Alltags bewusst.
Stehen Sie mit einem anderen Fuß als sonst aus dem Bett auf.
Trinken Sie Kaffee statt Tee.
Fahren Sie einen anderen Weg zur Arbeit etc.

Lösen Sie sich aus Gewohnheiten und entscheiden Sie jeden Moment Ihres Lebens neu.

Ihre Energie steigt durch kleine bewusste Entscheidungen in Ihrem gesamten Energiefeld an.

Genießen Sie den Zustand der Entwicklung und des »Im-Fluss-Seins«.

Spüren Sie die Kraft der Eigenverantwortung.

Energiebarometer im täglichen Leben

Das Energiebarometer ist das wichtigste Hilfsmittel, um das eigene Leben einschätzen zu können.

Es lässt sich auf die gesamte Biografie anwenden. So durchläuft jeder Mensch täglich mehrfach alle Phasen des Energiebarometers. Dasselbe gilt für Wochen-, Monats- und Jahresabläufe.

Auch einzelne Tage, wie z.B. den letzten Geburtstag vor zwei Monaten oder die Hochzeit vor einigen Jahren, können Sie anhand des Energiebarometers untersuchen. Besonders spannend ist die Betrachtung des Energiebarometers im Hinblick auf Ihr gesamtes bisheriges Leben.

Weshalb kann die Betrachtung einer Zeitspanne anhand des Energiebarometers interessante Ergebnisse bringen?

Jede Zeitspanne Ihres Lebens war geprägt von Erlebnissen, Erfahrungen und Begegnungen. Manche Vorgänge wirkten sich auf die Zeit danach aus, und womöglich sind Sie heute noch von den damals getroffenen oder versäumten Entscheidungen geprägt.

Wenn Sie erkennen, unter welchen Bedingungen Sie damals die Welt betrachtet und Ihre Entscheidungen gefällt haben, wird Ihnen vieles verständlich, und Sie können Veränderungen vornehmen.

Betrachten Sie beispielhaft einen Tagesablauf:

6.00 Uhr: Der Wecker klingelt und reißt Sie aus sanften Träumen. Ein Gefühl von Ohnmacht herrscht in Ihnen. Sie fühlen sich eingespannt in Abläufe und Vorgänge, denen Sie ausgeliefert sind. Verschlafen und missgelaunt stehen Sie auf. Sie finden das Gesicht, das Ihnen aus dem Spiegel entgegenblickt, grässlich und können kein gutes Haar an sich finden. Entsprechend begegnen Sie Ihrer Partnerin wortkarg und missmutig.

7.00 Uhr: Sie verlassen das Haus, das schlechte Wetter trägt nichts zu einer Verbesserung Ihrer Laune bei. Die Straßenlandschaft ist trist und grau.

Sie gehen zur Haltestelle und warten auf den Bus. Er hat Verspätung, Ihre Laune wird noch schlechter als sie vorher schon war.

7.10 Uhr: Im Bus fällt einer Mitfahrerin die Handtasche um und einige Dinge verstreuen sich im Gang. Sie helfen, die Teile aufzusammeln und wechseln einige Worte.
Ihre Laune wird dadurch besser. Die Müdigkeit ist weg. Sie haben sich entschieden, beim Aufsammeln der Gegenstände zu helfen und sind aktiv geworden. Das hat Energie freigesetzt.
Der Weg zum Büro ist danach entspannt, die Fußgängerampel schaltet in dem Moment auf Grün, in dem Sie ankommen. Sie beobachten eine Gruppe Kinder, die sich über die Hausaufgaben unterhalten und lächeln in Gedanken an Ihre eigene Schulzeit. Dieses Lächeln bemerkt der Portier am Werkstor und lächelt freundlich zurück. Sie grüßen unwillkürlich diesen nett lächelnden Mann, den Sie sonst noch nie registriert haben.

8.00 Uhr: Termin beim Chef. Sie sollen über das Ergebnis Ihrer Ausarbeitung berichten. Sie sind aufgeregt und hoffen, die richtigen Worte zu finden. Eine erfolgreiche Präsentation könnte Ihr Ansehen in den Augen des Chefs beträchtlich steigern.

10.00 Uhr: Der Chef hat Sie sehr gelobt. Das gibt Ihnen ein so schönes Gefühl, dass Sie Bäume ausreißen könnten und die Arbeit geht für den Rest des Vormittags wie von selbst.

12.00 Uhr: Ihr Partner ruft an und wirft Ihnen vor, heute Morgen den Müll nicht rausgestellt zu haben. Nun stehe der volle Mülleimer bis zur nächsten Leerung 14 Tage stinkend im Keller …

12.05 Uhr: Ihre Laune ist wieder auf einem Tiefpunkt angelangt. Nur gut, dass Sie inzwischen wissen, wie Sie sich schnell wieder aufbauen können: Entscheidungen treffen und den Alltag bewusst und aktiv gestalten. Sie gehen jetzt erst einmal einen Kaffee trinken und den Müll, den bringen Sie heute Abend zum Wertstoffhof.

Jeder Tag, jede Woche, jeder Monat, jedes Jahr, jedes Leben hat Höhen und Tiefen. Wenn Sie die Hintergründe kennen, werden Sie zum aktiven Lebensgestalter.

Positive Veränderung durch das Energiebarometer

Sie werden sich der Abläufe Ihres Alltags und Ihrer angelernten Verhaltensweisen bewusst. Sie können anhand des Energiebarometers ablesen, zu welchen Zeiten oder bei welchen Tätigkeiten Sie energielos sind und sich ohnmächtig fühlen. Durch die aufgezeigten Übungen können Sie gezielt Ihre Energie in diesen Situationen steigern und dadurch Arbeiten wesentlich besser und schneller erledigen. Sie empfinden Freude am aktiven Gestalten und Tun, wo Sie bisher Opfer von Abläufen waren. Der Frust über die immer wiederkehrenden Aufgaben des Alltags verändert sich in Freude über das gelungene Werk.

Beispiel:

Silvia, eine meiner Kursteilnehmerinnen, arbeitet in einem Großraumbüro. Sie ist zuständig für die Erstellung von Pressemitteilungen. Die einzelnen Beiträge stellen vier Mitarbeiter und Mitarbeiterinnen für sie zusammen. Für gewöhnlich sind alle unter Zeitdruck, und sie muss ständig nachfragen, um die fertigen Manuskripte zu bekommen.
Tagtäglich ist sie Stress und Hetze ausgesetzt. Der Büroleiter macht sie für die termingerechte Fertigstellung der Mitteilungen verantwortlich. Sie gibt diesen Stress an ihre Mitarbeiter/innen weiter und erhält von dort Ausreden und ärgerliche Bemerkungen. Bereits morgens beim Aufstehen denkt sie mit Sorge und Aufregung an den vor ihr liegenden Tag. Mit diesen schweren Gedanken fährt sie in die Firma. Gedankenversunken geht sie ins Büro, vorbei an vielen Mitarbeiter/innen, die es gewohnt sind, sie mit ihrer Aktentasche vorbeihuschen zu sehen.

Silvia ist vom Aufstehen bis zum Ende der Bürozeit in der Ohnmacht. Sie ist stets auf andere angewiesen, bekommt Druck von oben und unten und erntet selten ein Wort des Lobes und der Anerkennung für ihre Arbeit.

Silvia ist gegen viele Nahrungsmittel allergisch und bekommt häufig einen juckenden Hautausschlag. Sich auszukurieren will sie sich aufgrund ihrer Arbeitssituation nicht erlauben. Einen richtigen »Befreiungsschlag« in Form einer langen, schönen Urlaubsreise kann sie sich finanziell nicht leisten.

Mit Silvia bin ich das Energiebarometer durchgegangen, und sie hat sich daraufhin ihr Leben angeschaut. Sie erkannte, dass sie eine seit Jahren andauernde Phase permanenter Ohnmacht durchlebt hatte.

Silvia hat schnell gelernt. Sie will ihre Situation verändern. Sie trifft bewusst viele kleine Entscheidungen und macht die energetischen Übungen hingebungsvoll.

Innerhalb weniger Tage hat sie festgestellt, dass sie mit anderer Aufmerksamkeit das Großraumbüro betritt. Die Kolleginnen und Kollegen registrieren diese Veränderung und nehmen sie anders wahr als vorher. Sie verwandelt sich in den Augen der anderen – unbewusst! – von der grauen Maus in die geachtete Kollegin. Sie wird gegrüßt und erwartet. Sie bekommt ihre Manuskripte vorgelegt und bedankt sich mit offenem Herzen und klarem Blick dafür. Sie erntet lächelnde Gesichter und strahlende Augen. Es hat sich eine Aufwärtsspirale in Gang gesetzt, die die Arbeitsleistung der gesamten Gruppe verbessert.

Silvia freut sich jetzt morgens bereits auf der Fahrt zur Arbeit auf ihre Kolleginnen und Kollegen, und diese freuen sich, wenn Silvia das Büro betritt.

Nur Sie selbst können an Ihrer Situation etwas verändern.
Nur Sie selbst können Ihre Ohnmacht auflösen und über bewusste Entscheidungen in die Entwicklung kommen.
Nur Sie selbst können die Frage beantworten, ob Sie sich tatsächlich entwickeln möchten.
Nur Sie selbst können Ihr Leben eigenverantwortlich gestalten.
Es gibt kein Opfer von Abläufen, Sie selbst sind der Gestalter Ihres Lebens

Die 11 Chakren aus der Serie
Chakrenbilder von Stefanie Menzel

3.
Die Chakren als Organe
des Energiefeldes

Ihr Energiefeld ist ein komplexes, energetisches Schwingungs-Gefüge. Die beiden Energiearten Kosmische Energie und Erdenergie bilden Ihr Energiefeld.

Die Ein- und Ausströmungspunkte dieser beiden Energiearten in Ihre Aura sind das Basis- und das Scheitelchakra. Zwischen diesen beiden Zentralpunkten bildet sich die Hauptachse des Energiefeldes, die Kundalini, die der Wirbelsäule auf der materiellen Ebene entspricht.
Durch das Ineinanderschwingen der Energiearten entstehen Knotenpunkte, die Hauptwahrnehmungspunkte der Aura, die Chakren. Chakra bedeutet Rad, und tatsächlich bilden die Chakren rechtsdrehende Wirbel, die sich von der Kundalini aus zur äußeren Auraschicht trichterförmig öffnen.
Jedes der Chakren ist andersfarbig. Ist ein Chakra offen, sieht es von außen betrachtet aus wie ein lichtdurchwobenes Rad aus farbigen Schleiern, wie eine kleine Spirale oder wie eine wunderschöne Blüte.
Die Farbe des Chakra ist abhängig von der Schwingungsgeschwindigkeit der Energieströme, aus denen es sich bildet. Die Farben ändern sich von kräftigen Rottönen über Gelb- und Grüntöne bis zu Violett- und Blautönen.
Die Farben der Chakren fließen ineinander und wirken perlmuttartig. Die Chakren sind Energiegebilde und daher materiell nicht zu erfassen. Die Bilder von Chakren können nur eine Ahnung ihrer Schönheit vermitteln, und jeder hellsichtige Mensch nimmt die Chakren anders wahr.

Links sehen Sie ein mögliches Gesamtbild aller zehn Chakren, so wie sie von mir gesehen und künstlerisch wiedergegeben wurden.

Die Chakren öffnen sich bei einem Energiegehalt der Aura von mindestens 50 Prozent. Liegt die Energie darunter, bleiben die Chakren geschlossen und dem Mensch fehlt die eigene Wahrnehmung. Auch seine Ausstrahlung und Wirkung auf andere Menschen ist schwach.

Die Schwingungsfelder der kosmischen und der Erdenergie setzen sich aus Strömungen unterschiedlicher Schwingungsgeschwindigkeiten oder Frequenzen zusammen. Die langsamsten Schwingungsströme bilden den physischen Körper des Menschen.
Von unten nach oben sind die unteren Chakren in ihrer Aussage körperorientiert, die mittleren Chakren gefühlsorientiert und die oberen Chakren den höheren geistigen Fähigkeiten zugehörig.

Die physikalischen Lichtfarben

Entlang der Kundalini liegen die 8 Chakrenpunkte, die jeweils mit Hormondrüsen des materiellen Körpers in Verbindung stehen.
Jeder der Chakrenpunkte kann nach vorne im Energiefeld und nach hinten geöffnet sein. Mit wachsender Entfaltung der Aura können sich pro Chakrenpunkt bis zu 18 Öffnungen in alle Richtungen ergeben.
Die Zahl der Öffnungen zeigt den energetischen Reife- und Bewusstseinszustand eines Menschen. Je mehr Chakrenöffnungen seine Aura pro Chakrenebene hat, umso stärker und bewusster ist er in Wahrnehmung und Ausstrahlung.

Das Energiefeld unseres Universums beschleunigt sich in seiner Schwingungsgeschwindigkeit. Dies hat für die Entwicklung unserer persönlichen Aura auch deutlich spürbare Auswirkungen. Die Schwingung unseres

Chakren

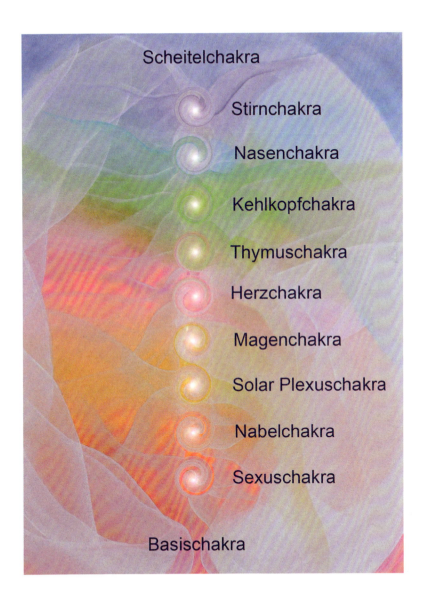

Zeichnung 4: Chakren

Chakren – Sektoren

Zeichnung 5: Bis zu 18 Sektoren zur Wahrnehmung pro Chakrenebene

persönlichen Energiefeldes steht ja in direktem Zusammenhang mit dem Erd- und dem kosmischen Energiefeld. Durch die Frequenzbeschleunigung in dem universellen Energiefeld haben sich die Entstehungsachsen der Chakrenpunkte verschoben. Seit 1993 sind durch diese Beschleunigung drei Chakren in Ihrer persönlichen Aura hinzugekommen.

Diese neuen Chakren verändern Sie als Mensch in Ihren Erfahrungen, und Sie bekommen mit der Veränderung Entwicklungsmöglichkeiten in bisher nicht bekannte Dimensionen.

Das Nasenchakra, das Thymuschakra und das Sexuschakra bringen Ihnen neue Erkenntnisse über sich selbst. Sie unterstützen Ihren individuellen Weg ins Bewusstseinszeitalter.

Das *Nasenchakra* gibt Ihnen Orientierung über Ihre Wesensentwicklung. Setzen Sie Ihr Wesen durch? Spüren Sie sich als Individuum und können Sie eine Verbindung zu Ihrem höheren Bewusstsein finden? Fragen, die bisher keine Rolle im Leben des Einzelnen spielten.

Das *Thymuschakra* unterstützt Sie darin, Ihre innere Stimme wahrzunehmen und Ihr Leben dementsprechend auszurichten. Dies ist ebenfalls ein Thema, das für viele Menschen vollkommen neu in ihrem Leben ist und persönliche Krisen zur Folge haben kann.

Das ebenfalls neu entwickelte *Sexuschakra* sagt etwas über Ihre Partnerfähigkeit aus. Nie zuvor gab es so viele Fragen und Schwierigkeiten im Bereich der Partnerschaften. Bisher hatten sich Fragen zu diesem Themenspektrum aus den gesellschaftlichen Traditionen heraus beantwortet. Seit einigen Jahren ist dies bekanntlich nicht mehr der Fall, sodass Beziehungen nicht mehr lebenslänglich halten, wie wir es gewohnt waren. Das Individuum hat einen höheren Anspruch, vom Partner »gesehen zu werden«.
Das Individuum und seine Bedürfnisse stehen jetzt im Mittelpunkt.

Durch die Erweiterung des Chakrensystems entsteht ein neues Bedürfnis danach, das Leben verstehen zu können. Ein individuelles Suchen nach dem Sinn setzt ein. Wo vorher universelle Antworten der Religionen oder

der Gesellschaft galten, will der Mensch sich jetzt ganz neu an seiner eigenen Wahrnehmung orientieren.

Auch Ihre eigene körperliche Entwicklung ist dabei, sich an die energetische Entwicklung anzupassen.

Sie haben manchmal das Gefühl mit der Geschwindigkeit der Zeit nicht mehr mithalten zu können?
Sie verstehen die Veränderungen in den zwischenmenschlichen Beziehungen nicht?
Sie können die Beschleunigung in den technischen Errungenschaften nicht mehr nachvollziehen?

Dies sind die für Sie bisher unübersehbaren aber deutlich fühlbaren Folgen der Schwingungsbeschleunigung Ihrer persönlichen Aura.
Seine eigene Entwicklung bewusst zu erleben, ist die Aufgabe des Einzelnen, um die Entwicklung der Menschheit im Bewusstseinszeitalter auf seine Art zu begleiten und mitzutragen.

Wenn in Ihrem Energiefeld das Bewusstsein durch die intensive Beschäftigung mit den neuen Chakren erwacht ist, fällt es Ihnen leichter, sich Ihrer individuellen körperlichen Entwicklung hinzugeben.

Betrachten Sie die Veränderungen, die in der Kindererziehung und im Schulsystem nötig werden. Die seit 1993 geborenen Kinder bringen die neuen energetischen Bedingungen schon von Geburt an mit auf die Erde.
Sie werden in einigen Büchern Indigokinder genannt, weil ihre Energiefeldschwingung schneller ist und deshalb mehr blaue Lichtanteile hat. Sie schwingen anders, schneller und bringen ihre Umgebung unweigerlich in Veränderung.

Die Kinder verfügen bereits von Geburt an über die Schwingungsfrequenz der Zukunft. Momentan ist die Gesellschaft noch der Meinung, die neue Energie müsse gebremst werden. Dieser Versuch der Langsamen, die Schnellen anzupassen, wird dauerhaft nicht gelingen. Die Entwicklung der Menschheit braucht die schnelleren Energieformen, um die Veränderungen der neuen Welt mitzugestalten.

Die 11 Chakren

Bedeutung der Chakren

Stellen Sie sich vor, Sie leben in einem Haus, in dem alle Fenster und Rollläden zu sind. Wie fühlen Sie sich dort? Welchen Kontakt haben Sie zu Ihren Mitmenschen und Ihre Mitmenschen zu Ihnen?
Was bekommen Sie von Ihrem Umfeld mit? Welche Jahreszeit ist zurzeit? Wie ist das Wetter? Wie riecht frische Luft?

Stellen Sie sich jetzt vor, Sie öffnen nach und nach die Rollläden und Fenster. Erst einen kleinen Spalt, am nächsten Tag etwas mehr, schließlich wieder ein Stück weiter … Welche Freude und welches Glück kann die warme Frühlingssonne in das vorher so lange verdunkelte Zimmer zaubern!

Genauso wirken das Öffnen und die Arbeit mit den Chakren auf Sie als Mensch.

Sie öffnen mit dieser Arbeit die Fenster und Türen der Aura und lassen frische Luft herein. Sie sehen und hören Ihre Umgebung neu, werden frei und bewusst. Alte Gewohnheiten können Sie nun loslassen, und das Leben erscheint in einem neuen Licht.
Sie lernen sich selbst neu kennen und können auf einmal verstehen, warum andere Menschen auf Sie reagieren, Sie können verstehen, wie Sie auf andere Menschen wirken.

Der Zustand der Chakren gibt Auskunft über den Energiehaushalt des Aurafeldes.
Ist die Aura kräftig und mit ausreichend Energie versorgt, sind die Chakren geöffnet. Es steht Ihnen dann die volle Wahrnehmung für den eigenen Körper, für die eigene Lebensgestaltung und für die Umgebung zur Verfügung. Blockaden im Energiefeld, also verkapselte Probleme und negative Erlebnisse, können die Energie des Aurafeldes vermindern. In den folgenden Kapiteln wird deshalb auf die verschiedenen Blockaden eingegangen.

Durch regelmäßige Beschäftigung mit Ihrer Aura steigt die zur Lebensgestaltung zur Verfügung stehende Energie immer weiter an.

Nicht alle Ihre Chakren öffnen sich gleichzeitig. Dieser Vorgang hängt von Ihrer persönlichen Disposition ab. Jeder Mensch hat sich vorgenommen, in seinem Leben bestimmte Erfahrungen zu sammeln. Entsprechend hat er besondere Entwicklungsaufgaben und Problematiken. Dementsprechend werden sich die Chakren nach und nach öffnen.

Mit ein wenig Übung können Sie selbst wahrnehmen, wann Ihre Chakren geöffnet sind.
Ihr Energiefeld, Ihre Wahrnehmungen und Ihre persönliche Ausstrahlung werden stark. Einige problematische Themen Ihres Lebens entfallen. Wenn die eigene Kraft fließt, verspüren Sie ein Grundgefühl der Fülle. Strukturen und Blockaden lösen sich mehr und mehr auf.

Damit erübrigt sich die Frage des Schutzes Ihrer Aura. Denn Bedarf nach Schutz hat nur der Mensch, der Mangel fühlt und Angst hat. Stimmt Ihre persönliche Kraft und erkennen Sie das geniale Zusammenspiel von Spiegel, Bewusstsein und Entwicklung, kommen Sie nicht auf die Idee, sich schützen zu müssen, sondern nutzen gerne jede Gelegenheit des Lebens, um sich weiterzuentwickeln.

Chakren

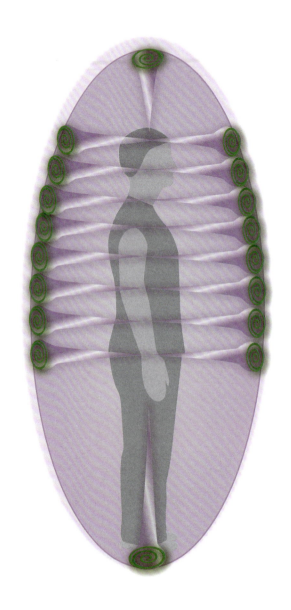

Zeichnung 6: Chakren vorne und hinten geöffnet

Wirkung geöffneter Chakren

Die Chakren, mit Ausnahme des Scheitel- und Basischakra, haben im Normalzustand auf den Körper bezogen jeweils eine Öffnung nach vorne und eine Öffnung nach hinten. Menschen, die bereits einen Erkenntnisweg zurückgelegt und mehrere Entfaltungsphasen erlebt haben, können, wie schon erwähnt, bis zu 18 Öffnungen pro Chakra aufweisen. Solche strahlenden Persönlichkeiten verfügen über unvorstellbare Wahrnehmungsfähigkeiten und sind frei von materiellen Beschränkungen.

Im folgenden Kapitel beschäftigen wir uns mit dem Zustand, der für den Menschen unserer westlichen Zivilisation derzeit normal ist, nämlich, dass die Chakren nach vorne und nach hinten geöffnet sind.

Über Ihre nach vorne gerichteten Chakren nehmen Sie sich selbst wahr. Die vorderen Chakren geben Ihnen Auskunft über Ihren Körper, über Ihre Gefühle und Ihre Verhaltensweisen. Da die Chakren mit den Hormondrüsen des Körpers in Verbindung stehen, besteht eine direkte Wechselwirkung zwischen den Chakren und der hormonellen Steuerung des Körpers.
Der Öffnungsgrad der Chakren und die Hormonversorgung des Körpers sind Ausdruck ein und derselben Ursache, nämlich des Zustands des Energiefeldes. Ein starkes Energiefeld verfügt über geöffnete Chakren und eine optimale Versorgung des Körpers. Gleichzeitig bewirkt ein starkes Energiefeld eine innere Kraft und ein Grundvertrauen in das Leben – und damit ein gutes Gefühl gegenüber sich selbst und seinen Mitmenschen.

Über Ihre nach hinten gerichteten Chakren nehmen Sie Ihre Umgebung wahr. Die hinteren Chakren geben Auskunft über Ihre Position im Zusammenleben mit anderen Menschen, über Ihre Kommunikationsmöglichkeiten und über Ihr Ansehen bei Anderen. Über die hinteren Chakren stehen Sie mit Ihrer Umgebung und die Umgebung mit Ihnen in Verbindung. Über die hinteren Chakren nehmen Sie Ihre Umwelt als Spiegel wahr. Vereinfacht ausgedrückt sind die hinteren Chakren die Kommunikationsorgane der Aura mit anderen Menschen.

Beispiel:

Uschi ist eine Frau von 35 Jahren. Sie ist beruflich erfolgreich und kennt viele Leute. Sie ist stets chic gekleidet, eine gepflegte und attraktive Erscheinung. Leider hat sie noch nie den Mann kennengelernt, der mit ihr eine Familie gründen möchte. Sie sehnt sich sehr danach.
Eine Betrachtung ihrer Chakren ergibt, dass das Sexuschakra vorne und hinten geschlossen ist. Das zeigt auf einen Blick die Problematik, die Uschi mit ihrer Sexualität hat. Über die Chakrenkommunikation mit ihren Mitmenschen »wissen« die möglichen Partner von dieser Problematik und fühlen sich zu Uschi sexuell nicht hingezogen. Kumpelhafte und kollegiale Freundschaft ja, Partnerschaft und gemeinsamer Nachwuchs nein.

Dieses »Wissen« geschieht auf der unbewussten Ebene. Es ist kein »Wissen« des Verstandes sondern ein Resultat des Energiefeldes. Das »Wissen« des Energiefeldes ist dabei dem des Verstandes hoch überlegen und lässt sich nicht überlisten.

Uschi kann geholfen werden. Durch therapeutische Maßnahmen lässt sich die Problematik bearbeiten, die für die Blockade des Sexuschakra sorgt.
Uschi hatte ein traumatisches Erlebnis, das sie im Energiefeld abkapselte. Mit abgekapselt wurde die damit zusammenhängende Energie, die nun fehlt, um das Sexuschakra zu öffnen.
Ist das traumatische Erlebnis aufgearbeitet, kann die Energie wieder fließen und das Öffnen des Sexuschakra ist die energetische Folge.

In diesem Kapitel über die Chakren sollen Zusammenhänge dargestellt werden. Durch bewussten Umgang mit dem Energiefeld wird die Funktion der Chakren fühlbar, und die Möglichkeiten zur Veränderung der eigenen Situation können deutlich werden. Sie selbst haben es in der Hand, bewusst und »offen« durch die Welt zu schreiten. Es steht Ihnen alle Energie zur Verfügung.

Aussage der Chakren

Nachfolgend werden die Aussagen dargestellt, die aus dem Zusammenspiel von geöffneten und geschlossenen Chakren abgelesen werden können.

Zuerst einige Hinweise:

Das Scheitel- und das Basischakra sind zu Lebzeiten des Menschen immer geöffnet. Durch sie strömen die Kosmische und die Erdenergie in den Körper und schenken dem Menschen Lebensenergie.

Die anderen Chakren können unabhängig voneinander vorne und hinten geöffnet sein. Die Öffnungszustände können je nach energetischer Situation und Tageszeit oder Jahreszeit unterschiedlich sein.

Beispiele:

Bei Uwe ist das für Kommunikation zuständige Kehlkopfchakra nach vorne offen, jedoch nach hinten geschlossen. Im beruflichen Umfeld kann er seine Meinung nicht äußern und frei reden, obwohl er sich mit sich selbst intensiv auseinandersetzt und mit sich im Gespräch ist. Es ärgert ihn immer wieder, dass er aus diesem Grund unterschätzt wird.

Rita ist im Verein beliebt und die Vereinskolleginnen trauen ihr viel zu. Sie selbst hält sich oft für unfähig und inkompetent. Ihr hinteres Solar-Plexus Chakra ist geöffnet, vorne ist es geschlossen, was zu dieser gegensätzlichen Wahrnehmung führt.

Sowohl bei Uwe als auch bei Rita ergeben sich durch den Blick auf die Chakren die Gründe für die Schwierigkeiten in verschiedenen Lebensbereichen. Die grundlegende energetische Aufbauarbeit der Chakren hat beiden weiterhelfen können.

Mit der Chakrenarbeit werden sicher auch Ihnen die Zusammenhänge in Ihrem Leben bewusster, und Sie selbst werden durch die Energiesteigerung eine Veränderung zum Positiven erlangen können.

Wenn Sie sich jetzt mit der Öffnung der Chakren beschäftigen, bearbeiten Sie bei den hinteren Chakren u. a. folgende Fragen:

Habe ich meine Vergangenheit bearbeitet und integriert?
Entspricht mir meine Umgebung?
Kann ich mit anderen kommunizieren?
Weiß ich, dass ich eine innere Stimme habe?
Werde ich geliebt und geachtet?
Traut man mir etwas zu?
Bin ich vital und gesund, stehe ich gesund in der Welt?
Lebe ich in einer glücklichen Partnerschaft?

Folgende Fragen und Themen können Sie mit dem Öffnen der vorderen Chakren bearbeiten.

Habe ich Vertrauen in die Zukunft?
Lebe ich mein Wesen?
Bin ich mit mir im Gespräch?
Höre ich auf meine innere Stimme?
Nehme ich mich an wie ich bin, liebe ich mich?
Habe ich Selbstvertrauen?
Weiß ich, was mein Körper benötigt?
Ist meine Sexualität in Ordnung?

Bedeutung und Aussage der einzelnen Chakren

Energetische Aufgabe: Verbindung zur kosmischen Energie, Eintrittspunkt der kosmischen Energie
Farbe: Blau

Öffnung:
Es ist immer geöffnet, solange der Mensch lebt.

Energetische Aufgabe: Steuerung der höheren geistigen Fähigkeiten
Zugeordnete Hormondrüse: Hypophyse
Haupthormone: Endorphine, Prolaktin, Somatotropin, Oxytocin u.v.a.
Farbe: Violett

1. Vorne auf
    Ich bin nach vorne orientiert.
    Ich bin offen für die Zukunft und habe Ideen zur Zukunftsgestaltung.
    Die Gestaltung meines Alltags und Ideen über die Zukunft machen Freude.
    Ich bin pünktlich.

2. Vorne zu

Ich habe keine Orientierung in der Zeit und komme zu früh oder zu spät zu meinen Terminen.
Ich schlafe gern in den Tag hinein.
Die Zukunft macht mir Angst.
Ich kann meine Möglichkeiten der Lebensgestaltung nicht erkennen.

3. Hinten auf

Ich kann aus den Erfahrungen der Vergangenheit lernen.
Die Dinge der Vergangenheit berühren mich.
Ich bin vertrauenswürdig.
Ich kann die Vergangenheit integrieren und loslassen.

4. Hinten zu

Ich habe keine Orientierung im Raum.
Ich verfahre oder verlaufe mich.
Die Vergangenheit ist mir egal.
Ich kann meine Vergangenheit nicht mit meinem jetzigen Leben in Verbindung bringen.

5. Vorne und hinten auf

Ich orientiere mich bei meiner Lebensgestaltung an den Chancen und Möglichkeiten der Veränderungen. Ich integriere die Vergangenheit und nutze die Kraft für die Gegenwart.

6. Vorne und hinten zu

Ich habe keine Lebensfreude.
Ich bin orientierungslos in Zeit und Raum.
Ich komme immer zur falschen Zeit an und verfahre mich bei jeder Gelegenheit.
Andere vertrauen mir nicht

Nasenchakra Grün

Energetische Aufgabe: Kommunikation
Zugeordnete Hormondrüse: Schilddrüse
Haupthormone: Thyroxin, Triiodthyronin, Parathormon, Calzitonin, T3, T4
Farbe: Grün

1. Vorne auf

Ich habe Kontakt zu mir selber und kann über mich selbst reden.
Ich habe eine Meinung und kann sie vertreten.
Ich stehe positiv im Mittelpunkt.

2. Vorne zu

Ich habe keinen Kontakt zu mir.
Es ist unangenehm, allein zu sein.
Ich brauche ständig Abwechslung.
Mir fällt die Decke auf den Kopf.

3. Hinten auf

Ich kann mit anderen kommunizieren.
Gespräche fallen mir leicht.
Mir fällt zu allen Themen etwas ein.
Ich finde immer die richtigen Worte zur richtigen Zeit.

4. Hinten zu

Ich kann nicht mit anderen kommunizieren.
Ich bin selten an Gesprächen beteiligt.
Bei den meisten Themen fehlen mir die Worte.
Die anderen sind immer schneller im Gespräch.

5. Vorne und hinten auf

Ich bin immer und überall gerne gesehen.
Meine Beiträge sind intelligent und werden wahrgenommen.

6. Vorne und hinten zu

Ich kenne mich selber nicht und kann nicht kommunizieren.
Ich trete in alle Fettnäpfchen.
Ich bin spleenig, Workaholic, Eigenbrötler, Tüftler.
Ich bin gehetzt, ungern allein, aber auch ungern in Gesellschaft.

Kehlkopfchakra
Blau Grün

Energetische Aufgaben: Integration des vegetativen Nervensystems, Biochemie, motorisches Nervensystem
Zugeordnete Hormondrüse: Hypothalamus, Zirbeldrüse
Haupthormone: Adiuretin, Oxytocin, TSH, Melatonin
Farbe: Blau-Grün

1. Vorne auf

Mein Wesen setzt sich durch.
Ich nehme meine Veränderungen an und lebe den Alltag spontan.
Ich entscheide meine Lebensgestaltung so, dass ich in allen Bereichen selbstverständlich mein Wesen lebe.

2. Vorne zu

Mein Wesen setzt sich nicht automatisch durch.
Es ist immer mit Anstrengung verbunden, meine Angelegenheiten durchzusetzen.
Ich komme nicht zum Zuge und werde übersehen. Ich kann mich selber nicht riechen.
Ich will mich nicht verändern.

3. Hinten auf

Die Umstände, in denen ich lebe, entsprechen mir. Die Welt um mich herum entspricht mir.

4. Hinten zu

Die Umgebung entspricht mir nicht.
Ich bin im falschen Film.
Ich mache Dinge, wie z. B. den Job, obwohl sie mir nicht entsprechen.
Die Umstände »stinken« mir.
Mein Leben besteht aus Gewohnheiten.
Ich bin oft verschnupft.
Meine Nebenhöhlen sind anfällig.

5. Vorne und hinten auf

Die Welt um mich herum entspricht mir.
Ich komme mit mir und den Veränderungen in meinem Leben klar.

6. Vorne und hinten zu

Mein Leben ist Schicksal.
Ich bin nicht Herr der Lage und habe keine Möglichkeit zur Veränderung meiner Situation.
Ich habe zu dem was mir passiert keine Meinung und keinen Einfluss.

Energetische Aufgaben: Selbstorientierung im Leben
Zugeordnete Hormondrüse: Thymusdrüse
Haupthormon: Thymosin, Thymopoetin
Farbe: Grün-Rosa

1. Vorne auf

Ich höre meine innere Stimme und weiß in jeder Lage, was für mich richtig ist.
Mir ist es egal, was andere von mir denken.

2. Vorne *zu*
Mir ist nicht bewusst, dass es eine innere Stimme gibt.
Ich nehme meine innere Stimme nicht wahr.

3. Hinten *auf*
Ich bin mir meiner Zusammenhänge im Leben bewusst.
Ich weiß, dass meine Vergangenheit und Zukunft mit mir in Zusammenhang stehen.
Ich bin in meiner Mitte.

4. Hinten *zu*
Ich übernehme keine Verantwortung für mein Handeln.
Ich erkenne keine Zusammenhänge zwischen meinem Leben und mir selbst.
Ich fühle mich abgetrennt und einsam.

5. Vorne und *hinten auf*
Meine innere Stimme ist die wichtigste Orientierung, und ich erkenne mein Leben in Eigenverantwortung und Zusammenhängen.

6. Vorne und *hinten zu*
Ich lehne Verantwortung für mein Handeln ab und hadere mit dem Schicksal.

Energetische Aufgaben: Akzeptanz des eigenen Lebens, Bearbeitung von Seelenthemen
Zugeordnete Hormondrüse: Herzohren (Hormondrüse am oberen Herzlappen)
Haupthormon: ANP
Farbe: Rosa

1. Vorne auf

Ich liebe mich selbst.
Mein Leben ist mir vertraut.
Ich weiß alle meine Eigenarten zu schätzen.
Ich weiß, dass ich ein geistiges Wesen bin, und so, wie ich bin, die idealen Voraussetzungen habe, alle Erfahrungen zu machen, die für mich wichtig sind.

2. Vorne zu

Ich liebe mich selbst nicht und habe mir gegenüber feste Vorurteile und Glaubenssätze.
Ich mag meine Schwächen nicht.
Ich würde mich gerne ständig verändern, kann es aber nicht.

3. Hinten auf

Ich fühle mich angenommen und geliebt.
Jeder Mensch, der mir begegnet, ist offen und weiß meine Art zu schätzen.
Ich strahle Sympathie aus.

4. Hinten zu

Ich fühle mich ungeliebt, auch wenn ich Menschen um mich habe, die liebevoll mit mir umgehen.
Dies strahle ich auch aus und jeder bestätigt es mir durch sein Verhalten.
Ich habe feste Vorurteile gegenüber meiner Umgebung.
Die meisten Menschen finde ich unerträglich und niemand mag mich.

5. Vorne und hinten auf

Ich bin beliebt und ein herzlicher Mensch.

6. Vorne und hinten zu

Alle anderen Chakren sind energetisch unterversorgt, wenn das Herzchakra geschlossen ist.
Ich liebe mich nicht und fühle mich nicht geliebt und angenommen.
Ich bekomme die eigene emotionale Situation nicht mit.
Ich bin permanent unzufrieden und nörgelig.
Niemand kann mir etwas recht machen.

> Magenchakra
> lachsfarben

Das Magenchakra gehört zu den neu hinzugekommenen Chakren. Es wird immer wichtiger, genau zu wissen, welche Nahrung aber auch welche Umwelteindrücke Ihrem körperlichen Wachstum und Wohlbefinden zuträglich sind. Hier spielt das Magenchakra eine wichtige Aufgabe. Es dient der Orientierung und Unterstützung bei der Wahl der Nahrungsmittel. Traditionelle Richtlinien werden Ihnen in Zukunft nicht mehr weiterhelfen. Alle Regelements bezüglich der Ernährung sind überholt. Was für Sie genau richtig ist, können nur Sie selbst jeden Moment neu entscheiden. Manchmal braucht der Körper Dinge, die er Ihnen durch seine Lust genau signalisiert. Sie sollten auf ihn hören lernen. Oft brauchen Sie Dinge zu anderen Zeiten als Ihre Mitmenschen, auch dann sollten Sie auf Ihren Körper hören.

Ist das Magenchakra blockiert, kann es zu Störungen aller Art in der Bauchspeicheldrüse, der Milz und dem Magen kommen. Übelkeit, Überempfindlichkeit, Erbrechen, Ekel, Müdigkeit, Appetitlosigkeit und Krämpfe können hier die Symptome sein.

Thema: Ich lebe meine Lebenslust
Hormondrüsen: Magenschleimhaut, exokrine System der Bauchspeicheldrüse
Haupthormone: Somatostatin, Glukagon
Mudra: Daumen, Mittelfinger und Ringfinger berühren sich in den Fingerspitzen. Lassen Sie die Hände auf den Oberschenkeln ruhen.
Affirmation: Ich integriere, was ich zu meinem Wachstum brauche.

1. Vorne auf

Ist Ihr Magenchakra vorne geöffnet, wissen Sie sicher, welche Nahrungsmittel für Sie richtig sind. Sie ernähren sich bewusst und sind in Ihrer Kraft.

2. Vorne zu

Ist Ihr Magenchakra vorne geschlossen, verhalten Sie sich in der Auswahl der Nahrungsmittel traditionell oder Sie richten sich nach Diäten oder dogmatischen Ernährungsrichtlinien.

3. Hinten auf

Ist Ihr Magenchakra hinten geöffnet, sind Sie frei von Bewertungen und können alle Eindrücke und Fremdschwingungen gut integrieren.

4. Hinten zu

Ist Ihr hinteres Magenchakra geschlossen haben Sie Allergien und halten sich an Diäten. Sie haben kein Vertrauen in Ihren Körper. Das Leben wirkt bedrohlich.

5. Vorne und hinten auf

Sind beide Chakren geöffnet, wissen Sie genau, was Ihnen guttut. Sie leben kraftvoll und gesund, ohne jede Einschränkung.

6. Vorne und hinten zu

Sind beide Chakren geschlossen, haben Sie vor allen fremden Einflüssen und der Umwelt Angst. Sie reduzieren Ihre Bedürfnisse und leben im Mangel. Sie folgen fremden Glaubenssätzen.

Solar Plexus Chakra
Goldgelb

Energetische Aufgaben: motorische Kontrolle
Zugeordnete Hormondrüse: Bauchspeicheldrüse, Magenschleimhaut
Haupthormone: Insulin, Somatostatin, Glukagon
Farbe: Gelb

1. Vorne auf

Ich vertraue mir selber und kann mich gut einschätzen.
Ich traue mir etwas zu und weiß genau, was ich kann.
Ich kenne meinen Körper und meine motorischen Fähigkeiten.

2. Vorne zu

Ich habe kein Selbstvertrauen und traue mir nichts zu.
Ich bewege mich ungern und vorsichtig.
Ich kann meine Fähigkeiten nicht einschätzen.
Ich bin unbeholfen und tollpatschig.

3. Hinten auf

Andere trauen mir etwas zu und haben Vertrauen mir gegenüber.
Sie wissen meine Fähigkeiten und Leistungen zu schätzen.
Sie verlassen sich auf mich.
Ich bin Zugpferd bei jeder Unternehmung.

4. Hinten zu

Andere haben kein Zutrauen und denken, ich schaff es nicht.
Niemand verlässt sich auf mich.
Keiner geht davon aus, dass ich etwas erreichen kann.
Niemand glaubt an mich.

5. Vorne und hinten auf

Mein Selbstvertrauen ist bestens und alle trauen mir alles zu, was
ich anpacke.

6. Vorne und hinten zu

Ich traue mir nichts zu und die anderen denken: Gut so, der/die kann eh nichts!
Andere misstrauen mir.
Wenn ich etwas anpacke, wird es schwierig.
Es gibt viele Hindernisse zu überwinden.
Ich habe kein Vertrauen in die Welt und die eigene Kraft.

Energetische Aufgaben: Beweglichkeit (auch geistig), Verdauung, Vitalität, Sexualität
Zugeordnete Hormondrüse: Nebenniere, Dünndarmschleimhaut
Haupthormon: Adrenalin, Noradrenalin, Sekretin, Aldosteron, Kortison
Farbe: Orange

1. Vorne auf

Alle meine vitalen Funktionen sind in Ordnung.
Meine Verdauung und mein Bewegungsapparat funktionieren ohne Einschränkung.
Ich bewege mich gerne und sicher.
Ich fühle mich wohl in meinem Körper.

2. Vorne zu

Meine Beweglichkeit oder meine Verdauung ist gestört.
Leisten, Knie innen, Bänder, Knöchel innen, Großer Zeh können beeinträchtigt sein.
Ich neige zu Verstopfung.
Mein Körper macht durch kleine Wehwehchen auf sich aufmerksam, ich bin von »Zipperlein« geplagt.
Ich bin ein Hypochonder.

3. Hinten auf

Ich bin angstfrei.
Ich spüre mich verbunden und sicher mit meinem Körper.
Mein Körper ist mir bewusst.

4. Hinten zu

Ich habe Angst. Ich ziehe den Schwanz ein (Strammstehen).
Ich stehe nicht zu mir.
Ischias, Knie außen, Knöchel außen können beeinträchtigt sein.
Ich fühle mich bedroht und habe eine gesteigerte Herzfrequenz, ich werde schnell rot oder blass.
Ich leide unter Verfolgungsangst und anderen Phobien.

5. Vorne und hinten auf

Ich bin voll vital, gesund und habe keine Ängste.

6. Vorne und hinten zu

Die Energieversorgung meiner Beine ist schlecht, ich habe kalte Füße und Beine und neige zu Verletzungen an den Beinen. O-Beine. Pilzinfektionen, Kreuzschmerzen, Ischias. Burn-out Syndrom, Ängste, Schlappheit etc. können meine Beschwerden sein.

Energetische Aufgaben: Partnerorientierung, Sexualität
Hormondrüsen: Hoden, Eierstöcke
Haupthormone: Östrogene, Progesteron, Androsteron, Testosteron
Farbe: Pink

1. Vorne auf

Ich lebe und genieße meine Sexualität.

2. Vorne zu
Meine Sexualität ist gestört.

3. Hinten auf
Ich finde/habe den richtigen Partner.

4. Hinten zu
Ich finde keinen Partner.

5. Vorne und hinten auf
Ich bin zeugungsfähig mit dem richtigen Partner.

6. Vorne und hinten zu
Ich habe sexuelle Schwierigkeiten und finde/habe keinen Partner. Pilzinfektionen, Verkrampfungen, Erektionsstörungen, Frigidität können meine Probleme sein.

Energetische Aufgabe: Verbindung zur Erdenergie
Farbe: Rot
Energetische Aufgabe: Eintrittspunkt der Erdenergie

Öffnung:
Es ist immer geöffnet, solange der Mensch lebt.

Chakren sind überlebenswichtige Wahrnehmungsorgane der Aura. Sie dienen der Spiegelung und damit der persönlichen Entwicklung. Die Arbeit mit den Chakren ist grundlegend für eine kraftvolle energetische Arbeit, unterstützt und ergänzt jegliche Heilung.

Die Interpretation der Chakren ist ein sehr geeignetes Mittel, wenn es um Selbstwahrnehmung geht. Nach dem Gesetz der Resonanz nehmen Sie bei anderen Menschen ausschließlich das wahr, was in Ihrem eigenen Energiefeld passiert. Wenn Sie also geschlossene Chakren wahrnehmen, gehen Sie immer davon aus, dass dies Ihr Spiegel ist.

Erst bei einem hohen Energieniveau, bei dem die eigene Aura auf jeder Chakrenebene zahlreiche Öffnungen hat, erübrigt sich die Chakrenarbeit.

> Chakren sollten immer alle geöffnet sein. Es gibt keinen Grund, sich energetisch zu reduzieren, um Chakren zu schließen. Schutz ist ein Bedarf aus Angst, die man nicht mehr hat, wenn alle Chakren geöffnet sind.

Es ist möglich, die Chakren in Ihrem Energiefeld gezielt zu öffnen. Hierzu bietet sich eine entspannende Meditation mit Mudras an. Mudras sind parallele Handhaltungen, durch welche die Energie an einen bestimmten Punkt in der Aura gelenkt und dort konzentriert wird.

Nehmen Sie sich für diese Übung mindestens eine Stunde Zeit, in der Sie ungestört sind.

Wenn Sie diese Übungen regelmäßig durchführen, bekommen Sie schon bald ein sicheres Empfinden dafür, ob in Ihrer Aura ein geöffnetes Chakra ist.

Wie verändert sich die Wahrnehmung Ihrer Umgebung, wenn Ihre Chakren offen sind?

Wie fühlt sich Ihr Körper nach der Übung an?

Praktizieren Sie diese angenehme Übung, sooft Sie wollen.
Den einen macht sie am Morgen munter, dem anderen hilft sie abends beim Entspannen, um besser einschlafen zu können.
Hören Sie auf Ihren Körper und machen Sie die Übungen genau in dem Rhythmus, in dem es für Sie persönlich angenehm ist.

4. Übung —
Mudras

Setzen Sie sich entspannt hin.

Atmen Sie durch die Nase ein und durch den Mund aus.

Lassen Sie Ihren Atem fließen.

Üben Sie, um jedes Chakra anzusprechen, die auf den Fotos 1 bis 10 dargestellten Mudras in der Reihenfolge der Darstellung.

Bei jedem Mudra schließen Sie Ihre Augen und stellen sich vor Ihrem inneren Auge ein Gefäß vor, das Sie mit einer beliebigen Flüssigkeit auffüllen.
(Die Größe des Gefäßes spielt keine Rolle, von Fingerhut bis Badewanne oder See.)

Wenn Sie das Gefäß gefüllt haben, öffnen Sie die Augen, spüren Sie in Ihren Körper hinein und achten Sie auf die jeweiligen Gefühle.

Machen Sie einige entspannte Atemzüge, ehe Sie sich dem nächsten Mudra zuwenden.

Wenn Sie alle zehn Chakren »gefüllt« haben, bleiben Sie entspannt sitzen und lassen Ihren Atem fließen.

Spüren Sie die Fülle an Energie in den geöffneten Chakren.

Basischakra:
Legen Sie Ihre lockeren Fäuste, Daumen außen, in die Leisten.

Sexuschakra:
Strecken Sie bei beiden Händen aus der vorigen Handhaltung heraus Ring- und kleinen Finger gerade aus. Lassen Sie die Hände in den Leisten liegen.

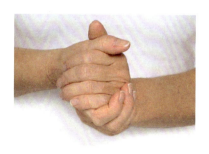 

Nabelchakra:
Legen Sie beide Hände mit den Handinnenflächen locker ineinander. Die Hände ruhen im Schoß.

Solar-Plexuschakra:
Daumen und Mittelfinger berühren sich an den Fingerspitzen. Lassen Sie die Hände auf den Oberschenkeln ruhen.

Herzchakra:
Halten Sie die geöffneten Handflächen auf Herzhöhe vor Ihre Brust. Die Fingerspitzen berühren sich dabei nicht und die Handinnenflächen zeigen zum Körper.

Magenchakra:
Daumen, Mittelfinger und Ringfinger berühren sich in den Fingerspitzen. Lassen Sie die Hände auf den Oberschenkeln ruhen.

Thymuschakra:
Lassen Sie beide Hände eine Schale bilden, die Sie vor der Brust halten.

Kehlkopfchakra:
Legen Sie beide Handflächen mit ausgestreckten Fingern aneinander. Halten Sie Ihre Hände so in Höhe Ihres Kehlkopfes.

Nasenchakra:
Legen Sie Ihre Handflächen hintereinander, sodass die Daumenspitzen einander berühren. Die Fingerspitzen liegen am jeweils anderen Handgelenk.

Stirnchakra:
Daumen und Zeigefinger berühren sich. Lassen Sie die Hände auf den Oberschenkeln ruhen.

Scheitelchakra:
Legen Sie die Hände mit den Handflächen nach oben auf Ihre Oberschenkel. Gehen Sie so ganz bewusst in Ihren Tag oder schließen Sie ihn auf diese Weise ab. Machen Sie die Übung, wann immer es Ihnen guttut.

Das speziell entwickelte Chakren-Kartenset* ist hier hilfreich. Die zu den Chakren entwickelten Sätze unterstützen den Öffnungsprozess und damit das Bewusstsein für das dem Chakra entsprechende Thema.

* Stefanie Menzel: Mit Chakren deine Seele öffnen, Schirner Verlag, Darmstadt

4.
Gefühle – Berührungspunkte
von Geist und Materie

Wie bereits ausführlich beschrieben wurde, ist der Mensch ein Energiewesen aus multidimensionalen Schwingungsfrequenzen. Die langsamste
Schwingungsfrequenz bildet den physischen Körper. Sobald die Energie
den Körper verlässt, verliert er sein Leben und seine Persönlichkeit. Er zerfällt und wird in kurzer Zeit zu einer Bedrohung für die Mitmenschen. Bereits nach wenigen Tagen stellen die menschlichen Überreste einen Herd
für Infektionskrankheiten dar.
Das Energiefeld verleiht dem Körper die Lebensenergie und seine individuelle Form. Über die Aura steht der Körper ständig in Verbindung zur geistigen Welt. Im Schlaf ist diese Verbindung besonders intensiv, sodass das
individuelle Energiefeld mit neuer Kraft und Information versorgt wird.

In der Aura des Menschen sind alle Informationen vorhanden, die der
Mensch benötigt, um auf der Erde zu überleben, seinen Körper intakt zu
halten und durch Interaktion mit anderen Menschen seine Lebensaufga-
ben zu erfüllen.

Im Zusammenleben mit anderen Menschen entstehen, wie gesagt, Blockaden und Strukturen im Energiefeld. Bei jedem Durchschwingen von
ihrer Mitte zur Peripherie im Drei-Sekunden-Takt erstellt die Aura einen
energetischen Abdruck in ihrem Schwingungsfeld. Auf diese Weise wird
das gesamte Leben mit all seinen Erfahrungen, Begegnungen und energetischen Unstimmigkeiten gespeichert.

Wie erfährt nun der physische Körper von all dem, was energetisch um ihn herum vorgeht?
Dieses Bindeglied stellen die Gefühle dar.

Die Gefühle sind Mittler zwischen Aura und materiellem Körper. Gefühle bedeuten Leben, sie sind ständig präsent, und ein Leben ohne sie wäre nicht denkbar.

Sie sind von morgens bis abends mit Ihren Gefühlen beschäftigt. Ohne Gefühle können Sie weder denken noch handeln. Sie erleben sich selbst und Ihre Umgebung über Ihre Gefühle. Sie reagieren auf die Menschen in Ihrer Umgebung mit Gefühlen. Sie fühlen rund um die Uhr und es ist Ihnen so selbstverständlich, dass Sie es nicht mehr wahrnehmen.

Der moderne Mensch ist davon überzeugt, dass das rationale Denken den Emotionen vorzuziehen sei. Er drängt deshalb seine Gefühle in den unbewussten Bereich seines Energiefeldes und kapselt sie dort ab.
Ebenfalls abgekapselt wird damit auch die Energie, die mit den unterdrückten Gefühlen im Zusammenhang steht. Die Tendenz »weg von den Gefühlen – hin zum Verstand« ist ein Entwicklung, die dem menschlichen Wesen nicht gerecht wird.
Mögen Sie selbst noch so sehr verstandesorientiert sein – Ihre Aura hat lange vor Ihrem Verstand eine Situation oder Ihre Umgebung wahrgenommen und beurteilt.

Ein nettes Beispiel dazu ist mir in meiner beratenden Tätigkeit im Management begegnet. Bei der Neueinstellung von Angestellten waren sich der Chef und der Geschäftsführer einig, bei der Einschätzung der Bewerber nur auf die Zeugnisse und die emotionslose Einschätzung rationaler Fakten zu achten. Die ersten Bewerber betraten den Raum, und der Geschäftsführer flüsterte mir zu: »Die in dem roten Kleid gefällt mir, die nehmen wir!«
Was denken Sie, wie die Auswahl weiterhin verlief?
Die Auswahl über sachliche Kriterien, wie Zeugnisse und Beurteilungen, ist eine legitime und vernünftige Vorgehensweise. Bedenken Sie jedoch, dass Zeugnisse von Zufällen und Beurteilungen von subjektiven Faktoren abhängig sind.

Assessments und Auswahltests können trainiert werden. Für einen Tag kann sich ein Alkoholiker zurückhalten und ein gewalttätiger Mensch kann sich lammfromm gebärden. Das Gefühl – und ich meine hier das wirkliche, auf den Informationen des Energiefeldes beruhende Gefühl – liefert im Vergleich hierzu wesentlich verlässlichere Ergebnisse.

Können Sie sich vorstellen, einen Bewerber mit der Begründung auszu-wählen »Ich nehme wahr, dass Sie in Ihrer Gesamtheit am besten zu den Menschen passen, die in der für Sie vorgesehenen Abteilung arbeiten. Ich bin deshalb davon überzeugt, dass Sie in dieser Abteilung zu dem Men-schen reifen, der Sie sein können und dadurch die Kraft, Kreativität und Inspiration entwickeln, die wir in unserer Firma dringend benötigen, um im Wettbewerb zu bestehen«?
Bei dieser Begründung zählt nicht die Hautfarbe, das Geschlecht, die Re-ligion, das Alter oder die ethnische oder regionale Herkunft. Es zählt das reibungslose Schwingen der Energiefelder und die Erkenntnis der eigenen Lebenszusammenhänge.

Es ist wichtig, einen neuen Weg zu finden, die Gefühle in das Leben be-wusst zu integrieren, anstatt sie als hinderliche oder auch peinliche Barri-eren zu erleben.
Gefühle bestimmen alle menschlichen Aktivitäten und Entscheidungen. Sie sind individuell und wohl deshalb in der heutigen Welt verpönt. Was Sie fühlen, fühlt kein anderer in der gleichen Weise und Intensität.
Wenn alle Menschen auf ihre Gefühle vertrauen würden, wäre dem Zufall Tür und Tor geöffnet, denken Sie?
Es ist jedoch gerade das Gegenteil der Fall: Wenn alle auf ihre *wirklichen* Gefühle achten würden – also auf die Information ihres Energiefeldes – gäbe es keine Zufälle! Es gäbe dann auch keine juristischen Spitzfindig-keiten und Winkelzüge, keine Lügen und Fallstricke. Es gäbe den Men-schen als fühlendes Lebewesen, das die Mitmenschen mitfühlt und von ihnen mitfühlend wahrgenommen wird.

Gefühle sind bei den meisten Menschen nur noch fragmentarisch vor-handen. Es geht um verliebt sein, enttäuscht sein, verärgert sein, um Sieg oder Niederlage, Freund oder Rivale. Es geht um schnell verdrängte und beiseite geschobene Gefühle. Um Gefühle, die nicht tief gehen und auf die man sich nicht festlegen muss. Man trennt sich, spült den Ärger hinunter, konzentriert sich auf das nächste Spiel und sucht den nächsten Freund oder Partner.

Gefühle sind ungebetene Gäste, die uns unsere vermeintliche Sicherheit verlieren lassen. Ohne Gefühle ist das Leben cool, das heißt abgekühlt. Wir meinen, wir hätten ohne Gefühl unser Leben gut unter Kontrolle. Tatsächlich haben uns die verdrängten Gefühle stärker im Griff als wir wahrhaben wollen.
Wir merken nicht, dass wir permanent mit Gefühlen leben und dass unser Alltagsleben ohne sie nicht funktionieren würde. Selbst die coolste Abgeklärtheit ist ein Gefühl, wie könnten wir sie sonst als solche empfinden?

Der Zeitgeist macht in diesen Jahrzehnten der Rationalität die Gefühle unattraktiv.
Je unattraktiver Gefühle als Lebenswegweiser werden, umso weniger haben wir Interesse daran, konstruktiv und sinnvoll mit ihnen umzugehen. Wir sind zu behinderten Wesen in Sachen Gefühl geworden.

Es ist nicht immer einfach, Gefühle zu unterdrücken. Häufig benötigt der Mensch hierzu Alkohol, Tabletten, Rauschgift. Psychopharmaka sind ein bedeutender Zweig des Arzneimittelangebots.

Gefühle sind Ihnen als zivilisiertem Menschen fremd und unangenehm. Sie suchen sich spezielle Möglichkeiten, die weggesteckten Gefühle zu erleben: in sportlichen Höchstleistungen und trendigen Events. Männer schwelgen im Siegestaumel, wenn ihre Fußballmannschaft oder der Lieblingsrennfahrer gewonnen hat. Frauen schmachten bei romantischen Liebesfilmen.

Erwünscht und geradezu gefordert sind Gefühle gegenüber dem Partner, den Kindern oder den Eltern. Immer häufiger können die Menschen jedoch die unterdrückte Gefühlswelt nicht einfach in solchen Teilbereichen des Lebens aufleben lassen.

Der Partner fühlt sich nicht geliebt, die Kinder fühlen sich nicht angenommen und die Eltern fühlen keine Verbindung zu den Kindern. Die dann aufkommenden Gefühle des Ungeliebtseins, der Verlassenheit, des Nicht-genügens sind stark und schmerzhaft. Das wollen Sie nicht aushalten und auch nicht hinterfragen. Sie trennen sich von Ihrem Partner, brechen die Beziehung zu den Eltern ab und bringen das Kind zum Psychologen oder geben es ins Internat.

Hier ein Beispiel:

Wenn Sie in einen Konflikt mit Ihrem Partner steuern, können Sie zunächst einmal ausschließlich sich selbst wahrnehmen.

> Fragen Sie sich, weshalb Sie gerade so fühlen, wie Sie fühlen?
> Wo genau in Ihrem Körper spüren Sie dieses Gefühl?
> Woran in Ihrem Leben erinnert Sie dieses Gefühl?
> Wie mag sich der Partner in der augenblicklichen Situation wohl fühlen?
> Wodurch haben Sie ihn verletzt? Wodurch hat er Sie verletzt?
> Jeder handelt aus sich heraus »richtig«. Können Sie das erkennen?
> Das Gefühl, das Sie gerade fühlen, findet NUR in Ihnen statt. Woher stammt es ursächlich?

Sprechen Sie mit Ihrem Partner über Ihre Gefühle. Sie beide fühlen richtig, jeder auf seine Art. Es geht darum, sich zu verstehen – nicht, sich zu trennen!

> Geben Sie den Gefühlen Platz und fühlen Sie sie. Richten Sie sie jedoch nicht gegen jemanden oder gegen Sie selbst. Geben Sie nur Raum und Zeit und erkennen Sie, dass es nie »neue Gefühle« gibt.

Gefühl als Verbindung

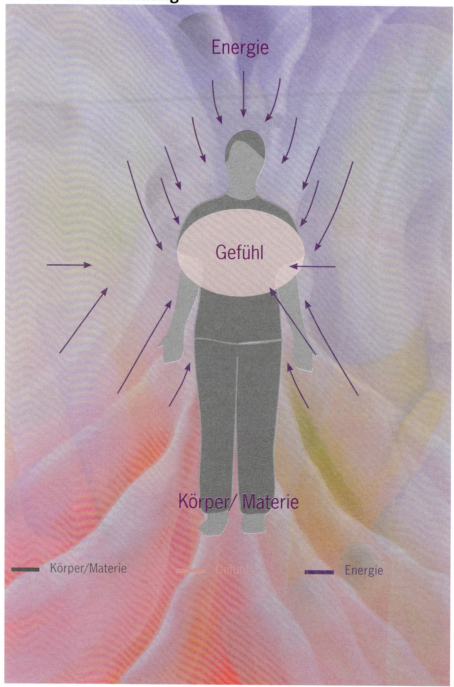

Zeichnung 7: Gefühl ist das Bindeglied zwischen Energie und Materie

Gefühle und Emotionen

Jeder Mensch hat in seiner Kindheit ein eigenes Schema an Gefühlen und Reaktionen gelernt und damit die Basis für sein individuelles Leben geschaffen.
Sämtliche Gefühle aus unserem bisherigen Leben, die bis heute wirken, heißen Emotionen.

Gefühle beschreiben dagegen den aktuellen Moment.

Wenn Sie jetzt, in diesem Augenblick, etwas fühlen, greifen Sie auf Emotionen der Vergangenheit zurück. Egal, was Sie tun, wie Sie leben und wer wir sind, Ihre Emotionen und Gefühle sind individuell und nur für Sie persönlich vorhanden. Sie gehören in Ihre eigene, von Ihnen selbst geschaffene Realität.

Gedanken sind durch Sprache und Schrift definiert. Sie können vom Aufbau des Wortes in Konsonanten und Vokalen die gleichen Worte denken, schreiben und aussprechen wie Ihr Gegenüber. Das Gefühl, das sich hinter jedem Wort verbirgt, ist jedoch individuell, und von einem anderen Menschen nicht nachfühlbar.

Stellen Sie sich vor, wir sehen beide die Farbe Rot. Wir sehen sie, können sie identisch aussprechen und niederschreiben – aber ich weiß nicht, ob sie für Sie genauso aussieht wie für mich. Und ich weiß schon gar nicht, was Sie angesichts dieser Farbe empfinden.

Vielleicht bedeutet Rot bei Ihnen Liebe, Rosen, Sonnenuntergang und für mich Blut, Gewalt, Gefahr? Vielleicht erhöht sich bei Ihnen der Puls und ich bekomme Magenschmerzen?

So sind die Gefühle in Bezug auf Wörter und Gedanken bei jedem Menschen anders – je nachdem, wie Ihre individuellen Erfahrungen und Verbindungen mit diesem Wort aussehen und welche Emotionen der Vergangenheit Sie mit diesem Wort verbinden. Sämtliche Wörter unserer Sprache haben auf diese Weise eine individuelle Bedeutung.

Wenn Sie mit jemandem kommunizieren, hören Sie nicht nur seine abstrakten Worte. Sie bekommen aus seiner Aura ein ganzes Energie- und Strukturgefüge serviert. Sie fühlen den Menschen komplett, mit all seinen Regungen und Energien.

Den eigentlichen Eindruck von einem Menschen bekommen Sie durch diesen gefühlten individuellen Aspekt »zwischen« seinen Gedanken und Worten. Anders ausgedrückt: Sie bekommen diesen Eindruck durch die Emotionen, die energetisch an seine Sprache geknüpft sind.

Abhängig davon, wie Sie von Ihrer Umgebung gelernt haben, auf Dinge und Umstände zu reagieren, zieht sich ein individuelles Muster durch Ihr persönliches Leben. Jedes Ereignis speichern Sie mit den jeweiligen Gefühlen ab und schaffen sich so Ihre einzigartige Welt von Emotionen.

Wenn Sie bewusst damit umgehen, können Sie Ihre Erfahrungs- und Gefühlswelt zum Lernen und zur Entwicklung nutzen. Sie bekommen dadurch einen elementaren Zugang zu Ihrem Leben.

Entwicklung von Gefühl und Emotion

Gefühle sind Leben.
Gefühle sind wertfrei. Sie sind nicht schlecht und nicht gut, sie sind jedoch unabdinglich zum Überleben! Sie dienen der Orientierung im Alltag und geben dem Menschen die Sicherheit, auf Bekanntes, schon Erlebtes und schon Gefühltes aus seinen Emotionen zurückgreifen zu können.

Emotionen zu fühlen bedeutet, Sie fühlen die Vergangenheit.

Wenn Sie bei einem Erlebnis, einer Begegnung, einem Bild oder einem Musikstück ein Gefühl in sich spüren, ist dies eine Erinnerung an eine Erfahrung aus der Vergangenheit, eine Emotion. Die meisten Ihrer Gefühle sind Emotionen. Emotionen sind unbewusst, sie kommen in Ihnen hoch, wenn Sie an das Ursprungsereignis erinnert werden.
Wenn Sie dagegen etwas Neues fühlen wollen, können Sie dies nur bewusst tun. Sie können sich für ein neues Gefühl bewusst entscheiden. Sie können sich jetzt entscheiden, die Gefühle der Vergangenheit zu verändern.

Schauen Sie sich an, wie Sie sich als kleiner Mensch entwickelt haben und wie Sie zu dem Wesen geworden sind, das Sie heute sind.

Solange das Baby im Bauch der Mutter schwimmt, ist es geschützt. Es wächst heran in Ruhe und Fülle und ist mit den Empfindungen der Mutter eng verbunden. Es fühlt die Mutter und übernimmt ihr Gefühlsspektrum aus ihrem Energiefeld. Diese energetische Verbindung bildet die Grundlage des Unbewussten. Der Mensch trägt diese Verbindung sein ganzes Leben lang mit sich. Er nimmt sie nicht bewusst wahr, sie bildet sein Urvertrauen.

Nach der Geburt spürt das kleine Wesen mit der Zeit, dass es nun auf sich selbst gestellt ist. Es muss atmen, ihm ist kalt und es wird vom Licht geblendet. Ein Gefühl des Abgetrenntseins füllt den kleinen Menschen aus. Er ist nicht mehr in dem Paradies, in dem er als kleiner Körper die vergangenen neun Monate zubringen durfte. Er ist auch nicht mehr in dem Paradies, aus dem er herkam, als er sich entschied, eine Zeit lang als Mensch Erfahrungen auf der Erde zu sammeln.

Die ersten eigenen Gefühle des Menschen nach der Geburt sind zunächst ausschließlich an seine körperlichen Bedürfnisse gekoppelt.

Schon bald nach der Geburt spürt das kleine Baby einen Mangel, nämlich Hunger. Nicht mehr Fülle bildet das Grundgefühl des kleinen Wesens, sondern Mangel.

Das Leben auf der Erde ist geprägt von Mangelgefühlen. Diese Mangelgefühle sind für ihn neu und machen eine Verhaltensweise nötig, die den Mangel aufheben kann. Das nagende Hungergefühl lässt das Baby instinktiv schreien – und siehe da: Dies scheint ein wirksames Mittel zu sein. Schreien erweckt die Aufmerksamkeit und veranlasst die Mitmenschen, sich zu kümmern und die Bedürfnisse des Kindes zu befriedigen.

Andere Möglichkeiten der Mitteilung hat der kleine Mensch zu dem Zeitpunkt noch nicht.

Ist der Hunger gestillt, hält dies nicht lange an. Immer wieder kommt das Mangelgefühl und will gestillt werden. Mangelgefühle sind in den verschiedensten Ausprägungen lebenslang der Auslöser für Handlungen und Veränderungen.

Für das kleine Baby sind die Eltern und insbesondere die Mutter für das Stillen der Bedürfnisse zuständig. In dieser frühen Lebensphase sind dies Bedürfnisse nach Essen, Wärme und Nähe. Die Eltern tun alles, um das kleine Baby wonnig, entspannt und glücklich zu sehen. Die ersten eigenen menschlichen Bindungen entstehen. Die Körpergefühle werden nach und nach an die Menschen gekoppelt, die mit der Erfüllung der Bedürfnisse in Zusammenhang stehen.

Alle Gefühle, die Sie in dieser Anfangszeit des Lebens hier auf der Erde gespürt haben, waren körperliche Grundgefühle und dienten der Erhaltung, dem Wachstum und Schutz des Körpers. Diese Gefühle waren noch frei von Gedanken. Die Welt der Gedanken bildete sich erst im Laufe der kindlichen Entwicklung heraus.

Sie lernten, Gefühle miteinander zu verknüpfen und übernahmen größtenteils durch Nachahmung die Definitionen Ihrer Eltern und Erzieher. Dabei wurden die Gefühle zu Emotionen, die Ihr weiteres Leben prägten.

Sahen Sie das lächelnde Gesicht der Mutter, fühlten Sie Liebe und Geborgenheit in Verbindung mit der Gewissheit, dass der Hunger bald gestillt wird. Mit der Zeit lernten Sie zu lächeln, um der Mutter für die gute Versorgung zu danken.

War es Ihnen ungemütlich, nass oder kalt, machten Sie dies mit Schreien kund. Ihre Mitmenschen lernten daraus, Ihnen Abhilfe zu schaffen.

Gefühle empfinden Sie in Ihrem Körper und bringen Sie erst dann mit den Reaktionen anderer Menschen in Verbindung.

Sie erinnern sich: Das Energiefeld macht alle drei Sekunden eine Aufnahme der Lebenssituation und dabei hält es auch die Gefühle fest.

Betrachten Sie folgendes Beispiel:

Eine junge Mutter ist intensiv dabei, die lange ersehnte Winterjacke im Internet zu ersteigern. Es geht um wenige entscheidende Minuten und sie kann momentan das schreiende Baby nicht stillen. Sie lächelt ihr Kind an und versucht, es mit lustigen Gebärden abzulenken.

Was fühlt das Baby?

Es fühlt die Ungeduld und Unlust der Mutter. Es fühlt, dass der Mutter etwas anderes wesentlich wichtiger ist als sein bohrender Hunger. Das Baby ist in dieser Situation ohnmächtig. Es kann sich nicht selbst helfen und das sonst hilfreiche Schreien funktioniert nicht. Es fühlt sich zurückgesetzt und speichert das Gefühl der Wertlosigkeit in Verbindung mit dem bohrenden Hunger im Energiefeld als Ohnmacht ab.

Je weiter der kleine Mensch sich entwickelt und seine Umgebung erkundet, umso komplexer werden die Gefühle, die er kennenlernt. Die Divergenz zwischen dem körperlichen Grundbedürfnis und dem daraus entstehenden Gefühl wird größer. Der Mensch lernt zu denken, er lernt, sich »geschickt« zu verhalten.

Das Kind lächelt, weil es merkt, dass seine Umgebung auf das Lächeln mit einem angenehmen Gefühl reagiert und es für sein Lächeln belohnt wird. Es hat die Erfahrung gemacht, dass seine Bezugspersonen auf Schreien mit zunehmendem Alter immer ärgerlicher geworden sind und hat deshalb sein Verhalten geändert.

Das Kind hat gelernt, sich an seine Mitmenschen anzupassen. Es lächelt, obwohl ihm eigentlich nach Schreien zumute ist.

Die nächste Lebensphase nach der Kopplung von Körperwahrnehmung an Personen ist geprägt von der Kombination der rein körperlichen Gefühle an die Sprache.
Was das Kind am Körper fühlt und gerne verändern möchte, kann es nicht weiter durch Schreien kundtun. Es muss dafür Begriffe finden, die ihm die Welt der Sprache eröffnet.

Als Mensch verbinden Sie Sprache mit Gefühl und tun dies so, wie es Ihnen die Umgebung vorlebt. Sie erleben, fühlen und sprechen Ihre Muttersprache. Diese ist nicht nur ein komplexes rein verbales Mittel der Verständigung.
Die Muttersprache ist vielmehr ein komplexes Gebilde aus Sprache und Gefühlen, das Ihr gesamtes Leben grundlegend definiert.

Alle energetischen Verbindungen, die Sie an Ihre Kultur binden, fließen über die Muttersprache in Ihr Energiefeld ein!
Sie übernehmen in ihr die energetischen Gedankenmuster der Eltern und in Ihren Gedanken nimmt Ihre Welt immer mehr Form an.

Als Mensch wollen Sie dazugehören. Sie wollen das Empfinden haben, nicht alleine zu sein. Sie wollen anerkannt, geachtet und geliebt werden. Sie haben von Kind an gelernt, sich regelrecht zu verbiegen, um dieses Gefühl des Dazugehörens und Angenommenseins zu bekommen.

Es ist ein sinnvoller Aspekt des Lebens, dass der Mensch anerkannt und geliebt werden möchte. Nur so konnte sich im Laufe der Menschheitsentwicklung ein soziales Gefüge entwickeln, das Grundlage unserer heutigen Zivilisation geworden ist.

90

Das Spiel von Körperwahrnehmungen, Gefühlen und Gedanken und unser Verhalten durch Anpassung binden uns immer stärker als soziales Wesen in unsere zivilisierte Welt ein.

Problematisch wird es erst zu dem Zeitpunkt, an dem Sie spüren, dass Sie nicht so sein können, wie Sie sind. Wenn Sie sich verbiegen müssen, um so zu sein, wie andere es wünschen, opfern Sie einen Teil Ihres Wesens. Dies ist in unserer Gesellschaft zur normalen Form des Lebens geworden.
Die Ehefrau verbiegt sich tagein tagaus, um es den Kindern und dem Mann recht zu machen.
Die Sekretärin, der Maurergeselle, die Kassiererin im Supermarkt, der Lehrer in der Schule, der Arzt, der Rechtsanwalt, sie alle finden sich pausenlos in Situationen wieder, in denen sie nicht handeln können, wie sie aus innerer Überzeugung handeln möchten.
Das Arbeitsverhältnis, die Kundenzufriedenheit, die Meinung der Eltern, die Zulassung der Krankenkassen, der Freispruch des Mandanten, immer steht etwas Wichtiges auf dem Spiel.

Geht es Ihnen gut, sind alle körperlichen Bedürfnisse gestillt und fühlen Sie sich wohl, dann gibt es keinen Auslöser zur Veränderung Ihrer Situation.
Erst wenn Sie spüren, dass es Ihnen nicht gut geht, können Sie aktiv werden. Ziel der Aktion ist, das Unangenehme nicht mehr fühlen zu müssen. Vor der wirklichen Aktion zur Veränderung kommen allerdings viele Verdrängungs- und Beschönigungsmechanismen zur Anwendung. Es geht Ihnen immer noch verhältnismäßig gut. Im Vergleich zu anderen geht es Ihnen sogar blendend. Erst an dem Punkt, an dem alle Verdrängungs- und Beschönigungsmechanismen nicht mehr greifen, finden Sie die Kraft zur Veränderung.

Es ist ein Grundprinzip im Leben des Menschen, dass er erst dann etwas an einem Zustand verändert, wenn die Wut oder der Schmerz so groß werden, dass er sich körperlich oder in seiner Existenz bedroht fühlt.

Klassifizierung der Gefühle

Basisgefühle

Ihre Basisgefühle, die Ihre körperliche Grundversorgung betreffen, begleiten Sie von Geburt an durch Ihr Leben.

Hunger, Durst, Angst und Müdigkeit sind Basisgefühle, die Ihnen im Alltag immer wieder begegnen. Sie spüren diese Gefühle Zeit Ihres Lebens und nehmen sie als selbstverständlich hin. Sie nehmen diese Empfindungen der Basisgefühle nicht bewusst als Gefühl wahr. Sie existieren auf einer unbewussten Ebene und steuern Ihre gesamten körperlichen Lebensabläufe.

Gefühle wie Vertrauen, Freude und Liebe, das Empfinden von Ruhe, Nähe, Zuneigung, Einheit oder Wohlbehagen bedeuten Energiefluss und gehören ebenfalls in die Kategorie der Basisgefühle.

Sämtliche Basisgefühle gehören zum *Unbewusstsein*. Ich spreche an dieser Stelle nicht von *Unter*bewusstsein,_sondern von *Un*bewusstsein, etwa in dem Sinne von »alles läuft wie von selbst«.
Diese Gefühle des *Unbewusstseins* sind bedeutend für den reibungslosen Ablauf des Lebens und haben damit eine wichtige Qualität, die Ihnen ein Lebensgrundgefühl vermittelt.

Im Unbewusstsein laufen die Verhaltens- und Handlungsweisen ab, in die der Mensch nicht bewusst eingreifen kann oder soll. Unbewusstsein ist der grundlegende Idealzustand, in dem die Lebensvorgänge im ungebremsten Fluss ablaufen. In den Bereich des Unbewusstseins gehören unter anderem das Atmen und die motorischen Körperfunktionen. Hierzu gehören auch die Wahrnehmungen der Aura, die Abspeicherungen von Blockaden und Strukturen sowie die Interaktionen mit den Energiefeldern der Mitmenschen. Eine dauerhafte Störung der unbewussten Abläufe ist lebensbedrohlich.

Die Basisgefühle versorgen den Körper immer genau so, dass es ihm gut geht. Stellen Sie sich vor, die gesamte Organisation der Körperfunktionen würde in den Bereich des Bewusstseins verlagert. Sie wären dann beispielsweise permanent damit beschäftigt, die Funktionen Ihres Darms oder Ihrer Lunge zu steuern und wären in kurzer Zeit nicht mehr lebensfähig. Bewusstsein für die unbewussten Ebenen des Lebens entsteht erst dann, wenn es einen Widerstand oder eine Blockade auf der energetischen Ebene in den fließenden, unbewussten Abläufen gibt.

Wann spüren Sie Ihren Körper?
Nur wenn irgendwo ein Schmerz oder eine Auffälligkeit zutage tritt.
Wann haben Sie Ihr Knie, Ihre Niere oder Ihre linke Schulter zum letzten Mal wahrgenommen? Als ein Schmerz, ein Druck oder ein Stechen auftrat.

Erst, wenn Sie den auffällig gewordenen Körperteil bemerken, können Sie bewusst etwas tun. Sie können Belastungen abbauen, Wärme oder Kälte zuführen, einen Verband anbringen oder sich Rat und Hilfe von medizinischer Seite einholen.

Zumindest was den Körper anbetrifft ist es also sehr von Vorteil, wenn die Abläufe reibungslos und damit unbewusst vor sich gehen.
Wenn Sie sich Ihren Alltag vorstellen, gilt diese Aussage für sehr viele Bereiche. Sie erledigen sehr viele Tätigkeiten mechanisch, registrieren zahlreiche Begegnungen unbewusst und ordnen die meisten Erlebnisse automatisch in wichtige und unwichtige.

Beispiel:

Sie fahren Auto, lenken, kuppeln, schalten, geben Gas, blinken, bremsen usw. Diese Abläufe sind in Ihrem Unbewusstsein gespeichert. Solange diese Abläufe ungestört vor sich gehen, läuft die Fahrt gut und gibt Ihnen die Freiheit, mit Ihrer Beifahrerin zu reden, Radio zu hören und die entgegenkommenden Autos zu registrieren. Werden die unbewussten Abläufe gestört, müssen Sie die notwendigen Maßnahmen bewusst vornehmen. Wenn Sie bei Ihrer täglichen Fahrt ins Büro ständig denken »Jetzt muss ich schalten, jetzt muss ich bremsen, jetzt muss ich nach links abbiegen und mit dem linken Mittelfinger den Hebel nach unten drücken …« wird das Fahren sehr mühsam und Sie können diese Konzentration nur über kurze Strecken aufrechterhalten.

Basisgefühle gehören ins *Unbewusstsein*.
Aus dem *Unbewusstsein* heraus steuert Ihr Energiefeld Ihren Körper und Ihre Handlungen. Basisgefühle sind nicht an Gedanken gekoppelt.
Müdigkeit zeigt Ihnen, dass der Körper seine Ressourcen aufgebraucht hat und Erholung durch Schlaf benötigt. Die Sinne wollen nicht weiter gefordert werden und brauchen eine Auszeit.
Das Empfinden von Hunger ist ein körperlicher Ausdruck des Fehlens dringend benötigter Substanzen. Der Körper braucht ein gesundes Gleichgewicht von Baustoffen, um für die Aufgaben, die ihm gestellt werden, fit zu sein. Das Fehlen eines wichtigen Stoffes im Körper wird durch Hunger und Lust auf ein bestimmtes Nahrungsmittel angezeigt. Wird der Hunger gestillt ist das Gefühl verschwunden, und der Körper ist für einige Zeit leistungsfähig.

Beim Essen werden fremde Stoffe in die Schwingungen des Körpers aufgenommen. Alles, was der Körper nicht benötigt, wird ausgeschieden. Der Rest wird integriert. Alle Stoffe, die Sie zu sich nehmen, tragen mehr oder weniger zum Aufbau Ihres Körpers bei.

Lernen Kinder, auf ihr sicheres Körpergefühl zu hören und zu vertrauen, haben sie keine Schwierigkeiten bei der Auswahl der Speisen. Für die Erwachsenen kann diese individuelle Speisenwahl und -zusammenstellung jedoch manchmal seltsam anmuten.

Angst ist ein weiteres Basisgefühl. Es löst als Reaktion auf drohende Gefahren Flucht- und Schutzreaktionen aus. In diesem Sinn gehört die Angst zu einer biologisch sinnvollen Grundausstattung.
Ergreift allerdings die Angst Besitz von den Gedanken, wird sie zu einem zivilisatorischen Problem. Die bewusst gewordene Angst setzt Gedankenszenarien in Gang, die sich in alle Richtungen ausbreiten und alle möglichen Abläufe durchspielen. Angst setzt das fließende *Unbewusste* weitgehend außer Kraft, weil ihm das Grundvertrauen fehlt. Es ist bestrebt,

möglichst alle Lebensvorgänge ins Bewusstsein zu holen, zu kontrollieren und zu steuern.

Dies führt zu kompletter Überforderung und somit zu Rückzug und Aufgabe jeder Art von Aktivität.

Das Feld des *Unbewussten* ist ein stabiles Lebensfundament. Es bietet Sicherheit und beherbergt alle Gewohnheiten und vertrauten Lebensabläufe. Bei der Bewusstseinsarbeit werden die Handlungen des Unbewussten an die Oberfläche des Bewusstseins geholt und beleuchtet, um die im Energiefeld vorhandenen Blockaden verstehen zu können. Nach dem Bewusstseinsprozess sinken die Lebensabläufe wieder ab ins *Unbewusste*.

Sie können diesen Vorgang vergleichen mit einem Update im Computer. Ist das Update erfolgt, laufen die Programme wieder im Hintergrund. Solange sie reibungslos laufen, denken Sie nicht an ihre Einzelbestandteile. Erst eine Fehlermeldung bringt das Programm in die Bewusstseinssphäre. Jetzt gilt es, sich mit der Fehlfunktion bewusst zu beschäftigen, um sie zu reparieren.

Danach läuft das Programm wieder in der Sphäre des Unbewussten.

Primärgefühle

Die Primärgefühle Schmerz, Lust und Wut sind Bindeglieder zwischen *Unbewusstsein* und Bewusstsein. Die Primärgefühle lösen eine Reaktion auf die Basisgefühle aus.

Hunger als Basisgefühl löst das Primärgefühl »Lust auf Essen« aus.

Eine Störung im körperlichen Ablauf löst das Primärgefühl »Schmerz an der bestimmten Stelle« aus.

Jeder Mensch hat eine individuelle Bandbreite von Primärgefühlen. Der eine reagiert schneller, der anderen fühlt den Handlungsbedarf wesentlich später.

Lust ist der Hauptauslöser einer Handlung. Ohne Lust zu haben, etwas zu tun oder etwas haben zu wollen, wird keine Energie bereitgestellt, um zu handeln. Lust ist auch ein Handlungsauslöser für die Veränderungen im Leben.

Wenn der Nutzen aus einer Veränderung größer ist als der Schaden des momentanen Zustands, entsteht Lust auf Veränderung.

Lust kann gefördert, aber auch aberzogen werden.

Wenn die Eltern aus Angst dem Kind jegliche Lust zu klettern, zu toben, zu forschen verbieten, wird die Lust nach und nach schwächer.

Wenn durch Beschränkungen, Verbote und starre Richtlinien dem Menschen die Lust genommen wird, etwas Neues auszuprobieren, erlahmt seine Lust zur Aktivität.

Schmerzen aller Art gehören ebenfalls zu den Primärgefühlen. Sie geben dem Körper genaue Anweisung, was zu tun oder zu lassen ist. Schmerzen weisen deutlich auf einen Missstand hin und verhindern bestimmte Tätigkeiten. Schmerzen lehren den Menschen, Dinge zu tun oder zu unterlassen. Sie holen einen Aspekt aus dem *Unbewusstsein* in das Bewusstsein hoch, um ihn einer bewussten Bearbeitung zuzuführen.

Schmerzen verhindern Verletzungen und Überanstrengungen auf der physischen Ebene. Sie zeigen, dass es eine Unstimmigkeit gibt zwischen Denken und Handeln.

Sie wollen unbedingt einen Dauerlauf über 10 Kilometer machen? Schmerzen weisen Sie darauf hin, dass dem Körper diese Anstrengung momentan nicht passt.

Das Schmerzempfinden ist eine lebensnotwendige Eigenschaft des Menschen. Ist es außer Kraft gesetzt, sind Sie in Ihrer Existenz bedroht. Sie können dann nicht aus einem plötzlich auftauchenden Schmerz lernen und begeben sich mit Ihrem Körper in Gefahr.

Der Mensch hat in den letzten Jahrzehnten sein Hauptaugenmerk darauf gerichtet, den Schmerz nicht mehr fühlen zu müssen. Der Schmerz verlor deshalb einen großen Teil seiner Hinweiswirkung. Auf diese Art blind und taub für Gefahren, überschreitet der Mensch die Grenzen dessen, was dem Körper guttut. Es kommt dann zu der Überanstrengung und Überforderung, vor der der Schmerz eigentlich warnen will.

Wut ist ein Primärgefühl, das – wie der Schmerz – die Brücke von der Unbewusstheit zur Bewusstheit herstellt. Wut fordert zum Kampf auf. Wut setzt Grenzen. Wut ist wichtig und als Gefühl im Bewusstsein präsent. Wut dient der Durchsetzung und dem Erkennen der eigenen Kraft. Wut dient in diesem Sinne der emotionalen Weiterentwicklung. Durch das Erleben und Umsetzen der Wut in körperliche Aktion und in einen Austausch mit den Mitmenschen hat der Mensch die Möglichkeit, aus der Wut Erfahrungen zu sammeln. Wut ist ein Gefühl, das zur instinktiven Grundausstattung gehört. Wie auf der körperlichen Ebene der Schmerz unentbehrlich ist für das Lernen und die Entwicklung, ist auf der emotionalen Ebene die Wut unentbehrlich für die Entwicklung.

Sekundärgefühle

Die Sekundärgefühle sind Emotionen und entwickeln sich im Laufe des Lebens aus der Kombination von Basisgefühlen und Gedanken. Sekundärgefühle sind eine Erscheinung der Zivilisation und stellen Anforderungen an das Bewusstsein und die Entwicklung des Menschen.

Die Emotionen liegen als Strukturen und damit als Widerstände im Energiefeld vor.
Die Sekundärgefühle sind zunächst Basisgefühle, die zwar gefühlt, aber nicht in eine entsprechende Handlung umgesetzt werden können. Sie werden mit Gedanken und mit Bewertungen gekoppelt.
Sekundärgefühle bilden die Ebene des *Unterbewusstseins*.

Sie denken über Ihre Basisgefühle und den sich daraus ergebenden Handlungsanreiz der Primärgefühle nach. Die Handlung, die auf das Gefühl folgen sollte, wird unterbunden, weil Ihre Gedanken, Erfahrungen und Bewertungen die Handlung für nicht angebracht halten.

Beispiel:

Sie haben Hunger (Basisgefühl). Die verspüren Lust (Primärgefühl), eine Currywurst mit Pommes frites zu essen. Jetzt meldet sich der Verstand und sagt Ihnen, dass Currywurst mit Pommes frites zu fetthaltig ist und Sie für heute eigentlich schon genug gegessen haben.

Die Basisgefühle sind im *Unbewusstsein* und geben Ihnen eine Wahrnehmung Ihres Körpers. Aber Sie haben bereits von Kind an gelernt, ihnen nicht zu trauen. Das bedeutet, Sie haben gelernt, sich nicht Ihrem Gefühl entsprechend zu verhalten. Ihre Erfahrung sagt Ihnen, dass Sie die gewünschte Anerkennung, dann bekommen, wenn Sie sich gegen Ihr eigentliches Gefühl verhalten.

Die Verbindung vom Basisgefühl zum Primärgefühl Lust ist vorhanden. Aber aufgrund von negativen Erfahrungen oder erlernten Verhaltensweisen der Zivilisation verzichten Sie auf die Handlung.

Es wurde Ihnen früh beigebracht, sich selbst nicht zu vertrauen sondern sich auf die Erfahrungen der »Großen« zu verlassen und sich der Gesellschaft anzupassen. Alle Gefühle der Ohnmacht und Angst, die hier entstehen, finden sich als energetische Struktur im *Unterbewusstsein* und wurden nonverbal als Struktur von den vorigen Generationen übernommen.

Beispiele:

Ich bin als Kind noch topfit und kann bis spät abends spielen oder lesen.
Fehler: Die Eltern wissen besser, wann ich müde bin und bestehen darauf, dass ich früh ins Bett gehe, wo ich noch stundenlang wach liege!

Mein Basisgefühl gibt mir eine Information über meinen Körper, und es wird Lust ausgelöst, noch ein wenig zu spielen. Dieses Empfinden wird durch die gut gemeinte Erziehung blockiert und ich verliere das Vertrauen in meine Körpersignale.

Ich habe Hunger und weiß genau worauf.
Fehler: Die Eltern wissen besser, wann und was gegessen wird! Auch hier gibt es Lust, nämlich auf genau das Lebensmittel, das mir in genau der Situation guttut. Doch auch hier lerne ich schnell, meinen Körpersignalen nicht mehr zu trauen und überlasse die Entscheidung resigniert den Erwachsenen.

Mir ist zu warm und ich will mich ausziehen.
Fehler: Die Eltern wissen besser, wann mir heiß und kalt ist! Es ist Winter und da trägt man eine Jacke. Die Lust auf Körpergefühl, um jemals ein eigenes Empfinden zu bekommen, wird auch hier genommen.

Die Erziehung verschiebt die Basis- und Primärgefühle des Kindes als Sekundärgefühl ins Unterbewusstsein.

Handlungsablauf Basis- Primärgefühle:

Basisgefühle	Ich habe Hunger.
↓	
Primärgefühle	Ich habe Lust, etwas zu kochen.
↓	
Handlung	Ich gehe in die Küche und koche.
↓	
Energiefluss	Ich bin mit mir im Einklang und freue mich auf das Essen.

Handlungsablauf Basis- Primär- Sekundärgefühle:

Basisgefühle	Ich habe Hunger.
↓	
Primärgefühle	Ich habe Lust, etwas zu kochen.
↓	
Gedanken statt Handlung	Ich muss an mein Gewicht denken, koche nicht, sondern tue etwas anderes.
↓	
Sekundärgefühle	Ich fühle mich nicht wert, mir etwas Leckeres zu gönnen.
↓	
Strukturen im Energiefeld	Ich fühle Ohnmacht und bin wütend auf meine Mutter, die mir die Neigung zum Übergewicht eingebrockt hat.

Durch das Fühlen der Basisgefühle und die individuellen – ihnen entsprechenden – Handlungen können Sie Selbstvertrauen entwickeln und zu einer starken und in allen Lebensbereichen selbstbewussten Persönlichkeit werden.

Zu den Sekundärgefühlen, die die Ebene des *Unterbewusstseins* bilden, gehören: Pflicht, Sorge, Schuld, Ohnmacht, Angst, Lüge, Trotz, Neid, Eifersucht, bestimmte Formen von Aggression, Dünkel, Selbstmitleid, Enttäuschung, Moral und Scham.

Bewusstsein

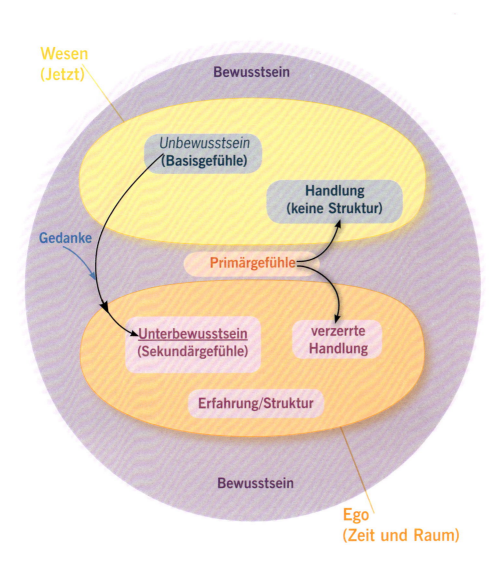

Zeichnung 8: Bewusstsein

Die Sekundärgefühle bestimmen Ihr Leben in der Zivilisation. Sie entstehen durch Erziehung und Anpassung. Sie liegen als Strukturen in der Aura vor und gehören zur Ebene des Unterbewusstseins.

Wenn Sie als Kind nie gelernt haben, Ihren eigenen Gefühlen zu trauen, können Sie später keinen Weg finden, sinnvoll mit Ihrem Körper und seinen Grundbedürfnissen umzugehen.
Die Auswirkungen sind umfangreich. Sowohl Ihr Selbstbewusstsein als auch Ihr Selbstwert können gestört sein, was sich in allen Lebensbereichen bemerkbar machen kann. Sie können beeinflussbar von außen sein. Ihre Lust, selbst zu handeln, kann reduziert sein.
Sie sind gewohnt zu konsumieren. Sie richten sich mehr nach anderen Leuten, nach Werbung und Zeitgeist, als nach Ihren eigenen Bedürfnissen. Sie fühlen sich nicht und damit kennen Sie sich nicht.

Beispiele:

× Sie essen, auch wenn Sie keinen Hunger spüren, sondern weil Sie ein anderes Bedürfnis befriedigen wollen.

× Sie tragen bauchfrei, auch bei größter Kälte, weil Sie sich und Ihren Körper mit seinen Empfindungen nicht ernst nehmen, sondern das Schicksein im Vordergrund steht.

× Sie schlafen nicht, wenn Sie müde sind, sondern putschen sich künstlich auf, auch wenn der Körper dringend Entspannung bräuchte.

× Sie flüchten nicht, wenn Sie Angst vor einer Situation haben, sondern drücken die Angst weg und nehmen lieber ein Medikament.

× Sie machen keine Pause, wenn Schmerzen dazu auffordern, sondern nehmen Schmerzmittel, um sich und den Schmerz nicht mehr zu fühlen.

× Sie haben ein Grundempfinden der Unsicherheit und fragen lieber andere Menschen als sich selbst und Ihre eigenen Gefühle, was für Sie richtig und falsch ist.

Gefühle sind Ihr Alltag und bestimmen jede einzelne Ihrer Handlungen. Durch die Zivilisation kommen Gesichtspunkte in Ihr Leben, die nicht Ihrem Wohlfühlen und Wohlergehen als Mensch dienlich sind. Nicht mehr die Erhaltung des Körpers und die eigene Wesensart stehen im Mittelpunkt. Es ist vielmehr erstrebenswert geworden, die Gefühle immer weiter zu verzerren, um die von außen vorgegebenen Werte zu erreichen.

Die Gesellschaft verfolgt ein Wertesystem und hat eine Moral und einen Lebensstil geschaffen, die für Gefühle und ihre sinnvolle Umsetzung keinen Platz lassen.
Die Menschen werden zu Anpassung erzogen, und die Gesellschaft gibt sich große Mühe, den Einzelnen an die gängigen Moral- und Verhaltenskodexe anzupassen. Gleichzeitig sollen möglichst selbstbewusste, starke Persönlichkeiten entstehen.
Ohne das Zusammenspiel von Körper, Geist, Gefühlen und Emotionen können die Menschen jedoch nur leere Rollen spielen.

Ein sinnvolles Ziel ist es, eine Gefühlskultur zu entwickeln, die eigenen Gefühle und Emotionen zu erkennen und sie als maßgeblichen Wegweiser im Leben zu nutzen. Diesen Umgang mit Gefühlen zu lernen und ihre Bedeutung zu erkennen, könnte ein zentrales Lehrfach in allen Schulen der zivilisierten Kulturen werden.

Gefühle machen den Menschen auf körperliche Missstände aufmerksam. Durch die Basisgefühle erfährt der Mensch von den Abläufen der Körperfunktionen.

Gefühle machen den Menschen aber auch auf energetische Missstände aufmerksam. Sie sind der Motor zur Veränderung und Entwicklung. Die Primärgefühle sind die Antriebskräfte für Handlungen.

Gefühle verbinden den Menschen mit der Genialität der Schöpfung. Sie lassen den Menschen die Großartigkeit und Schönheit der Natur, die Weite des Universums und den Sinn des Lebens wahrnehmen. Die Sekundärgefühle sind die Emotionen, die Empfindungen im menschlichen Zusammenleben.

Energetische Sicht der Gefühle

Wir haben hier auf der Erde für unser Leben als Mensch einen materiellen Körper zur Verfügung, dem alle beschriebenen Basis- und Primärgefühle zugehören.

Als Mensch sind wir zudem durch unser Bewusstsein mit der Fähigkeit ausgestattet, Gedankenformen zu entwickeln, die sich unter anderem in Sprache, Schrift und Kultur manifestieren.

Die Voraussetzung hierzu war, in unserer Entwicklung die Basis- und Primärgefühle, die den materiellen Körper bei uns Menschen, aber genauso in der Tierwelt versorgen, mit der Ebene der Gedanken zu verknüpfen.

> Die Verbindung von Materie und Geist, die wir an diesem Punkt eingehen, hat uns zu Wesen werden lassen, die immer mehr Bewusstsein für die eigene Existenz anstreben. Wir stellen uns Sinn- und Existenzfragen.

Emotionen als Lebensgestalter

Zunächst einmal sind die Gefühle – wie bei allen Wesen der Erde – dazu da, die materielle Existenz zu sortieren. Wir nehmen uns wahr in den materiellen Grundbedürfnissen und befriedigen sie, um zu überleben. Auch die Primärgefühle kennen wir auf einer sehr einfachen Ebene des Lebens. Sie sind immer Antrieb für eine Handlung.

Wenn wir uns aber die Sekundärgefühle anschauen, stellen wir fest, dass dies die Gefühle und Emotionen sind, die uns als individuellen Menschen ausmachen. Die Möglichkeit der Verknüpfung von Gefühlen und Gedanken ist zunächst in gewissem Rahmen uns Menschen vorbehalten.

Die Fähigkeit, komplexe Emotionen zu bilden, ist sogar eine individuelle Fähigkeit. Denn die Art und Weise, welche der Basisgefühle wir auf welche Weise erlernen und mit Bewertungen, Erfahrungen und Urteilen verbinden, ist absolut individuell und subjektiv.

In unserer Entwicklung ist unser Energiefeld nicht immer in Fluss. Wir haben bereits gesagt, dass jede Begegnung mit anderen Wesen sowie unser ganzes Leben in unserem Energiefeld erfasst und als Bild vorhanden ist. Begegnungen, die unser Energiefeld verändern, sind als gebundene Energie oder Struktur enthalten und reduzieren unsere Energiemenge im Laufe des Lebens. Mit diesen Strukturen ist ein Gefühl, das wir in einer Situation gefühlt haben, als Emotion im Energiefeld fixiert.

Stellen Sie sich vor, Ihnen ist als Kind von vielleicht fünf Jahren von Ihrer wütenden Mutter gesagt worden, dass Sie jetzt gefälligst Ihr Zimmer aufräumen sollen, und diese Aussage wurde mit einem lauten Türenschlagen bekräftigt.
Ihr Energiefeld ist in diesem Moment zusammengesunken auf ein geringes Energieniveau und es entstand eine Ohnmacht. Sie haben ein komisches Gefühl im Magen. Diese sogenannte Ohnmacht, auf die im Einzelnen im nächsten Kapitel eingegangen wird, ist nun mit allen Emotionen der Hilflosigkeit, der Wut, des Enttäuschtseins, des Nichtgenügenkönnens und des sich Einsamfühlens in Ihrem Energiefeld fixiert.

Irgendwann in Ihrem Leben, vielleicht 30 Jahre später, nimmt Ihre Chefin Anstoß an Ihnen, weil auf Ihrem Schreibtisch Chaos herrscht.
In diesem Augenblick wird die Struktur aus den Kindertagen wieder aktiviert. Was in der Ohnmacht aus den Kindertagen festgehalten wurde, wird freigesetzt. Sie fühlen sich genauso elend wie damals, als Versager und Nichtskönner, sind sauer auf die Chefin und spüren genau das gleiche maue Gefühl im Magen wie damals.
Die verdrängte, weggesteckte Ohnmacht wird Ihnen jetzt in der Begegnung mit der Chefin durch ein Basisgefühl in Ihrem Bewusstsein präsentiert. Entweder Sie hören auf Ihren Schmerz als Basisgefühl und bekommen Lust oder Wut, sich zu wehren – und tun es. Oder Sie stecken die Emotionen wie gewohnt und wie es der Anstand will zurück, wie immer, und sie sinkt als weitere Struktur ins Unterbewusstsein.

Dann gibt es eine neue Ohnmacht und vielleicht bald wieder ein Ereignis, bei dem Sie mit Ihren alten Emotionen konfrontiert werden, aber immer wieder neu mit der Chance, daran zu lernen.

Basisgefühle sind ausgelöst durch einen materiellen körperlichen Zustand und dienen der Erhaltung der Materie.

Sekundärgefühle sind subjektiv, individuell, und basieren auf energetischen Strukturen im Energiefeld. Sie dienen der Entwicklung des Einzelnen in seinem Leben als Mensch zwischen Geist und Materie.

Die Primärgefühle verbinden die Emotionen, die Gefühle und die Gedanken mit der Ebene des Handelns.

Wir begeben uns von Geburt an auf unseren individuellen Lebensweg, bei dem wir die uns und unserer Seele entsprechenden Erfahrungen sammeln.

> Sie können spüren, wenn in einer zwischenmenschlichen Begegnung eine Struktur angeregt wird, und was Sie dann fühlen, ist immer die Vergangenheit.
> Erst die Bewertung aus der Vergangenheit, wir sagen Erfahrung, macht die Gefühle zu dem, was sie sind, und erst die Bewertung macht es möglich, die Emotionen zu verändern, indem Sie Ihre Bewertung verändern.

Die folgende Übung dient dazu, Ihr Fühlen, Denken und Handeln in einen harmonischen Ablauf zu bringen. Bei dieser Übung steigt die Energie Ihrer Aura erheblich an, und die steigende Komplexizität und Kraft Ihres Energiefeldes kann sich als hörbarer Ton umsetzen. Daher heißt die Übung »Tönen«.

5. Übung —
Tönen

Setzen Sie sich entspannt hin, und atmen Sie durch die Nase ein und durch den Mund aus.

Lassen Sie den Atem tief in Ihren Körper einströmen.

Gehen Sie mit Ihrem Bewusstsein zu Ihrem Kopf.

Gehen Sie mit Ihrem Bewusstsein zu Ihren Händen.

Gehen Sie mit Ihrem Bewusstsein zu Ihren Füßen.

Gehen Sie mit Ihrem Bewusstsein zu Ihrem Herz.

Gehen Sie mit Ihrem Bewusstsein gleichzeitig zum Kopf, zu den Händen, zu den Füßen und zum Herz.

Machen Sie diese Übung zehn Minuten lang.

Genießen Sie die Kraft der Energie, die Sie jetzt durchströmt und einhüllt.

(Alternativ:
Machen Sie die Übung beim Spaziergang in frischer Luft im Rhythmus Ihrer Schritte.)

Ihr Energiefeld baut sich harmonisch auf, und Sie können die Schwingungen der Aura als Ihren individuellen Ton innerlich hören.

Lassen Sie diese Übung zu Ihrem ständigen Begleiter werden.

5.
Strukturen in der Aura

Strukturen in der Aura bilden sich durch Sekundärgefühle.

Wie im vorhergegangenen Kapitel über die Gefühle dargestellt wurde, befindet sich das Energiefeld des Menschen im Fluss, solange er in den Basis- und Primärgefühlen lebt und handelt.

Sekundärgefühle sind das Ergebnis einer Zivilisation. In den zivilisatorischen Lebensabläufen wird das Fühlen und Handeln erweitert durch das Denken. Hierdurch entstehen Lebensabläufe, in denen der Mensch fühlt und bewusst und bedacht entgegen seinen Gefühlen handelt.

Der harmonische Fluss von Fühlen und Handeln wird dadurch unterbrochen. Dies führt zu Strukturen im Energiefeld. In diesen Strukturen sind belastende Erlebnisse und Erfahrungen in Form von Energie gebunden, die für die freie Lebensgestaltung der Aura nicht mehr als Kraft zur Verfügung steht.

> Das Entstehen von Strukturen in der Aura ist wertneutral. Das Vorhandensein von Strukturen im Energiefeld ist eine Notwendigkeit der menschlichen Entwicklung. Die bei jedem Menschen individuell vorhandenen Strukturen im Energiefeld machen ihn zu dem Individuum, das er ist. Hierdurch ist er einzigartig, und nur dadurch eröffnen sich ihm die Möglichkeiten, seinen individuellen Sinn zu erfüllen.

Weshalb beschäftigt sich dieses Buch mit den Strukturen im Energiefeld? Der Mensch ist an einer Entwicklungsstufe angekommen, an der er einen weiteren Aspekt des Lebens verstehen kann. Es ist nicht länger nötig, Strukturen anzusammeln und unter ihnen zu leiden oder zwanghaft nach ihnen zu handeln. Der Mensch kann nunmehr Abläufe verstehen und sie bewusst bearbeiten. Hierdurch wandelt sich das Dasein vom rein inhaltlichen Erleben zum aktiven, sinnhaften Gestalten.

Betrachten Sie die Strukturen im Energiefeld ohne zu bewerten. Nehmen Sie Ihre Strukturen als individuelle Eigenart an, wenn Sie sich selbst in den nachfolgenden Beschreibungen irgendwo wiederfinden.

Falls Sie in Ihrem Leben Einschränkungen in punkto Gesundheit, Glück, Erfolg oder Lebensfreude spüren, werden Sie Hinweise und Übungen finden, mit deren Hilfe Sie belastende Strukturen auflösen können.

Energetische Ohnmacht

Der Mensch durchläuft eine evolutionäre Entwicklung als biologisches Wesen und gleichzeitig eine Bewusstseinsentwicklung als geistiges Wesen. Im Alltagsleben ist alles auf die biologische, körperliche Entwicklung konzentriert. Die Bewusstseinsentwicklung spielt in den Gedanken und Planungen des Menschen nur eine Nebenrolle.

Dabei ist die Entwicklung des Bewusstseins die zentrale Lebensaufgabe des Menschen. Sie überdauert die begrenzte Zeit des irdischen Daseins. Die biologische Entwicklung hingegen ist von vorneherein auf eine begrenzte Zeitspanne angelegt.

Das Bewusstsein des einzelnen Menschen und der gesamten Menschheit speichert alle Informationen aus allen Zeiten in Bewusstseinsfeldern. Alles, was je gedacht und getan wurde, ist in diesen Feldern aufgezeichnet. Das Bewusstsein oder Energiefeld des einzelnen Menschen ist in energetische Netze eingebunden und steht in Verbindung mit den Bewusstseinsfeldern der Menschheit. Das heißt, der Mensch ist von Natur aus in der Lage, alles wahrzunehmen, was jemals von anderen Menschen gedacht und erlebt wurde. Von Tieren ist diese Verbindung wissenschaftlich dokumentiert.

Der Mensch als sogenannte »Krone der Schöpfung« hat die Voraussetzungen zur multidimensionalen Kommunikation ebenfalls. Er darf sie jedoch im modernen Bewusstseinszeitalter ganz neu für sich entdecken.

Mit Eintritt in das Erdenleben brachten Sie in Ihrem Energiefeld alle allgemeinen Informationen für das Menschsein mit. Durch die Erziehung sowie die Erfahrungen und Begegnungen in Ihrem Leben ergänzten Sie die allgemeinen durch individuelle Informationen. In Ihrem Energiefeld sind alle diese allgemeinen und individuellen Informationen abgespeichert.

> Jeden Moment des Lebens, jede Begegnung und alle Erlebnisse können Sie im Energiefeld als Struktur und damit als Emotion finden.

Eine Ohnmacht in der Aura (energetische Ohnmacht) ist ein abgekapselter Teil der Lebensenergie. Ausgangspunkt für eine solche Abkapselung war ein belastendes Ereignis, das verdrängt wurde. Es wurde im Energiefeld in einer verschlossenen kugelförmigen Energiestruktur gespeichert. Mit gespeichert wurde in dieser Kugel die in dem belastenden Ereignis erlebte Energie. Diese eingeschlossene Energie steht dem Menschen in seinem Alltagsleben nicht zur Verfügung. Gelegentlich spürt er diese Energie, wenn er ein vergleichbar belastendes Ereignis erlebt und die alte Erinnerung als Emotion oder Erfahrung wieder aufbricht.

Im Sprachgebrauch wird beim Begriff *Ohnmacht* ausschließlich der körperliche Zustand gemeint, der einen körperlichen Zusammenbruch bis zur Bewusstlosigkeit bezeichnet.
Eine energetische Ohnmacht ist die schützende Vorstufe des Energiefeldes, die in den allermeisten Fällen die körperliche Ohnmacht vermeidet. Hier in diesem Buch bezeichnet der Begriff »Ohnmacht« immer die energetische Ohnmacht.

Ein belastendes Ereignis würde Ihrem Energiefeld in kürzester Zeit sehr viel Energie entziehen, die Ihrem Körper dann nicht mehr zur Aufrechterhaltung seiner physischen Funktionen zur Verfügung stünde. Dies würde zur körperlichen Ohnmacht, also zu einem lebensgefährlichen Zustand führen.
Die Schutzfunktion der energetischen Ohnmacht bewahrt Sie vor diesem lebensgefährlichen Zustand.
Die energetische Ohnmacht ist ein Schutz, der das gesamte Energiefeld umgibt und es vor der Umgebung abschirmt. In diesem Schutzfeld fühlt sich der Mensch zwar seiner Situation entsprechend schwach, unterlegen, gekränkt und verletzt, seine körperlichen Funktionen bleiben jedoch intakt.

Nach und nach schrumpft die – das gesamte Energiefeld umgebende – Ohnmacht zusammen zu einer kleinen Kugel, die sich in der Aura ablagert. Die Stelle, an der sich eine solche Ohnmachtskugel ablagert, ist individuell unterschiedlich. Sie richtet sich nach der Grunddisposition des persönlichen Energiefeldes.

Gleichartig eintretende Ereignisse können die Ohnmachtskapsel öffnen und die gespeicherte Energie freisetzen. Der Mensch erinnert sich dann an das frühere Ereignis, die entsprechenden Gefühle treten erneut auf, er schämt sich wieder, wird trotzig oder beginnt zu weinen.

Schließlich wird das aktuelle Ereignis – zusammen mit den früheren Vorgängen – in der Ohnmachtskapsel abgespeichert.

Die im Energiefeld gelagerte Kapsel hat immer eine Affinität zum Körper. Wird die energetisch geschwächte Stelle des Feldes in ihrer Schwingung langsamer, also im Körper fühlbar, sprechen wir von einer Krankheit.

Tatsächlich ist das körperliche Symptom allerdings nur die äußerliche Erscheinung des Vorgangs, der sich über viele Jahre und Jahrzehnte im Energiefeld abgespielt hat.

Die heutigen Vorsorgemaßnahmen sind darauf ausgerichtet, möglichst frühzeitig ein körperliches Symptom zu erkennen. Im Energiefeld angesammelte Ohnmachtskapseln, aber auch alle anderen Strukturen, die Sie noch kennenlernen werden, sind deutliche energetische Alarmzeichen, lange bevor sie körperliche Auswirkungen haben!

Eine Lebensthematik des Menschen sollte im Energiefeld bearbeitet werden. Geschieht dies nicht, wird sie im Laufe der Zeit zu einer körperlichen Symptomatik. Körperlich gewordene Symptomatiken sind schmerzhaft, oft langwierig und manchmal lebensbedrohlich.

Die Bearbeitung im Energiefeld ist dagegen ein Vorgang des bewussten Verstehens des Sinns der Ereignisse. Sie gibt Hinweise auf die Entwicklungsnotwendigkeiten, die der Mensch in seinem Leben beachten sollte. Werden diese Hinweise verstanden und beachtet, sind sie nicht mehr nötig.

Ohnmacht als Alltagszustand

In Ihrem Alltag erleben Sie ständig Ohnmachtssituationen. Im Zusammenleben mit anderen Menschen finden energetische Interaktionen statt. Die meisten Interaktionen bleiben ohne tiefere Wirkung. Sie begegnen Menschen auf der Straße und gehen achtlos aneinander vorbei. Tag für Tag sind Hunderte oder Tausende von Menschen in Ihrer Nähe, die meisten von ihnen nehmen Sie nicht wirklich wahr. Einige dieser Menschen lösen in Ihnen jedoch eine Empfindung aus. Den einen können Sie leiden, den anderen nicht. Die eine finden Sie sympathisch, die andere nicht.

Was ist es, das den einen oder die andere aus der großen Masse heraushebt?

Beim Ineinanderschwingen der Energiefelder gibt es in manchen Fällen Resonanzen, die eine Auffälligkeit bewirken. In den vielen anderen Begegnungen, bei denen die Energiefelder ineinander schwingen – ohne auf eine Resonanz zu stoßen – bleiben die Energieschwingungen ungestört im Fluss. Im Fluss zu sein bedeutet, alles ist reibungslos in Ordnung und funktioniert im Bereich der Unbewusstheit, eine »Störmeldung« an das Bewusstsein ist nicht nötig.

Bei den Begegnungen, die aus der Masse herausragen, die Ihnen auffallen, liegt eine Störmeldung des *Unbewussten* oder des *Unterbewussten* vor. Eine Struktur in Ihrem Energiefeld hat eine Resonanz in dem anderen Energiefeld gefunden und meldet dies. Der andere Mensch wird plötzlich von Ihnen wahrgenommen. Sympathie, Antipathie, das Aussehen, die Haarfarbe, die Farbe der Bluse oder der Haarspange, das Parfüm, der Geruch nach Rauch, der Bartwuchs, die Art zu gehen, das Grinsen, die Brille ... Was immer auch die Resonanz auslöst, es ist ein Hinweis darauf, dass Sie in Ihrem Energiefeld diese Resonanz haben.

Nehmen Sie solche Situationen bewusst wahr und registrieren Sie die Energie, die darin gebunden ist. Was fühlen Sie? Welche Erinnerungen kommen in Ihnen hoch? Manchmal sind dies nur blitzartig erscheinende Bilder oder Szenen, die schnell wieder verschwinden. Manchmal ertappen Sie sich, in Erinnerungen versunken zu sein oder an den Erinnerungen zu leiden. Sie bekommen heute noch Herzklopfen, Kurzatmigkeit oder werden rot im Gesicht, wenn Ihnen Situationen bewusst werden, die Sie in Ihrem Energiefeld als Strukturen abgespeichert haben.

Susi wird beim Anblick schwarzhaariger Männer immer an die große Liebe erinnert, die sie so sehr verletzte. Ein schwarzer Kleinbus erinnert Uli an den Unfall, bei dem er in den Straßengraben abgedrängt wurde. Rothaarige Mädchen mit Sommersprossen erinnern Rolf an das Nachbarsmädchen, das ihn beim Theaterspiel öffentlich blamierte. Renate hat ein ungutes Gefühl, wenn sie einen Polizisten sieht. Sie wurde als Kind zu bravem Verhalten gemahnt, weil sonst die Polizei käme.

Ohnmacht ist für den Menschen ein Grundlebensgefühl. Sie wird durch Erlebnisse und Begegnungen im Alltag angestoßen und verschwindet meist schnell wieder. Sie wird vom Einzelnen im Lebensalltag nicht bewusst wahrgenommen. Ihnen wird kurz schlecht, ein Stechen in der Brust macht sich bemerkbar, ein Kratzen im Hals verursacht einen Hustenanfall, Sie haben plötzlich schlechte Laune, Ihnen ist der Name Ihres Gegenüber soeben entfallen, der Geldbeutel fällt Ihnen aus der Hand. Alles dies sind kleine und kleinste Ohnmachten. Was soll Ihnen das Ereignis sagen? Wen haben Sie gesehen, als das Kratzen im Hals anfing? An wen hat die Person Sie erinnert? Hätten Sie diesem Menschen dringend etwas sagen sollen? Vielleicht haben Sie immer ein Kratzen im Hals, wenn Sie Menschen begegnen, die Sie an eine bestimmte Lebenssituation erinnern? Müssen Sie bis ans Ende Ihres Lebens Hustenanfälle haben oder können Sie die Ohnmacht nicht jetzt, heute und hier auflösen und die dort abgekapselte Energie freisetzen?

Ohnmacht bei dem einen Menschen setzt Macht eines anderen Menschen voraus. Der Eine fühlt sich unterlegen, der Andere fühlt sich überlegen. Die Bandbreite ist riesig, von unbewussten kleinen Ohnmachten bis zu lebensbedrohenden Situationen körperlicher Gewalt.
Dieser Vorgang ist auf der Ebene der Energiefelder interaktiv. Bei der Begegnung zweier unterschiedlich starker Energiefelder fließt Energie vom schwächeren zum stärkeren. Das Schwächere wird schwächer, das Stärkere wird stärker.

Beispiel:

Die beim Diebstahl ertappte Lucy sitzt im Büro des Kaufhausdetektivs. Sie ist total verlegen, hat einen heißen Kopf und fühlt sich dem Detektiv ausgeliefert. Sie kann keinen klaren Gedanken fassen und antwortet auf die Fragen des Detektivs wie durch einen milchigen Schleier. Je länger die Befragung nach den Gründen und Umständen des Diebstahls dauert, desto schwächer wird Lucy. Gleichzeitig ist der Detektiv immer mehr in seinem Element. Er kann den anfänglichen Verdacht erhärten und hat mit dem unterschriebenen Protokoll und Schuldeingeständnis schließlich einen Erfolg erzielt.

Macht und Ohnmacht sind ein alltäglicher zwischenmenschlicher Vorgang und findet – in feinsten, subtilsten Ausprägungen – ständig statt. Der Ohnmächtige fühlt sich abgeschnitten von seiner Lebensenergie und nimmt nur einen reduzierten Ausschnitt des Lebens wahr.
Zum Zustand der Ohnmacht gehört das Gefühl, ausgeliefert, nicht Herr der Lage zu sein und zu meinen, von anderen Menschen fremdbestimmt zu sein.

Ohnmacht ist ein energiereduzierter Zustand. Auslöser ist eine Erfahrung oder Begegnung, bei der Sie nicht als Persönlichkeit wahrgenommen werden. Sie werden nicht ernst genommen, in Frage gestellt, lächerlich gemacht, bloßgestellt. Ein Anderer ist stärker und lässt Sie dies spüren.
Die dabei entstehende Struktur hat die Form einer energetischen Kapsel, welche die Aura umhüllt, um sie zunächst vor weiterem Energieabfall mit all seinen Folgen zu schützen. Innerhalb dieser Ohnmacht nehmen Sie sich selbst in dem niedrigen Energiezustand wahr, der unter 40 Prozent liegt. Sie haben Gefühle von Schwäche, allein, ausgeliefert oder fremdbestimmt zu sein, ausgenützt, nicht beachtet und nicht geliebt zu werden. Der Körper fühlt sich flau und spannungslos an, müde und erschöpft, antriebslos und nicht belastbar.

Die zunächst das ganze Aurafeld umgebende Ohnmacht schrumpft zusammen auf eine Kapsel im Energiefeld. Sie lagert dort mitsamt der beim Ohnmachtserlebnis gefühlten Energie. Durch gleichartige Ereignisse und Erlebnisse bricht die Ohnmachtskapsel auf und die Erinnerung erwacht. Schließlich wird auch das neue Ereignis mit abgespeichert und die Ohnmachtskapsel wird verstärkt.

Ohnmacht bindet die Energie eines Ereignisses in Kapseln

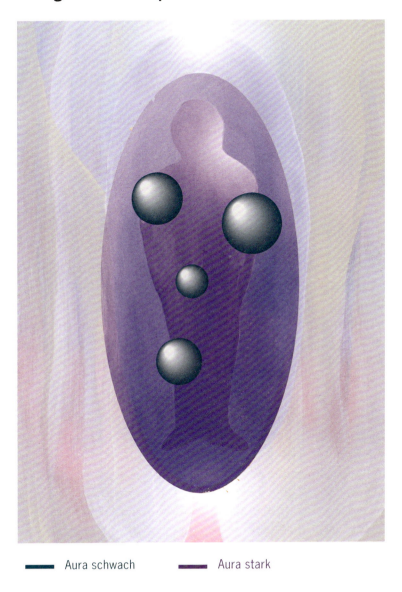

▬ Aura schwach　　▬ Aura stark

Zeichnung 9: Energiefeld bei Ohnmacht

Ohnmacht aus energetischer Sicht

Stellen Sie sich ein Baby vor, das weint, weil es Hunger hat, das man aber aus erzieherischen Gründen schreien lässt. Sein Energiefeld ist schwächer als das der umgebenden Menschen, und seine Bedürfnisse nach Nahrung werden nicht ernst genommen. Das Energiefeld des Babys bildet zum Schutz eine Ohnmacht aus.
Diese Ohnmacht des Babys bezieht sich auf die materiellen Grundbedürfnisse.
Je älter dieser kleine Mensch wird, umso öfter bringt er diese Erfahrung mit dem Nichtwahrgenommenwerden seiner Person in Verbindung.
Diese Ohnmacht wird inhaltlich mit dem Gefühl »ich bin alleingelassen«, »ich bin anderen ausgeliefert« gleichgesetzt. Wut, Trotz und Hilflosigkeit machen sich breit.

Die Ohnmachtsstruktur bleibt im Energiefeld – zusammen mit den als unangenehm erlebten Gefühlen – erhalten. Nehmen wir beispielhaft an, dass bei diesem Menschen die Grunddisposition für die Ablagerung von Ohnmachtsstrukturen im Bereich des Darmes ist.

Im Laufe des Lebens dieses Menschen, gibt es viele dieser Ohnmachtsereignisse. Immer wieder macht der Mensch die Erfahrung, dass er nicht selber entscheiden kann, wann er essen darf, was er essen darf und wie viel er essen möchte. Jemand anders in seinem Umfeld, der ihn in seinen Bedürfnissen nicht ernst nimmt, fällt für ihn die Entscheidungen und hat in diesem Sinne Macht über ihn. Das wird zunächst die Mutter sein, die darauf besteht, dass zu bestimmten Zeiten gegessen wird und dass aufgegessen wird, was auf den Tisch kommt. Das kann später bei der Bundeswehr ein Gruppenzwang sein, zu bestimmten Zeiten auf Befehl essen zu müssen. Das kann die Ehefrau sein, die das von ihr gekochte Essen mit ihrem persönlichen Wert verbindet und dadurch einen Erwartungsdruck rund um das Essen aufbaut.
Immer wieder wird Energie aus seinem Energiefeld in die Ohnmachtsstruktur eingebunden.
Irgendwann ist so viel Energie gebunden, dass für die Gesunderhaltung des physischen Körpers nicht mehr genug Energie vorhanden ist. Ab die-

sem Zeitpunkt bekommt der Mensch durch den Energiemangel körperliche Probleme. Da die bei ihm veranlagten Strukturen in Zusammenhang mit seinem Darm stehen, bekommt er vermutlich Probleme mit diesem Organ. Das Energiefeld materialisiert eine Störung auf der körperlichen Ebene des Darms.

Der Darm weist damit auf die Mangelproblematik des Menschen hin. Auf einmal fühlt er seinen Darm, durch Verdauungsbeschwerden, Verstopfung, Durchfall, Schmerzen. Er kann nicht mehr alle Nahrungsmittel zu sich nehmen. Er muss sich jetzt mit seinem Körper beschäftigen, und die Menschen aus seiner Umgebung beschäftigen sich ebenfalls mit seinem Problembereich. Der Arzt verschreibt eine Arznei und gibt Empfehlungen für die Ernährung. Der Mensch hat nun einen Teil seiner Verantwortung abgegeben. Wo er es selbst nicht schaffte, auf seine wesensgerechte Ernährung zu achten, hat er jetzt Beistand von außen erhalten. Seine Mutter, seine Ehefrau und selbst sogar die Bundeswehr würden auf das Attest des Arztes hören.

Aus energetischer Sicht entscheidend ist nun, das weitere Verhalten nicht auf bestimmte Nahrungsmittel zu konzentrieren. Aufgabe ist die Lösung der Grundproblematik im Energiefeld. Es gilt zu klären, weshalb sich bei dem besagten Menschen eine Ansammlung von Strukturen im Bereich des Darms gebildet hat. Durch ein bestimmtes Essverhalten lösen sich Strukturen im Energiefeld nicht auf. Was soll der Mensch aus der Symptomatik seines Darms lernen? Welche Entwicklungshinweise für das weitere Leben gibt diese Symptomatik. Lediglich keine Kuhmilch mehr zu trinken oder Nachtschattengewächse zu meiden, kann doch unmöglich Sinn des weiteren Lebens sein.

Eine Erkrankung, egal welcher Art, dient der Bewusstwerdung. Der Mensch bekommt die Chance, durch das Hineinspüren in die Symptomatik den dahinter liegenden Sinn zu erkennen, in unserem Fall das Thema »nicht ernst genommen zu werden«.
Diese Erkenntnis ist der erste Schritt auf einem bewussten Weg zur eigenen Entwicklung.
In unserem Beispiel werden Erfahrungen in Bezug auf Essen gemacht, die im Laufe der Zeit immer wieder bestätigt werden. Die schlechten Gefühle,

die das Essen begleiten, ziehen sich durch das ganze Leben des Menschen. Wenn das Bewusstsein diese Emotionen und Erfahrungen erkennt und verändert und der Mensch in seinem Verhalten eigenverantwortlich wird, kann er diese Strukturen auflösen. Er löst sich von den gemachten Erfahrungen der Vergangenheit und entscheidet in Zukunft selber, wie er fühlen und reagieren möchte.

> Ist die Ursache einer Thematik in Ihrer Aura bearbeitet, dann hat das Symptom auf der körperlichen Ebene seinen Sinn erfüllt und kann gehen.

Der Körper ist die für den Menschen direkt spürbare und sichtbare Instanz, die auf Mängel im Energiefeld hinweist. Dies gibt ihm die Möglichkeit, sich zu entwickeln, indem er seine Problematik erkennt und die Ursache verändert.

Als Mensch können Sie aus Ihrer Kraft und Ihrem Bewusstsein heraus jederzeit neu mit einer bekannten Situation umgehen und die Strukturen im Energiefeld auflösen. Die vorher gebundene Energie steht Ihnen dann in Ihrer Aura wieder zur Verfügung. Das Energiefeld nimmt an Energie zu und kann sich auffalten, entwickeln. Mit dem Wachsen des Energiefeldes nimmt das Bewusstsein zu, und Sie können als Persönlichkeit wachsen.

Betrachten Sie noch einmal die Wichtigkeit der Gefühle und der Emotionen. Jede Struktur in Ihrem Energiefeld, wie in diesem Fall die Ohnmacht, ist die Ursache für eine Emotion. Nur durch Ihre Gefühle werden Sie aufmerksam auf Missstände und Entwicklungsthemen in Ihrem Leben. Manifestiert sich eine Krankheit im Körper, werden die Gefühle noch eindeutiger. Sie sind dann nicht mehr » nur« seelisch, sondern werden wieder zu Basisgefühlen. Man kann vielleicht nicht mehr essen, es ist einem übel. Schmerzen werden gefühlt. Die Beweglichkeit ist eingeschränkt. Der Körper gerät außer Kontrolle und weist auf einen Mangel hin oder entwickelt eine lebensbedrohliche Erkrankung.

Die körperliche Erkrankung lässt den Menschen seine Basisgefühle spüren. Die ansonsten im *Unbewussten* wirkende Kraft wird ins Bewusstsein gehoben.

Die Sekundärgefühle werden nicht ernst genommen, erst die Basisgefühle werden in unserer Zivilisation respektiert, wenn sie sich in Form einer Krankheit äußern.

Durch Krankheit ist Ihre Existenz als Geist im Körper bedroht.

Ein Mensch, der mit sich im Reinen ist und mit seinen Emotionen in Verbindung steht, reagiert schneller und für seinen Körper gesünder auf seine Umgebung. Er passt seine Lebensumstände so an, dass er seinem Wesen entsprechend leben kann.

Eine Lebenssituation, die nicht wesensgerecht ist, stellt hingegen die Ohnmacht dar. Die eigenen Bedürfnisse und Wünsche werden zurückgestellt. Einschränkungen werden in Kauf genommen. Aus vorübergehenden Kompromissen werden Dauerzustände.

> Ohnmachten als Struktur in Ihrem Energiefeld entstehen immer dann, wenn Sie als Persönlichkeit nicht ernst genommen werden oder sich selbst nicht ernst nehmen.

Hintergrund einer Ohnmacht ist immer eine Bewertung. Siehe hierzu Kapitel 9.

6. Übung —
Ohnmacht lösen

Denken Sie an Situationen, in der Sie in einer Ohnmacht waren. Eine andere Person oder Sie selbst haben Ihre Bedürfnisse nicht ernst genommen.

Die energetische Blase ist sofort da und als energetischer Mangelzustand für Sie zu fühlen.

Stellen Sie sich jetzt vor, wie Sie mit einem scharfen Gegenstand die Blase von innen nach oben durchstoßen und auftrennen, nach hinten wegklappen und einen befreienden Schritt nach vorne machen.

Atmen Sie kräftig aus.

Machen Sie diese Übung, sooft Ihnen eine Ohnmachtssituation einfällt und wann immer Sie im Alltag in eine Ohnmachtssituation geraten.

Nach dem Auflösen spüren Sie einen sofortigen Energieanstieg. Ihr Herzschlag wird schneller, Ihr Körper wird warm und Sie spüren, wie die Kraft in Ihrer Aura wieder zu fließen beginnt.

Ohnmacht aufschneiden

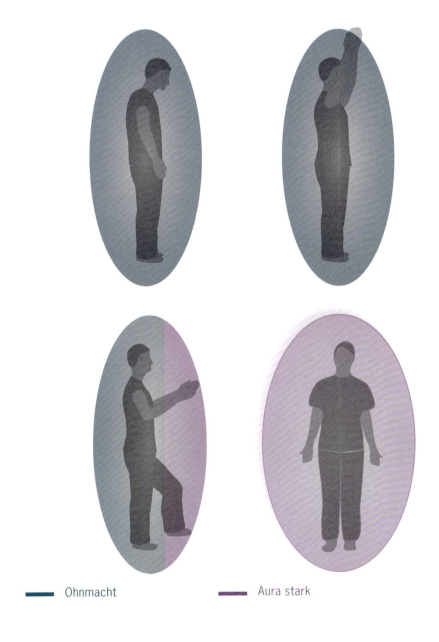

— Ohnmacht   — Aura stark

Zeichnung 10: Ohnmacht aufschneiden

Fühlen Sie sich in verschiedene Situationen in Ihrem Leben ein, in denen Sie ein Gefühl von Ohnmacht haben oder hatten.

Es gibt keinen Menschen, der ohne Ohnmacht lebt. Die Ohnmacht gehört sozusagen zur Grundausstattung und dient der Entwicklung des Menschen.

Ohnmachten können sich in ganz einfachen Lebenssituationen einschleichen.

Beispiele:

Fühlen Sie sich ohnmächtig, wenn Sie vor einer Speisekarte sitzen? Was wählen Sie? Die anderen haben schon gewählt, nur Sie können sich nicht entscheiden.

Fühlen Sie sich ohnmächtig, wenn Sie vor einem Fahrkartenautomaten stehen oder vor dem Parkhausautomaten?

Fühlen Sie sich ohnmächtig, wenn Sie ein schreiendes kleines Kind sehen?

Fühlen Sie sich ohnmächtig, wenn Ihr Nachbar ein neues Auto hat?

Fühlen Sie sich ohnmächtig, wenn Ihr Partner zu seiner Mutter ein besseres Verhältnis hat als zu Ihnen?

Fühlen Sie sich ohnmächtig, wenn Ihre Kinder sich schämen, einen so alten Vater zu haben?

Fühlen Sie sich ohnmächtig, wenn die Kollegin mehr Anerkennung bekommt als Sie selbst?

Jeder kennt solche Empfindungen und kann bei solch einfachen Beispielen Erfahrungen mit dem Auflösen von Ohnmachten sammeln. Nach und nach lassen sich auch schwierige Themen mit Emotionen aus der Vergangenheit bearbeiten.

Trotz

Eine starke Ausprägung einer Ohnmachts-Struktur ist der Trotz. Im Trotz kommt es zu einer hartnäckigen energetischen Verkapselung.

Beim Trotz bleibt es nicht bei der leidenden, passiven Ohnmacht, sondern das Gefühl von Versagen oder der Eindruck, ungerecht behandelt worden zu sein, wird kompensiert durch Auflehnung und Widerstand. Es entsteht ein innerer Drang, jetzt allen beweisen zu wollen, dass man unterschätzt und ungerecht behandelt wurde.

> Im Trotz können Sie sich selbst und die eigenen Fähigkeiten nicht wirklich einschätzen, Sie fühlen sich ungerecht behandelt und wollen den Gegenbeweis antreten.

Trotz ist Ihnen hauptsächlich aus Ihren Kindertagen oder als Verhaltensweise Ihrer eigenen Kinder bekannt. Vielleicht können Sie sich in eine Situation hineinversetzen, in der Sie ganz besonders trotzig waren. Zum Trotz gehören die vor dem Körper verschränkten Arme, das Wegdrehen und das Aufstampfen mit dem Fuß.

Hatten Sie als Kind das Gefühl, etwas zu können, und Ihre Eltern haben Ihnen die Fähigkeit abgesprochen? Sie durften Ihr Können nicht beweisen und waren kräftemäßig unterlegen? Dann haben Sie sich in den Trotz geflüchtet, waren wütend und traurig, dass niemand Sie ernst genommen hat. All diese Emotionen sind als Struktur im Energiefeld erhalten und aktiv lebendig geblieben.
Begegnen Sie als Erwachsener einem Menschen, der diese Struktur bei Ihnen anregt, dann reagieren Sie prompt wieder aus diesem Trotz heraus.
Die Haltung dahinter lautet »Dem werde ich es zeigen, das kann ich doch!«

Handlungen vieler Erwachsener finden aus dieser Trotzhaltung statt.
Sie handeln dann nicht aus Ihrer Kraft und freien Entscheidung, sondern Ihre Entscheidung resultiert aus einer Kontrahaltung. Das merken Sie leider meist zu spät und nennen es dann: «Über das Ziel hinausschießen».

Sie gestalten Ihr Leben in diesem Punkt nicht eigenverantwortlich, sondern führen eine Rolle aus, in die Sie durch die aufgebrochene Trotzstruktur hineingezogen wurden.

Viele Menschen ergreifen einen Beruf aus Trotz ihren Eltern gegenüber. Irgendwann und oft erst nach Jahren, fühlt man sich dann fehl am Platz und stellt den Beruf infrage.

Alle denkbaren Lebensvorgänge können aus Trotz geschehen. Studieren, um etwas beweisen zu wollen; Heiraten gegen den Rat der Eltern; ein Haus bauen, obwohl der Finanzberater abgeraten hat; einen Sportwagen kaufen, um den Kumpels zu beweisen, welch toller Kerl man ist; eine Geldanlage zeichnen, obwohl am Horizont eine Finanzkrise sichtbar ist; eine Geschwindigkeitsbegrenzung missachten, weil sonst das Überholmanöver nicht gelingt; dem Partner das Frühstück nicht zubereiten, weil er gestern Abend zu spät nach Hause gekommen ist u.s.w.

Aus Trotz zu handeln, ist keine sinnvolle Motivation. Nach einer Trotzhandlung fühlt man sich leer und ausgebrannt.

Die Handlung aus Trotz in jungen Jahren wird häufig zum Motor einer Lebenssinnkrise im Alter.

7. Übung —
Trotz lösen

Alternativ können Sie Übung 8 mit dem Inhalt »Trotz« anwenden.

Wie fühlt sich Trotz bei Ihnen an, wo spüren Sie ihn im Körper?

Gegen wen trotzen Sie?

Handeln Sie aus Ihrer Kraft und aus einem gesunden Selbstbewusstsein, oder möchten Sie in Ihren alltäglichen Handlungen einem anderen, vielleicht sogar schon verstorbenen Menschen, beweisen was Sie können?

Wie oft handeln Sie im Alltag aus Trotz?

Wie leben Sie Trotz in Ihrer Beziehung?

Lösen Sie die Struktur wie im Kapitel »Ohnmacht« beschrieben auf.

Genießen Sie die Freiheit und den neuen Schritt in die Eigenverantwortung.

Wut

Wenn Sie Wut spüren, kommen Sie an alte Strukturen, in denen Sie nicht ernst genommen wurden, resigniert haben; die Energie dieser Situation projizieren Sie nach außen.

Wut ist das Aufwallen von Energie innerhalb einer Ohnmacht. Sie richtet sich gegen eine Person, die die Ohnmacht ausgelöst hat. Das Energiefeld flammt für kurze Zeit rot auf und kommt in heftige Schwingung. Im sogenannten Wutausbruch kann die Ohnmachtsblase aufplatzen.
Die frei werdende Energie wirkt destruktiv auf Ihre Umgebung und versetzt andere Menschen wiederum in Ohnmacht.

Wut setzt Entwicklung in Gang, ist jedoch in unserer zivilisierten Gesellschaft nicht gerne gesehen. Schon im Kindesalter haben Sie Wut verspürt, durften sie jedoch nicht ausleben. Sie musste »weggepackt« werden, wirkt aber auf der unterbewussten Ebene lebenslang weiter. Was der Schmerz auf der Körperebene, ist die Wut auf der emotionalen Ebene. Sie staut die Energie in der Unterdrückung so lange auf, bis sie sich spontan und heftig entladen kann, um das eigene Wesen zu schützen.

Wut hält meist nur kurze Zeit an und geht mit entsprechenden körperlichen Merkmalen einher: Anstieg des Blutdrucks, der Herzfrequenz, der Körpertemperatur, Schwitzen. Unkoordinierte Bewegungen werden ausgeführt, man schlägt auf den Tisch oder geht aggressiv gegen die Umgebung vor.
Die Wut wird meist lebenslang zurückgehalten und unterdrückt. Man hat gelernt, sich zu beherrschen. Hierdurch baut sich ein innerer Druck auf und körperliche Schädigungen sind hier eine sichere Konsequenz.
In energetischen Aufstellungen werden solche Wutszenarien sichtbar und können aufgelöst werden, wodurch körperliche Symptome aufgelöst werden oder gar nicht erst entstehen.
Erinnern Sie sich, dass die Wut zu den Primärgefühlen gehört und in einer Handlung resultiert. Wird die Wut lebenslang gestaut, kommt sie am falschen Platz zur Entladung.

Wut ist also eine gesunde Reaktion zur falschen Zeit am falschen Ort. Wenn Sie Wut spüren, sollten Sie erkennen, dass diese Wut in Ihnen selbst begründet und ein »bloßes« Sekundärgefühl ist.

Spüren Sie in sich nach, zu welchem Zeitpunkt und bei welchem Ereignis Sie verlernt haben, auf die eigenen Emotionen zu hören.
Geben Sie der Wut Raum und agieren Sie die Kraft der Wut in eine körperliche Tätigkeit aus, ohne sie gegen eine Person zu wenden.
Jede Art von Sport bis hin zum Holzhacken kann hilfreich sein.

Die Art der Bearbeitung in Übung 8 stellt die Alternative zum Aufschneiden der Ohnmachtsblase dar. Da sämtliche Ohnmachten auf Emotionen aus der Kindheit beruhen, gibt es immer ein Szenario, in dem Sie sich selbst als Kind mit dem entsprechenden Gefühl sehen können. Die Integration des Kindes – und damit der Emotion – führt ebenso zum Lösen der Ohnmachtsblase wie die haptische* Übung des Aufschneidens. Sie kann als alternative Übung also immer verwendet werden. Das hängt davon ab, welche Art der Übung Ihnen selbst mehr zusagt.

* über den Tastsinn

8. Übung —
Wut lösen

Spüren Sie manchmal Wut?

Gegen wen richtet sich Ihre Wut?

Wo haben Sie als Kind diese Wut gefühlt und wie alt waren Sie?

Schauen Sie sich das Bild des Kindes in der Wut vor Ihrem inneren Auge an.

Verstehen Sie die Wut, die das Kind fühlt und lassen Sie das Kind die Wut ausdrücken oder -toben.

Gehen Sie vor Ihrem inneren Auge zu dem Kind, das die Wut fühlt, und nehmen Sie es in den Arm.

Spüren Sie, wie sich das Kind langsam beruhigt und in Ihren Armen entspannen kann.

Kommen Sie mit Ihrem Bewusstsein wieder ins Hier und Jetzt zurück.

Trauer

Im Gegensatz zu Wut und Trotz, die in dem Gefühl der Ohnmacht eine Gegenreaktion auslösen, ist die Trauer eine starke und geschlossen bleibende Ohnmacht. In der Trauer ist keine Kraft vorhanden, die die Ohnmachtsblase zum Platzen bringen könnte. Trauer ist Rückzug in das eigene gefühlte Leid und in die Autoaggression. Auf den Ohnmachtenkapseln im Energiefeld sind für den Hellsichtigen schwarze Flecken zu sehen. Im Gegensatz zur Wut, die nach außen explodiert, implodiert die Trauer.

Trauer kann hinsichtlich aller Sachverhalte und Gegebenheiten des Lebens entstehen. Trauer kann sich gegen das Leben als solches richten, gegen die eigene Unfähigkeit und Unzulänglichkeit, gegen das Gefühl, nicht zur rechten Zeit am rechten Platz zu sein. Das Leben nicht zu meistern, immer den Kürzeren zu ziehen, nicht geliebt zu sein, das alles kann Inhalt der Trauer darstellen.

In der Trauer zieht sich der Mensch zurück, empfindet Ungerechtigkeit und großen seelischen oder sogar körperlichen Schmerz. Der eigene Energiespiegel sinkt innerhalb der Ohnmacht weiter ab und damit entsprechend das Bewusstsein.

Die Trauer ist eine Ohnmachtsstruktur im Energiefeld, die durch ein Erlebnis oder eine Begegnung angestoßen wird. Kommen Sie an die Struktur der Trauer, zum Beispiel durch einen Todesfall oder auch einen traurigen Film, dann sinkt die Energie der Aura ab. Ihre Wahrnehmung reicht nur noch für Sie selbst und für Ihr Leid.

Sie nehmen von Ihrer Umgebung nichts mehr wahr. Sie ziehen sich zurück. Häufig ist dieser Rückzug mit Tränen und einem körperlich leidvollen Gefühl verbunden. In der Trauer ist der Mensch in seinen Gefühlen reduziert auf die Eigenwahrnehmung seines Körpers.

In der Trauer empfinden Sie die Endlichkeit Ihres eigenen physischen Körpers.

Der typische Fall der Trauer tritt beim Verlust einer nahestehenden Person ein. Wenn ein anderer Mensch stirbt, wird die Endlichkeit des eigenen Körpers mit allen Ängsten und Ohnmachten fühlbar.

9. Übung —
Trauer lösen

Alternativ können Sie Übung 8 mit »Trauer« als Inhalt anwenden.

Wenn Sie Trauer fühlen, nehmen Sie sie bewusst wahr.

Lassen Sie die Gefühle der Trauer zu.

Wo in Ihrem Körper spüren Sie die Trauer?

Was bekommen Sie jetzt noch von Ihrer Umgebung mit?

Wer oder was kann von außen Trauer in Ihnen auslösen?

Lösen Sie auch dieses Ohnmachtsgefühl auf, indem Sie, wie bereits beschrieben, die Blase aufschneiden und heraustreten.

Atmen Sie kräftig aus, und lassen Sie die belastenden Gefühle ziehen.

Scham

Im alltäglichen Zusammenleben gibt es noch mehr Gefühle, die wir – von der Struktur im Energiefeld her betrachtet – den Ohnmachten zurechnen.

Scham ist Ohnmacht in Form des Nicht-ernst-genommen-Werdens, kombiniert mit dem Gefühl, mit Ihren Wahrnehmungen komplett daneben zu liegen.

Sie erleben eine Situation, in der eine Ohnmacht in Ihnen Platz ergreift. In dieser für Sie belastenden Situation erleben Sie, dass andere Sie verspotten oder die Köpfe über Sie schütteln.
Sie könnten in den Boden versinken, so niedrig sinkt Ihr Energiepegel. Sie schämen sich für sich und Ihre Empfindungen.
Die Peinlichkeit einer Situation gehört ebenfalls hierher. Dieses Gefühl ist ein wichtiges, gesellschaftliches Korrektiv.

Vielleicht sind Sie als Kind im Schlafanzug ins Wohnzimmer gekommen. Ihre Eltern hatten Besuch. Diese Situation erlebten Sie als Ohnmacht. Blitzartig schoss es Ihnen durch den Kopf, dass Ihre Eltern Fremden gegenüber Wert auf halbwegs korrekte Kleidung legten und in demselben Augenblick machte einer der Gäste eine Bemerkung über Ihr schlaftrunkenes Aussehen.

Scham ist ein sehr individuelles und intim empfundenes Gefühl.
Wie bei allen beschriebenen Gefühlen, ist es wichtig zu erkennen, wie subjektiv die einzelnen Abläufe sind. Sie wurden früh in unserem Leben als Emotionen verbal oder nonverbal vermittelt und manifestiert.

10. Übung —
Scham lösen

Alternativ können Sie Übung 8 mit dem Inhalt »Scham« anwenden.

Was in Ihrem Leben ist Ihnen peinlich?

Wer hat das so bewertet?

Wofür schämen Sie sich?

Welche Person löst solche Gefühle in Ihnen aus?

Welche Situation aus Ihrer Kindheit steht damit in Verbindung?

Lösen Sie dieses Ohnmachtsgefühl auf, indem Sie die Blase aufschneiden und heraustreten.

Atmen Sie kräftig aus und lassen Sie die belastenden Gefühle ziehen.

Moral

Die in unserer Gesellschaft gelebte Moral führt bei jedem Menschen in unterschiedlicher Form zu Ohnmachten im Energiefeld.

> Jedwede Form von allgemeinen Absprachen ohne Rücksicht auf individuelle Bedürfnisse hat Ohnmachten der Individuen zu Folge.

Es gibt unüberschaubar viele Ausprägungen von Moral. Bereits als Kind haben Sie von den Eltern gelernt, was man tut und was nicht. Sie haben gelernt, sich ein bestimmtes, in Ihrer Familie übliches Verhalten anzugewöhnen. Sie haben gelernt, sich bei Ihrem Verhalten nach den Nachbarn, nach den älteren Leuten, nach dem Herrn Pfarrer, nach dem Herrn Lehrer zu richten. Ihnen wurde gedroht, die anderen schimpften, lachten oder wunderten sich sonst über Sie.
Die Wirkung der Moral war in Ihrer Kindheit sicherlich wesentlich präsenter als Gesetze und Verordnungen der staatlichen Stellen. Sie wurden häufig in Ihrer Entfaltung gebremst, »weil man das nicht tut«, was Sie gerne tun wollten, nach dem Motto »Was werden denn die Nachbarn sagen …«.

Moral hat den Effekt, zu verallgemeinern und die Entfaltung des Einzelnen zu missachten. Für den Mächtigen ist die Moral ein geschicktes Mittel, die Mitmenschen klein zu halten. Die Mächtigen formen die Moral nach ihren persönlichen Wünschen. Unter das Volk gestreut, wirkt Moral eigendynamisch. Wer die geltende Ansicht kennt, ist selbst wieder mächtiger als der andere, der sie nicht kennt.
Die Ohnmacht besteht darin, sich gezwungen zu sehen, nach den Vorgaben der Moral leben zu müssen, sich selbst und seine Vorstellungen nicht leben zu können, sich verbiegen, das eigene Gerechtigkeitsempfinden verdrängen zu müssen.
Die Ohnmächtigen streben danach, die Moral zu erfüllen, um in der Gemeinschaft akzeptiert zu werden.
Die Moral kann sich ändern, je nachdem, welche Moralvorstellungen der Mächtige in einer Gemeinschaft prägt. Die Moral ist sehr subjektiv, wird von denen, die sich ihr unterwerfen, allerdings als ungeschriebenes Gesetz betrachtet.

11. Übung —
Moral lösen

Als Alternative können Sie Übung 8 mit dem Inhalt »Moral« anwenden.

Was bedeutet Moral für Sie? Machen Sie sich Notizen.

Von wem haben Sie Ihre Moralvorstellungen übernommen?

Gehen Sie in das Gefühl hinein, etwas Unmoralisches zu tun.

Spüren Sie, wie die Ohnmacht wirkt? Wahrscheinlich kommt in Ihnen sofort der Satz »So was tut man nicht«.

Wer hat diese Moral vertreten?

Welche Bewertung steht dahinter?

Lösen Sie dieses Ohnmachtsgefühl auf, indem Sie in Gedanken die Blase aufschneiden und heraustreten.

Atmen Sie kräftig aus, und lassen Sie die belastenden Gefühle ziehen.

Glaubenssätze

Glaubenssätze sind übernommene und nicht durch eigene Erfahrungen untermauerte Meinungen. Von daher sind die zuvor genannten Moralvorstellungen ebenfalls Glaubenssätze.

Viele unserer Glaubenssätze haben wir nonverbal von den Eltern, der Verwandtschaft und den Erziehern übernommen.
Glaubenssätze entstehen auch dann, wenn wir mehrfach gleiche Erfahrungen im Leben gemacht und uns infolgedessen eine feste Meinung gebildet haben.

Glaubenssätze sind Ohnmachten in unserem Energiefeld, die wir nicht wahrnehmen können. Sie wirken auf der unbewussten Ebene und prägen unser Leben tiefgehend. Solche Glaubenssätze finden sich überall in unseren Vorstellungen über das Leben.

> Ihre Eltern waren zum Beispiel der Überzeugung,
> man sollte dort leben, wo man geboren wurde,
> Arbeiterkinder könnten nicht studieren,
> das Leben sei hart und entbehrungsreich,
> die Kinder müssten die Eltern im Alter pflegen,
> usw.

> Sie sind zum Beispiel der Überzeugung,
> nur durch viel Arbeit zu Wohlstand zu kommen,
> für eine leitende Position nicht geeignet zu sein,
> nur Frauen mit blonden Haaren seien bei Männern begehrt,
> vor vielen Menschen keine Rede halten zu können,
> aus Höhenangst nicht auf eine Leiter steigen zu können,
> usw.

Glaubenssätze sind immer eine starke Form der Abgrenzung und des Schutzes. Sie sind dann sinnvoll, wenn es um den Erhalt des Körpers geht. Beziehen sie sich auf die emotionale Ebene und werden sie nicht erkannt, sind sie hinderlich für unsere Entwicklung.

Glaubenssätze sind genau das, was ihr Name aussagt. Es sind einzelne, prägnante Sätze, die geglaubt, aber nicht mehr hinterfragt werden.
Glaube ist das Ende der Suche – und damit der Entwicklung.

> Immer, wenn Sie etwas glauben, haben Sie aufgehört, sich zu entwickeln und selbst nach Antworten zu suchen.

In der Praxis begegnet einem häufig der Glaubenssatz «Ich bin es nicht wert.» Er hat sich oft so stark eingeprägt, dass der Betreffende infolgedessen sein Leben lang nicht wirklich erfolgreich werden kann.
Glaubenssätze sind in allen Schattierungen, Ausprägungen, Härtnäckigkeiten und Varianten in den Energiefeldern zu finden.

Einige Beispiele:

Vielleicht finden Sie im Folgenden einige Sätze, die auch zu Ihrem Repertoire gehören.

> Ich bin hässlich. Ich bin unnütz. Ich habe das falsche Geschlecht. Ich bin dumm. Ich bin zu groß. Ich bin zu dick. Ich bin zu dünn. Ich kann handwerklich nichts. Ich mache alles falsch. Bei dem Schmuddelwetter bekomme ich bestimmt eine Erkältung. Das kommt von den Genen. Ich erbe die Krankheit, die Generationen vor mir schon hatten. Ich kann nichts so gut wie meine Mutter/Vater. Ich kann nicht mehr Geld verdienen. Ich bin beziehungsunfähig. Wenn ich ein Kind bekomme, wird mein Körper hässlich und unattraktiv. Kinder sind anstrengend. Männer wollen nur das Eine. Frauen können schlecht einparken. Beamte sind faul. Kunst verdient kein Geld. Geld ist schmutzig und verdirbt den Charakter. Geld stinkt.

Wie Sie sehen, sind Glaubenssätze negative Definitionen von Personen, Zuständen oder Verhaltensweisen.

Es gibt auch positiv anmutende Glaubenssätze, die jedoch letztlich – energetisch betrachtet – ebenfalls Ohnmachten darstellen.

Beispiel:

Sie geben sich vor »Ich bin schön« oder »Ich bin glücklich« oder »Ich bin reich«, Sie fühlen sich aber nicht so, sondern reden es sich nur ein. Dies wirkt energetisch als Ohnmacht und hilft Ihnen in Ihrer Entwicklung nicht weiter. Solange Sie die genannten Affirmationen nicht in Ihrem Herzen spüren, sind sie auswendig gelernt, aufgesetzt und laufen in kurzer Zeit ins Leere.

Hierunter fallen viele falsch verstandene Varianten des positiven Denkens, des NLP oder der Hypnose. Wenn Sie sich dabei ertappen, sich etwas schönzureden, ohne es tief im Innern fühlen zu können, sind Sie in Wahrheit dabei, sich eine Ohnmacht aufzubauen.

Solange Sie aus einem Glaubenssatz heraus leben, sind Sie nicht in Ihrer eigenen Kraft und nicht in Ihrem Selbstbewusstsein. Sie verlassen sich vielmehr auf Vorgaben von anderen oder der Gesellschaft.

Glaubenssätze geben Form und vermeintliche Sicherheit. Sie brauchen sich dann nicht selbst Gedanken zu etwas zu machen oder Verantwortung für Ihr Leben zu übernehmen.

Wir leben und erleben, was andere vorher schon für uns gedacht oder geglaubt haben.

In der heutigen Zeit schafft die Werbung Tag für Tag viele neue Glaubenssätze. Sie setzt die gewieftesten Psychologen ein, um die Kundschaft auf sehr subtile Art und Weise mit Glaubenssätzen zu versorgen.

Keine Frau, die etwas auf sich hält, kann heutzutage unter die Leute gehen, ohne die Creme X für den Tag und die Creme Y für die Nacht benutzt zu haben. Shampoo, Haarspray, Lippenpflege und Epilierset trennen die Spreu vom Weizen. Hygienisch reine Wäsche ist ein Muss und lässt sich am besten durch A erreichen.

Bei Kindern ist Markenkleidung schon zum Statussymbol geworden, ohne die man den persönlichen Wert verliert.

Wehren Sie sich gegen diese Beeinflussung! Erleben Sie das Leben jeden Tag bewusst neu. Leben Sie Ihr Wesen. Lassen Sie neue Erkenntnisse und Erfahrungen zu und werden Sie lebendig. Sie selbst, aus innerer Lebensfreude, nicht aus eingeredetem »Dabei sein ist Alles«.

12. Übung —
Glaubenssätze lösen

Erstellen Sie eine Liste Ihrer Glaubenssätze, und sammeln Sie täglich neue hinzu.

Wie heißen Ihre Glaubenssätze in Bezug auf Geld?

Worin besteht die Einschränkung durch den Glaubenssatz?

Wo sitzen Glaubenssätze in Ihrem Körper? Fühlen Sie in einen Glaubenssatz hinein.

Wie heißen Ihre Glaubenssätze in Bezug auf Ihren Körper?

Wie heißen Ihre Glaubenssätze in Bezug auf Ihren Partner oder auf Ihre Kinder?

Wie heißen Ihre Glaubenssätze in Bezug auf Religion und Kultur?

Lösen Sie diese Ohnmachten jeweils auf, indem Sie die Blase aufschneiden und heraustreten.

Wenn Sie über einen gewissen Zeitraum Ihre Glaubenssätze gesammelt haben, verbrennen Sie den Zettel mit den notierten Glaubenssätzen. Geben Sie der Auflösung durch das Verbrennen noch mehr Kraft.

Atmen Sie kräftig aus und lassen Sie die belastenden Gefühle ziehen.

Glaubenssätze

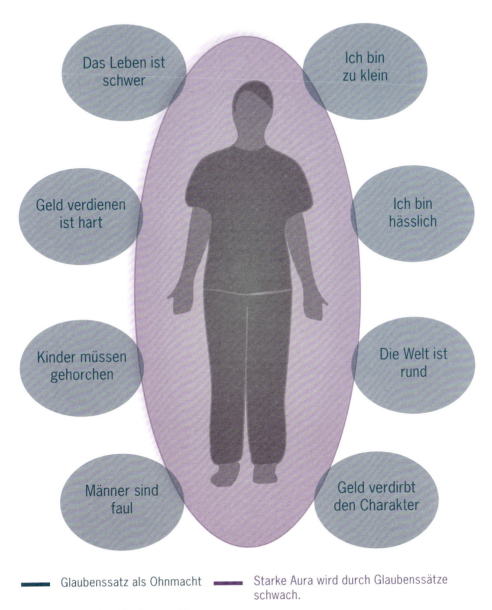

— Glaubenssatz als Ohnmacht   — Starke Aura wird durch Glaubenssätze schwach.

Zeichnung 11: Glaubenssätze

Loch und Kabel

Das menschliche Energiefeld, das sich aus der Kosmischen und der Erdenergie aufbaut, verfügt über unterschiedliche Schwingungsmuster und Schwingungsgeschwindigkeiten, die Frequenzen. Diese geben der Aura einen Aufbau ähnlich einer Zwiebel. Jede der Frequenzen hat eine Zuordnung zu bestimmten Themenbereichen des Lebens. An der Ausprägung der Frequenz, das heißt an der Stärke dieser Auraschicht, ist – ähnlich der Dicke von Baumringen – die Entwicklung des jeweiligen Menschen zu erkennen. Eine Frequenz kann sehr stark ausgeprägt sein, eine andere Frequenz kann von der anderer Menschen überlagert sein. Hier liegt dann eine Schwäche dieser Aura vor, und andere nutzen diese Schwäche, um ihre eigene Stärke auszuleben.

Um einen Überblick über die einzelnen Frequenzen zu bekommen, soll nun eine Liste mit Kurzbeschreibungen folgen.

In der Heilenergetik arbeite ich mit 18 verschiedenen Frequenzen. Ein Ziel der energetischen Arbeit ist es, dass alle Frequenzen ausgewogen und – ohne von anderen Energiefeldern überlagert zu sein – in der eigenen Aura vertreten sind. Eine mögliche Überlagerung gleicht einem energetischen Loch, das wiederum als Ansatzpunkt für die so genannte Kabelverbindung dient (Beschreibung folgt in den nächsten Kapiteln), die an dieser Stelle bearbeitet werden kann. Daher beschäftigen wir uns zunächst ausschließlich mit den Frequenzen von Wille, Gedanke und Gefühl.

Frequenzen

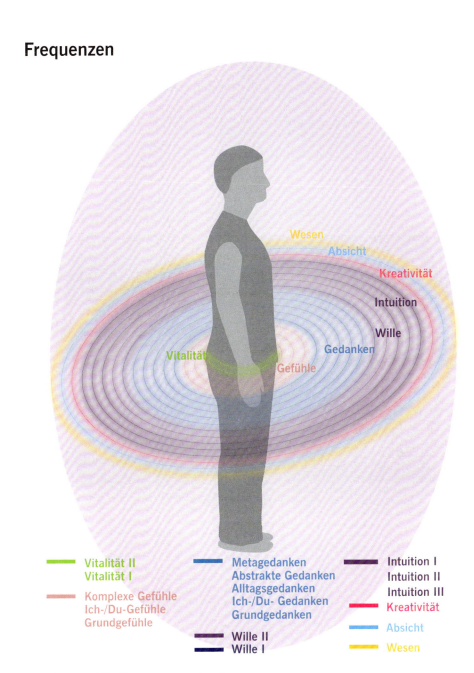

Zeichnung 12: Frequenzen der Aura

Alltägliche Frequenzen

Bezeichnung	Wahrnehmung zwischen den Handflächen bei ca 10 cm Abstand	Bedeutung/ Zuordnung
Vitalität I	warm/kalt	energetische Grundversorgung des Körpers
Vitalität II		Schutzmantel 1/Knochen, Zähne
		Schutzmantel 2/Muskeln, Nerven, Bindegewebe
		Schutzmantel 3/Organe
		Schutzmantel 4/Haut
Grundgefühle	Watte/Magnetismus	einfache Gefühle
Ich-/Du-Gefühle		einfache Gefühle in Verbindung mit Menschen
Komplexe Gefühle		Sekundärgefühle
Grundgedanken	Prickeln/Elektrizität	Begriffsfindung (Stuhl)
Ich-/Du-Gedanken		Beziehungen aller Art (Papas Stuhl)
Alltagsgedanken		Alltagsgestaltung, soziale Aktivitäten (Ich sitze auf dem Stuhl am Tisch)
Abstrakte Gedanken		Abstraktionsfähigkeit (Stuhl ist aus Holz von einem Baum)
Metagedanken		Fähigkeit zu philosophischen Fragen, Sinnthemen etc. (ist der Stuhl göttlich?)
Wille I	teigig/kloßig	Durchsetzungskraft im Alltag

Höhere geistige Fähigkeiten

Bezeichnung	Wahrnehmung vor dem inneren Auge	Zuordnung/Bedeutung
Wille II		Innerer Heiler/sämtliche Heilungsprozesse haben in dieser Schwingung des Feldes ihren Ursprung
Intuition I	(Struktur)	Sämtliche Hellsinne und Wahrnehmungen werden hier gesteuert.
Intuition II	(Nebel)	
Intuition III	(Farben)	
Kreativität		Die Definition Ihres Körperbildes liegt hier vor.
Absicht		Hier treffen Sie die Auswahl Ihrer Lebensmöglichkeiten.
Wesen	(schnellste Frequenz) helles Licht, hohe Töne	Alle Ihre persönlichen Lebensmöglichkeiten sind hier energetisch angelegt.

Die alltäglichen Frequenzen sind die Schwingungen, in denen Sie bewusst Ihren Alltag leben. Zu den höheren geistigen Fähigkeiten haben Sie in Ihrem Alltag keinen Zugang. Diese Frequenzen wirken auf die materielle Ebene ein, gehören aber zum Bereich des *Unbewussten*. Sie können sich mit diesen schnelleren Schwingungen Ihrer Aura nur in der energetischen Bewusstseinsarbeit annähern.

Sie stehen mit Ihrem Energiefeld mit unendlich vielen anderen Energiefeldern in ständiger Verbindung. Sie tauschen Informationen aus oder passen Ihr Energiefeld an. Sie geben Energie ab oder nehmen Energie auf. Ein Hauptmotor dieses Austauschs ist Ihr Gefühl, zu wenig zu haben, also einen Mangel zu empfinden.

Eine Form des Austauschs von Energie stellt eine sogenannte Kabelverbindung dar.

Ein Kabel sitzt mit einem Ende am eigenen Energiefeld und mit dem anderen Ende an einem anderen Energiefeld.

Durch diese Kabelverbindung fließt Energie von einer Aura zur anderen Aura. Dies führt jedoch nicht zu einem Energieausgleich, sondern zu einem Mangel bei einem der Beteiligten. Dieser hat dann die Tendenz, ein Kabel an einen anderen Menschen anzulegen, um dort Energie abziehen und so den eigenen Mangel auffüllen zu können. Auf diese Weise sind wir mit unendlich vielen unserer Mitmenschen »verkabelt«, ohne dass einer von uns je dadurch die Möglichkeit hätte, wirklich zu wachsen. Von dem einen nehmen wir Energie, von einem anderen werden wir angezapft.

Hierzu einige Beispiele:

Die schwache Frau spielt ihre Schwäche so geschickt aus, dass der starke Mann ihr gerne hilft. Der Kranke wirkt so mitleiderregend, dass er von der Krankenschwester bis zur Erschöpfung gepflegt wird. Das Baby verfügt über Reize, die die Mutter veranlassen, sich voll auf seine Versorgung zu konzentrieren.

Beachten Sie bitte bei solchen Beispielen, dass hier die energetische Wirkung dargestellt werden soll. Die Darstellung erfolgt wertfrei.

Um ein Kabel an einer Aura anzusetzen, muss in dem Energiefeld ein energetisches Loch in einer entsprechenden Frequenz vorhanden sein. Durch ein Loch kann die eigene Energie ab- und fremde Energie zufließen.

Beide Beteiligten an einer Kabelverbindung haben ein Loch in ihren Energiefeldern. Beim Ineinanderschwingen der Energiefelder finden sich diese Löcher als Resonanz. Sobald eine Resonanz vorhanden ist, können die Kabel ansetzen und die Energie fließt.

Löcher, die im Energiefeld auftreten, lösen – je nach Lage – verschiedene Gefühle aus.

Ein Loch in der Frequenz der Gefühle hat das Gefühl von Schuld zur Folge.

Ein Loch in der Frequenz der Gedanken hat als Gefühl die Sorge zur Folge.
Ein Loch in der Frequenz des Willens hat das Gefühl von Pflicht zur Folge.
In dem Augenblick, in dem Sie eine der beschriebenen Emotionen fühlen, spüren Sie das Loch in der entsprechenden Frequenz, und Ihre Energie geht durch dieses Loch verloren.

Das liest sich vielleicht etwas abstrakt, stellt aber genau den Zustand dar, der zwischenmenschlich auf der energetischen Basis permanent abläuft. Das Verständnis für diese Funktionen und das Hineinfühlen in diese Abläufe und Gefühle des Alltags machen Ihnen die Zusammenhänge mit Ihren Mitmenschen sehr gut deutlich.

Das Kabel, das zwischen zwei oder mehreren Menschen liegt, hat einen Namen, es heißt *Erwartung*.

In dem Augenblick, in dem Sie eine Erwartung an einen anderen Menschen haben, legen Sie ein Kabel. Das kann nur funktionieren, wenn der andere ein entsprechendes energetisches Loch in seinem Energiefeld hat. Sie ziehen dann, per Erwartung, Energie aus seinem Feld ab.

Er verhält sich entweder so, wie Sie es gerne hätten, und erfüllt damit Ihre Erwartung.
Das heißt, er fühlt sich schuldig, verpflichtet oder macht sich Sorgen. Aus dieser Empfindung heraus tut er das, was Ihrer Erwartung entspricht. Diese Erfüllung Ihrer Erwartung macht ihn jedoch nicht glücklich, sondern er spürt den Energieabfluss.

Zum Ausgleich holt er sich bei Ihnen oder jemand anderem ebenfalls Energie durch eine Kabelverbindung. Er hat dann an jemand anderen eine Erwartung.

Die entsprechenden Löcher im Energiefeld haben wir früh in unserer Erziehung übernommen. Wir kennen im menschlichen Zusammenleben nur das Leben mit energetischen Löchern, also Erwartungen und deren Erfüllung.

Jedes energetische Loch in Ihrer Aura löst eine Emotion in Ihnen aus. Diese Emotionen sind Ihnen – je nachdem, in welcher Frequenz sich das energetische Loch befindet – als Pflicht, Sorge oder Schuldgefühl bekannt.

Nehmen Sie als Beispiel ein Familienfest, den Geburtstag von Oma oder Weihnachten. Solche Feste haben eine lange Tradition und viele Erwartungen sind mit ihnen verknüpft.

Eine dieser Erwartungen ist, dass alle kommen.

Eine andere Erwartung ist, dass alle Besucher etwas mitbringen.

Wieder eine andere Erwartung ist, dass alle gut gelaunt sind.

Viele weitere Erwartungen schwingen mit. Jeder Besucher hat Erwartungen an die Gastgeberin, sei es hinsichtlich des Essens oder der Dekoration und der Platzzuweisung, sei es an die anderen Gäste hinsichtlich des Verhaltens, der Aufmerksamkeit, der Aufführung eines Sketches oder des Werts der mitgebrachten Geschenke.

Eine riesengroße Ansammlung von Erwartungen sitzt schließlich am Tisch, und alle Anwesenden sind energetisch durch ein Spinnennetz aus Kabeln miteinander verbunden. Mit dem einen versteht man sich besser, am anderen hat man etwas auszusetzen, den Dritten konnte man noch nie leiden und heute liefert er wieder einen zusätzlichen Grund dafür.

Ein Teil der Gäste amüsiert sich bestens und kann sein Energiefeld auffüllen, ein anderer Teil langweilt sich und wird schlapp, weil er Energie verliert.

Einige gehen sehr früh, weil es ihnen nicht gefällt. Energetisch betrachtet sind dies Gäste, denen Energie abgezogen wird. Andere bleiben sehr lange, weil sie sich sehr wohlfühlen. Dies sind Gäste, die von den Energieströmen profitieren. Weshalb sollten sie dieses Wohlgefühl frühzeitig aufgeben?

Die Gastgeberin erhält hinterher folgende Meldungen:

Kusine Michaela ist viel zu grell geschminkt.

Schwager Gerd sieht total verlebt aus.

Bruder Georg schleimt sich wieder mal voll bei Mutter ein.

Die Verwandtschaft aus München hätte nicht auch noch kommen sollen.

Erwartungen

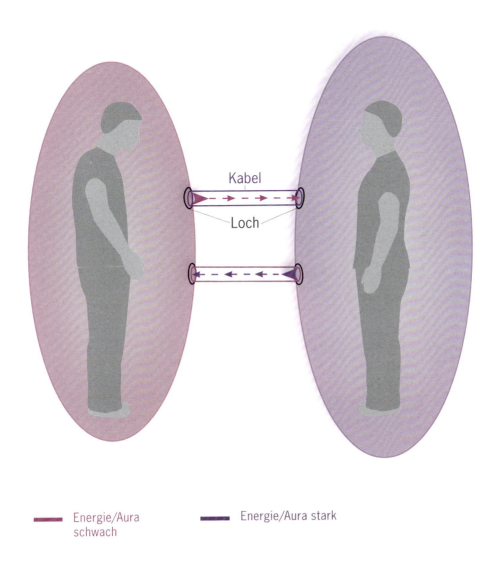

Zeichnung 13: Energiefeld und Erwartungen

Mit den erwähnten Verwandten hat sich beim Ineinanderschwingen der Energiefelder jeweils eine Resonanz gebildet. Nach dem Fest sind wahrscheinlich alle Teilnehmer mehr oder weniger enttäuscht, und deshalb hinterlassen solche Feste oft das Gefühl einer großen Leere.

Energetisch betrachtet liegt aber eine Chance darin, diese Resonanzen zu bearbeiten. Was soll mir die Meldung des Unbewussten sagen? Wieso ist der andere so, wie er ist? Was kann ich daraus lernen? Aus Ablehnung würde somit Beschäftigung, aus Entwicklungsblockade würde Entwicklungsanreiz.

Beispiele für Erwartungen sind unendlich und im Folgenden sollen nur einige aufgeführt werden.

> Hatte die Mutter an Sie die Erwartung, dass Sie ein braves Kind sein sollten? Sollten Sie ein guter Schüler sein? Sollten Sie der Tante die Hand geben, auch wenn Sie es nicht wollten?
> Erwarten Sie von sich eine aufgeräumte Wohnung, erwarten Sie von Ihrem Partner Anerkennung, Blumen, Geschenke?
> Erwarten Sie von den Kindern gute Leistungen, ein anständiges Benehmen?
> Erwarten Sie von den Kollegen Höflichkeit, Lob, Achtung?

Schnell haben Sie als Kind die Erwartung gespürt und natürlich die Enttäuschung, wenn Sie die Erwartung nicht erfüllt haben. Sie haben sich im Laufe des Lebens immer mehr den Erwartungen angepasst und oft gegen Ihre Gefühle entschieden. An all diesen Stellen haben Sie energetische Löcher entwickelt. Sie haben zahlreiche solcher Löcher in Ihrem Energiefeld, an denen eine Erwartung von jemand anderem ansetzen kann.

Sehr oft erleben Sie, dass jemand etwas von Ihnen erwartet, Sie aber keine Anerkennung bekommen. In solchen Fällen haben Sie Energie abgegeben und nichts zurückerhalten. Wenn Sie solche Situationen sehr oft erleben, fühlen Sie sich ausgepowert. Dieses Auspowern kann bis zum Burn-out-Syndrom eskalieren.

Im Alltags- und Berufsleben begegnen Ihnen immer wieder Kabelverbindungen, bei denen Sie sich als Verlierer empfinden. Sie haben einen Job, bei dem Sie sehr viel arbeiten müssen und nur einen spärlichen Lohn erhalten. Sie versorgen Ihre Familie, Ihren Ehemann und Ihre Kinder und fühlen sich nicht wertgeschätzt. Sie strengen sich noch mehr an, es wirkt jedoch nicht. Sie engagieren sich im sozialen Bereich und bekommen wenig Lob und Anerkennung.

Machen Sie sich Ihre eigenen Erwartungen bewusst.
Zielen Ihr Einsatz und Ihre Anstrengung nur darauf, Beachtung, Liebe, Lob und Anerkennung zu bekommen, dann legen Sie selbst energetische Kabel. Das bekannte Helfersyndrom ist ein solcher Aspekt des Kabellegens.

Ursprünglich waren wir, bevor wir den Weg als Mensch gewählt haben, geistige Wesen, die ausschließlich die Wahrnehmung von Fülle kannten. Kaum sind wir geboren, lernen wir schon als kleine Menschenwesen, dass es Mangel bedeutet, einen Körper zu haben.

Dieses für den Menschen typische Gefühl des Mangels, veranlasst ihn, anderen Menschen etwas nehmen zu müssen, um selbst genug zu haben. So sind die Menschen ständig in einem Energieaustausch, ohne je das Gefühl zu bekommen, richtig »satt« an Energie zu werden. Die einen können nie genug Geld haben und scheuen nicht vor unredlichen Machenschaften zurück, um noch mehr davon zu bekommen. Andere können nie genug Macht oder Einfluss oder Zuwendung haben. Immer, wenn jemand zu viel hat, muss es andere geben, die entsprechend weniger haben. All das ist letztlich Ausdruck der energetischen Zustände, die wir als Menschen hier auf der materiellen Erde gewählt haben, um zu lernen.

Dieser ständige Kampf um Energie ist letztlich ein Kampf gegen Windmühlen. Er führt niemals zu befriedigenden Ergebnissen.
Sie können sich die Abläufe von Mangel und Erwartung und die damit zusammenhängenden Kabelverbindungen im Energiefeld bewusst machen und für sich selbst klären. Das bringt Sie immer mehr in Ihre eigene Kraft und in einen wachsenden Bewusstseinszustand.

Zunächst werden in der folgenden Übung 13 die Kabel abgetrennt und dann in Übung 14 die energetischen Löcher bearbeitet.

13. Übung —
Kabel trennen

Stellen Sie sich vor, welche Erwartung Sie an jemanden haben.

Bei dieser Vorstellung wird sofort das Kabel an Ihrer Aura sicht- und fühlbar.

Nehmen Sie vor Ihrem inneren Auge das Kabel, das Sie mit diesem Menschen verbindet, in beide Hände, reißen Sie es mit einem festen Ruck auseinander, und zerkrümeln Sie in den Händen die Enden des Kabels.

(Alternativ:
Stellen Sie sich eine Person vor, die an Sie eine Erwartung richtet.

Nehmen Sie das Kabel in Ihrer Vorstellung in beide Hände, reißen Sie es mit einem festen Ruck auseinander, und zerkrümeln Sie die Enden in Ihren Händen.)

oder sagen Sie die folgenden Sätze:

1. Ich nehme zurück, was von mir an Energie im anderen ist.
Atmen Sie dabei kräftig durch die Nase ein.

2. Ich gebe zurück, was an Energie vom anderen in mir ist.
Atmen Sie dabei kräftig durch den Mund aus.

Ein energetisches Loch in der Aura bedeutet, dass die beiden Grundenergiearten, die Kosmische und die Erdenergie, an einem Punkt des Energiefeldes in die falsche Richtung fließen.
Um das Loch zu beheben, müssen die Energiearten in die richtige Richtung gewendet werden. Dies geschieht mental.

In der Aura fließt die kosmische Energie – von oben im Feld betrachtet – rechts herum und ist in den Zeichnungen blau dargestellt. Die Erdenergie, rot dargestellt, fließt, ebenfalls von oben betrachtet, links herum.
Tritt ein energetisches Loch auf, fließen die Energiearten entgegengesetzt, und durch dieses Loch kann Energie entweichen.

Um das Loch aufzulösen, müssen Sie die Energiearten umkehren.
Stellen Sie sich vor Ihrem inneren Auge das Loch mit den falsch fließenden Energien vor. Legen Sie mitten durch das Loch eine Achse und wenden Sie das Loch durch eine Achsdrehung. Das Loch löst sich sofort auf.

Machen Sie die folgende Übung immer wieder, jedes Mal, wenn Sie die Auswirkung der Löcher spüren. Das Gefühl wird von Mal zu Mal leichter und befreiter.

14. Übung —
Löcher schließen

Fühlen Sie, welches Gefühl die Erwartung eines Menschen bei Ihnen ausgelöst hat.

Fühlen Sie sich schuldig?

Machen Sie sich Sorgen?

Fühlen Sie sich verpflichtet?

Nehmen Sie dieses Gefühl wahr und spüren Sie, wo in Ihrem Körper Sie die *Emotionen* spüren können. Es gibt immer eine Entsprechung im Körper.

Stellen Sie sich nun vor, wie Sie das Loch um seine Mittelachse wenden.

Spüren Sie den Energieanstieg?

Atmen Sie zehnmal bewusst durch die Nase ein und durch den Mund aus, und lösen Sie sich somit von den Emotionen Pflicht, Sorge und Schuld.

Wiederholen Sie die Übung, sobald Ihnen Situationen zu den Themen Erwartungen, Pflicht, Sorge oder Schuld einfallen.

Trennen Sie zunächst die Kabel und lösen Sie dann die Löcher auf.

Angst

Angst ist ein jedem Menschen bekanntes Basisgefühl. Soweit Angst der Erhaltung der materiellen Ebene, der körperlichen Unversehrtheit dient, ist sie sinnvoll.

Angst löst Fluchtverhalten aus oder führt im Alltag zur Vorsicht vor Tod, Verletzung oder Schmerz.

Angst bedeutet, dass Sie eine Erfahrung gemacht haben und Ihnen das Ergebnis in irgendeiner, zunächst körperlichen Art, geschadet hat.

Die Reaktion ist, diesen Zustand oder dieses Verhalten beim nächsten Mal vermeiden zu wollen. Wenn Sie wieder in die gleiche Situation kommen, ergreifen Sie die Flucht, rufen um Hilfe oder nutzen eine andere Vermeidungsstrategie.

> Ihr Basisgefühl Angst bezieht sich immer auf den Körper, und letztlich ist jede Angst eine Angst vor dem Tod.

Wie bei allen Gefühlen, können Sie auch in Bezug auf die Angst im Laufe der Zivilisation eine interessante Entwicklung beobachten.

Ihr Geist kennt keine Angst, weil er bewusst und mit allem eins ist. Der Körper hingegen fühlt Angst, wenn Sie ihn abgespalten von Ihrer Aura nur als Körper erleben.

Die Angst hat so in unserem zivilisierten Leben viel Raum eingenommen. Solange die Menschen vor wilden Tieren flüchten mussten, um ihr Leben zu retten, war Angst angebracht und führte zur sofortigen Reaktion.

Durch die Zivilisation haben sich die Verhältnisse verschoben.

Wenn Sie Angst vor dem Zahnarzt, vor dem cholerischen Chef oder vor dem Flug nach New York haben, malen Sie sich in Gedanken alle möglichen Szenarien aus. Innerlich stellt der Körper seine Hormone und Muskelanspannungen auf Flucht ein, aber Sie zwingen sich zur Ruhe und nehmen die unangenehme Situation in Kauf. Kein Wunder, dass Ihr Körper verspannt und Ihre Hormone verrückt spielen.

Die Angst ist sinnvoll, wenn wir sie als hilfreiche Orientierung nutzen. Sie ist dann problematisch, wenn zwischen den Auslöser und die folgende

Auflösen eines energetischen Lochs

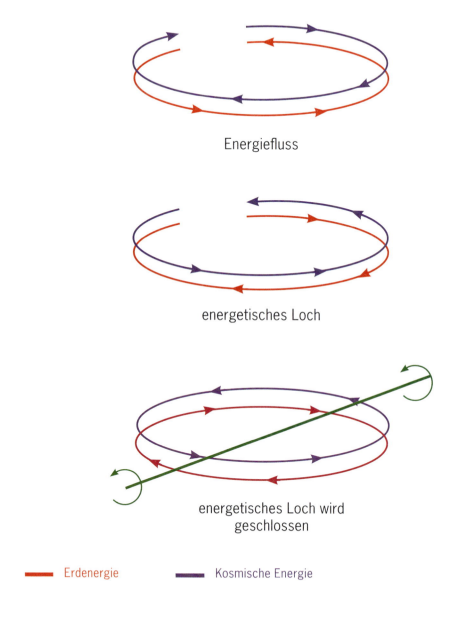

Zeichnung 14: Auflösung energetisches Loch

Handlung die Gedanken treten. Diese blockieren die Reaktion auf die Angst und erzeugen Ablaufszenarien. Sie haben bereits im Kapitel über die Gefühle und Emotionen lesen können, wie sich aus dem sinnvollen Basisgefühl in Kombination mit den Gedanken die verzerrten Sekundärgefühle ergeben.

Ängste als Sekundärgefühle entstehen in Ihren Vorstellungen und Fantasien. Sie sind nur für Sie alleine gültig. Kein Mensch kann eine Angst so fühlen wie Sie selbst. Kein Mensch hat vor den gleichen Dingen Angst wie Sie selbst. Wenn Sie sagen, dass Sie vor etwas Angst haben, werden Sie meistens nicht verstanden. Ängste entsprechen ausschließlich Ihren eigenen gemachten Erfahrungen, den dazu entwickelten Gedanken und Fantasien und Ihrer eigenen schwachen Kraft im Energiefeld.
Sie verlassen sich nicht auf die eigene Wahrnehmung. Sie verlassen sich nicht auf Ihre Kraft. Sie trauen sich nichts zu. In genau dieser Reihenfolge erleben Sie Ängste.

Beispiel:

Sie sehen einen neuartigen Parkautomaten. Sie kennen die Technik nicht. Sie scheuen sich, zu experimentieren und auszuprobieren. Sie trauen sich die Benutzung nicht zu und haben deshalb Angst, in Zukunft ein Parkhaus zu benutzen.

Stellen Sie sich ein Kind vor, das auf einer Mauer balancieren will.
Der Wunsch des Kindes allein ist schon ausreichend, dass sich das Kind das Balancieren zutraut. Es sieht die Mauer, die Höhe, die Breite und stellt sich selber vor eine Aufgabe, die es bewältigen will.
Wenn sich das Kind die Aufgabe nicht zutrauen würde, käme es nicht auf die Idee, das Balancieren auszuprobieren. Dieser normale Ablauf fällt unter den Begriff *Lernen*.

Der Erwachsene, mit all seinen negativen und angstvollen Erfahrungen, macht dem Kind Angst. Er gibt seine Ängste an das Kind strukturell und nonverbal weiter und hält das Kind damit ab, zu wachsen und sich zu entwickeln.

Sie kennen sicherlich noch die Aussprüche Ihrer Eltern und Erzieher «dafür bist du noch zu klein, das kannst du nicht, du fällst runter und tust dir weh.« Wissen Sie noch, wie das als Kind auf Sie gewirkt hat?
Viele von uns probieren nichts mehr aus, trauen sich nichts mehr zu. Das größte Problem ist, wir trauen uns selbst die Entscheidung nicht mehr zu, was wir uns zutrauen können und was nicht.
Wir haben keine Selbsteinschätzung für unsere Möglichkeiten gelernt, wir vertrauen eher auf andere Menschen mit anscheinend mehr, meist aber angstorientierten, Erfahrungen.

Wir haben Angst vor den seltsamsten Dingen, und unsere Gedanken spielen verrückt. Wir sind Meister darin geworden, uns Ängste bis ins letzte Detail auszuschmücken. Was ist wenn …?

> Ihre Angst entwickelt sich schnell mit den Gedanken zu einem Scheinriesen.

Die Angst bekommt immer neue Facetten und wird riesengroß. Es entsteht die Angst vor der Angst und dann ist man mit seinem Problem allein. Nicht, weil man der einzige Mensch mit Angst ist, sondern weil alle Menschen so viel Angst haben und ungern daran erinnert werden wollen, ist es fast unmöglich, darüber zu reden.
Reden Sie über Ihre Angst, stellen Sie fest, dass jeder Mensch mehr oder weniger davon betroffen ist. Sie haben, mangels »echter« Gefahr, im Alltag vor allem Möglichen Angst: vor Plätzen, vor Menschen, vor Räumen, … und letztlich vor dem Leben mit allen Konsequenzen.
Archaisch betrachtet hält Sie die Angst davon ab, Dinge zu tun, die Ihrem Körper schaden könnten. Durch das Bewertungsschema, das Sie in der Zivilisation durch Erziehung übernommen haben, hält Sie die Angst davon ab, sich zu entwickeln. Die Angst könnte Sie jedoch in Ihrer Entwicklung voranbringen, wenn Sie sich sinnvoll mit ihr beschäftigen würden.
Die Angst ist ein Scheinriese.
Aber was tut man mit einem Scheinriesen? Kennen Sie noch den Scheinriesen aus der Augsburger Puppenkiste? Aus der Entfernung sieht er groß und beängstigend aus, aber wenn man näher kommt, wird er klein und man kann mit ihm reden. Mit der Angst kann man genauso umgehen.

15. Übung —
Scheinriese erlösen

Setzen Sie sich entspannt hin, und atmen Sie durch die Nase ein und durch den Mund aus.

Denken Sie an eine Situation, die Ihnen Angst macht.

Lassen Sie die Angst näher zu Ihnen kommen und geben Sie ihr in Ihrer Vorstellung eine Gestalt oder Form.

Die Angst hat viele Gesichter Können Sie das Gesicht Ihrer Angst erkennen?

Sie können nun mit Ihrer Angst reden und sie fragen, welche Botschaft sie für Sie hat.
Was will sie Ihnen zeigen oder Sie lehren?

Können Sie der Angst eine Hand reichen?

Können Sie Ihre Angst in den Arm nehmen und sich mit ihr verbinden?

Die Angst hat viel Kraft. Können Sie die Kraft Ihrer Angst annehmen?

Erschaffen Sie in Ihrer Vorstellung ein freundschaftliches Verhältnis zur Angst.

Nehmen Sie die Angst als einen Teil von sich selbst an.

Machen Sie diese Übung immer wieder, und spüren Sie, wie Ihre Angst sich verändert, immer freundlicher und ruhiger wird.

Die Angst ist nicht mehr bedrohlich, sie wird Ihr Verbündeter und gibt Ihnen alle Kraft zurück, die in ihr gebunden war.

Angst aus energetischer Sicht

In der Aura hat Angst die Form einer Röhre, ähnlich einer Neonröhre. Sie setzt sich aus zahlreichen, bereits im vorigen Kapitel beschriebenen Löchern zusammen.
Die Struktur wird von den Eltern bzw. anderen Bezugspersonen in früher Kindheit in das eigene Feld übernommen.
Das Übernehmen von Angststrukturen aus dem Umfeld geschieht unbewusst. Ein Kind, das in angstvoller Umgebung aufwächst, wird sich selbst auch ängstlich entwickeln.
Angst baut sich im Energiefeld auf, in dem sich Loch an Loch setzt. Hinter jedem Loch steckt das Gefühl »Ich traue mir das nicht zu« oder »Mutter traut mir das nicht zu«, »Die Anderen trauen mir das nicht zu«.

Die Angströhren sind Strukturen in der Aura und können durch jedes Gefühl der Überforderung ausgelöst werden. Der Auslöser hat nicht unbedingt mit dem Ursprungsereignis etwas zu tun. Alle Themen des Alltags können Angst machen.
Ihr persönliches Thema, vor dem Sie Angst haben, ist rein subjektiv.
Wenn Sie eine Angströhre in Ihrem Energiefeld haben, kann diese durch das Klingeln des Telefons, durch einen Brief ohne Absenderangabe, durch eine Gewitterwolke oder durch eine Katze in Ihrem Garten aktiviert werden.
Das auslösende Ereignis ist nicht die Ursache der Angst. Es ist deshalb keine Lösung, wenn Sie das angstmachende Ereignis bekämpfen, denn jedes beliebige andere Ereignis kann ebenfalls die Angströhre aktivieren.

Sie können die Angströhre energetisch auflösen. Dadurch haben Sie die Ursache der Angst erfasst und die Struktur sinnvoll bearbeitet.

Jedes Mal, wenn eine Angströhre aktiviert ist, geht durch die Röhre Energie verloren. Die Energie fließt ab und lässt den Körper schwach werden. In einem Anfall von Angst wird dem Menschen schlecht und er fühlt sich nicht mehr handlungs- und entscheidungsfähig.

Angst ist ein Zeichen für ein schwaches, kraftloses Energiefeld. Angstvolle Menschen sind desorientiert und lebensunfähig.

Ängste

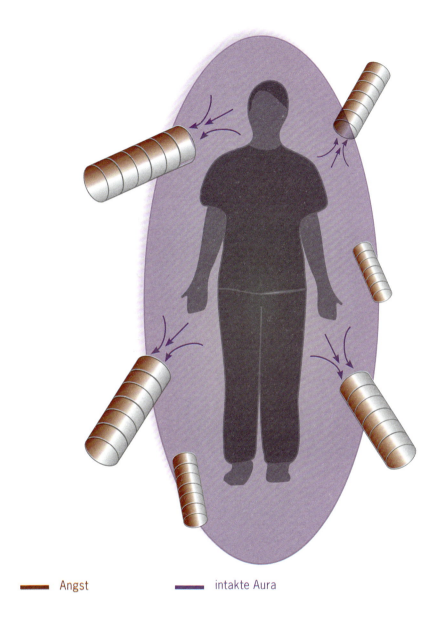

▬ Angst   ▬ intakte Aura

Zeichnung 15: Durch Angströhren fließt Energie aus der Aura ab

Da durch die extrem niedrige Energie ihrer Aura viele Chakren geschlossen sind, fehlt oftmals die komplette Fremd- und Eigenwahrnehmung.

Angst ist ein deutliches Zeichen, dass in Ihrer Aura viel Energie fehlt. Sie sollten Ihr Leben genau anschauen, wo in Ihrer Kindheit die Strukturen entstanden und damit die Ursachen für die Ängste veranlagt wurden.

16. Übung —
Angst auflösen

Setzen Sie sich entspannt hin. Atmen Sie ruhig durch Ihre Nase ein und durch den Mund aus.

Spüren Sie in eine Situation, die Ihnen Angst macht.

Wo spüren Sie die Angst körperlich?

Was sind jetzt Ihre Gedanken? Lassen Sie alle Ihre Gedanken zu.

Stellen Sie sich die Angst vor Ihrem inneren Auge wie eine Röhre vor.

Nehmen Sie jetzt in Ihrer Vorstellung einen scharfen Gegenstand und schneiden Sie die Röhre der Länge nach auf.

Nehmen Sie die beiden aufgeschnittenen Kanten und klappen Sie beide Kanten nach unten oder hinten weg.

Die Röhre löst sich in Ihrer Vorstellung auf. Die Energie der Angströhre wird frei und kann wieder fließen.
(Vielleicht kommt Ihnen spontan eine Erinnerung aus Ihrer Kindheit, die mit der ursächlichen Angst in Zusammenhang steht.)

Spüren Sie den Energieanstieg in Ihrer Aura.

Atmen Sie entspannt weiter, und genießen Sie das Gefühl der Fülle in Ihrer Aura.

Ängste auflösen /zerschneiden

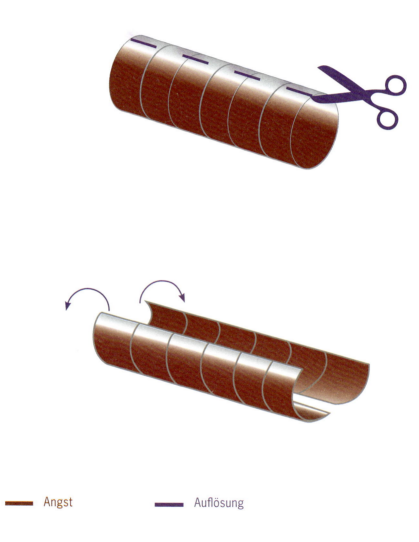

Zeichnung 16: Angströhre wird mental aufgeschnitten

Lüge

Stellen Sie sich vor, Sie haben vor einer Situation Angst. Diese Angst können Sie sich aber nicht eingestehen oder Sie wollen sie nicht fühlen, weil es sich unangenehm anfühlt, Angst zu haben. Aus einer solchen alltäglichen Situation entsteht eine Lüge.
Der Begriff Angst ist in diesem Zusammenhang sehr umfassend zu verstehen.

Beispiele für Angst, die zur Lüge führt:

Sie haben die Schokolade Ihrer Schwester aufgegessen. Als Sie gefragt werden, ob Sie es waren, leugnen Sie dies aus Angst vor den Folgen.
Sie waren mit einer hübschen Dame verabredet, sie kam aber nicht. Als Ihr Freund Sie nach dem Ablauf des Rendezvous fragt, erfinden Sie eine Geschichte, weil Sie Angst haben, von Ihrem Freund ausgelacht zu werden.
Sie haben einen mündlichen Kaufvertrag geschlossen. Als es zur Lieferung kommen soll, behaupten Sie, nie etwas gekauft zu haben, weil Sie Angst haben, die Rechnung nicht bezahlen zu können.
Sie besuchen Ihre Mutter an Weihnachten nicht, weil Sie lieber mit Freunden feiern wollten. Ihrer Mutter gegenüber erfinden Sie eine wichtige Ausrede, eine Lüge, weil Sie das Jammern der alten Dame nicht ertragen können.
Sie kommen mit dem Automaten im Parkhaus nicht zurecht und parken deshalb weit außerhalb. Ihrem Partner erzählen Sie, dass das Parkhaus bis auf den letzten Platz besetzt gewesen sei, und Sie deshalb sehr weit zu Fuß gehen mussten. Dabei war Ihnen klar, dass Ihr Partner Sie »ausgelacht« hätte, wenn Sie die Wahrheit gesagt hätten.
Sie fühlen sich schmerzlich allein, aber Sie trauen sich nicht, sich wieder auf einen Mann einzulassen. Sie legen sich einen Hund zu und reden sich ein, ohne Partner besser leben zu können. Auf diese Weise kommen Sie über die Phasen des Alleinseins besser hinweg.
Die Situation, die Angst macht, wird verdreht. Sie stellen die Realität anders dar, als sie ist. Es geht beim Lügen um die bewusste Verdrehung der eigenen Realität, weil man Angst vor seinen Gefühlen hat.

Lüge auflösen

Zeichnung 18: Lüge auflösen

Im Alltag nutzen wir diese Verdrehungen andauernd. Wir verdrehen den Ablauf, um bei anderen besser dazustehen, um einen finanziellen Vorteil zu haben, um einen Mitbewerber zu übertreffen, um einen Erfolg zu erzielen oder um uns vor Angriffen und Beurteilungen anderer »zu schützen«. Wir belügen uns häufig selbst.

Manche Sachverhalte wollen wir selbst anders wahrnehmen und verdrehen sie, damit sie besser in das Bild unserer Selbsteinschätzung hineinpassen.

Lügen, auch Selbstlügen, stellen immer Verknüpfungen mit anderen Menschen her. Eine Selbstlüge hat immer den Vergleich mit anderen oder das Urteil anderer zum Anlass. Ansonsten wäre die Lüge nicht nötig.

Der Mensch, der an unserer Lüge teilhat oder über den wir Lügen erzählen, ist energetisch in die Lüge mit verwickelt. Dies gilt selbst dann, wenn der andere von dieser Lüge nichts weiß!

> Eine Lüge schafft Abhängigkeiten bei allen Beteiligten und verhindert Veränderung.

Eine Lüge kann ungeahnte Auswirkungen haben.

Sie zieht andere Lügen hinter sich nach. Haben Sie einmal gelogen, ist der Ausstieg oft nicht einfach. Meist muss die erste Lüge von neuen Lügen untermauert werden. In unserem Parkhausbeispiel kann es passieren, dass ein Freund vorbeikommt und erzählt, er habe in dem betreffenden Parkhaus geparkt. Es entspinnt sich eine Diskussion, wer genau zu welcher Zeit dort war. Im Notfall kann immer noch die Anzeigetafel defekt gewesen sein …

Sie sehen, wie sich aus einer simplen Angst vor dem Parkautomat in kurzer Zeit ein recht großes Lügenkonstrukt ergeben kann.

In unserer zivilisierten Welt ist Lügen alltäglich und wird nicht bewusst als Abhängigkeit erlebt. Sie werden es sich womöglich nicht vorstellen können, weshalb ein Mensch in ein Lügengefüge eingebunden sein soll, der nichts von dieser Lüge weiß. Energetisch ist diese Einbindung jedoch überaus wirksam.

Durch diese Art der Verknüpfungen werden die Betroffenen unfrei. Jeder, der wissend oder unwissend in eine Lüge verwickelt ist, ist energetisch berührt. Der Lügende selbst macht sich zum Sklaven seiner eigenen Realität.

Ich verwende gerne den Begriff Lügender anstatt Lügner. Lügner ist ein belasteter Begriff, in dem all die gesellschaftlichen Bewertungen und Strukturen mitschwingen.
Eine Lüge im energetischen Sinne ist dagegen wertfrei und nicht mit den materiell gebundenen Definitionen aus Moral und Gesetz zu betrachten. Lügen sind also nicht moralisch verwerflich, sie gehören zu unserer Entwicklung.
Eine Lüge ist eine Struktur im Energiefeld, die sich aus den Abläufen des Alltags ergeben hat. Die Struktur bindet Energie, und wenn dieser Vorgang bewusst gemacht wird, kann die gebundene Energie wieder frei fließen.

Häufig sieht sich ein Mensch durch einen anderen Menschen oder durch die Verhältnisse regelrecht gezwungen zu lügen. Auch dies kann energetisch betrachtet werden, ohne es zu bewerten:
Der Sohn erzählt der ängstlichen Mutter, er verbringe seinen Urlaub bei Freunden im Nachbarort. Er will vermeiden, dass Sie Angst hat, weil er in Wahrheit nach Australien fliegt.
Der zu spät gekommene Angestellte erzählt dem Chef, die Bundesbahn habe Verspätung gehabt, weil er den Wutanfall des cholerischen Vorgesetzten fürchtet.
Die untreue Ehefrau erzählt dem Ehemann, sie sei mit einer Freundin im Kino gewesen, weil sie fürchtet, der Ehemann reiche die Scheidung ein.
Der Patient versichert dem Zahnarzt, täglich zweimal die Zähne geputzt zu haben, weil er Angst hat, ansonsten Vorhaltungen gemacht zu bekommen.
Der Schüler gibt vor, das Heft verloren zu haben, weil er Angst hat zuzugeben, dass er die Hausaufgaben nicht gemacht hat.

Wenn Sie Ihr Leben und Ihre Lebenszusammenhänge rückwirkend betrachten, können Sie sicher einige solcher Notlügen entdecken. Mit welchen Ihrer Mitmenschen sind Sie durch die eine oder anderen Verdrehung energetisch verbunden?
Oft gibt es in Familien schwerwiegende Lügen, wie zum Beispiel verheimlichte Schwangerschaften, frühere Partner, die eines gewaltsamen Todes

gestorben sind, Abtreibungen, Geschwister, die weggegeben wurden oder Kinder, die früh gestorben sind.

Wurde in den Familien über solche Vorfällen nicht gesprochen, hält die Lüge die Familie energetisch zusammen. Dies kann lange Zeiträume überdauern, Generationen übergreifen und zu eigenartigen Verhaltensweisen führen, die mit der Lüge nicht mehr in Zusammenhang gebracht werden. In energetischen Aufstellungen können solche Zusammenhänge erkannt und bearbeitet werden.

Die oftmals zu beobachtende Rückkehr des Täters an den Tatort ist Auswirkung einer Lügenstruktur und zeigt uns auch, wie stark die energetische Bindung auf der materiellen Ebene wirkt.

Aber lassen Sie uns sehen, wie eine Lüge aussieht und welchen energetischen Aufbau sie hat.

Lüge aus energetischer Sicht

Die Lüge entsteht aus einer Angströhre und sieht aus wie ein zusammen-gedrehtes Handtuch.

Diese Verdrehung ist Ausdruck der verdrehten Realität und der entsprechenden Gedanken des Menschen. Jeder, der mit der Lüge verbunden ist, wird in die energetische Struktur mit eingedreht. Körperlich kann eine Lüge sogar zu Schwindel oder Übelkeit führen.

Bei den beschriebenen Familienlügen umfasst die verdrehte Struktur viele Familienmitglieder, auch wenn diese bereits verstorben sind.
Wer in eine Lügenstruktur eingebunden ist, kommt nicht in ein eigenver-antwortliches Handeln und nicht in eine eigenverantwortliche Lebensge-staltung. Die Lüge fixiert energetisch die Personen, mit denen die Lüge in Verbindung steht.

17. Übung —
Lüge auflösen

Setzen Sie sich entspannt hin. Atmen Sie durch die Nase ein und durch den Mund aus.

Denken Sie nach, wann Sie gelogen haben.

Was würde passieren, wenn Sie die Wahrheit sagen?

Stellen Sie sich vor Ihrem inneren Auge die Lügenstruktur vor und ziehen Sie sie an den beiden Enden auseinander.

Jetzt nehmen Sie die Angst hinter der Lüge wahr und können sie, wie unter »Bearbeitung der Angst« beschrieben, aufschneiden, umklappen und somit auflösen.

Spüren Sie, wie sich jetzt die Lüge und die Angst auflösen.

Ihre Energie steigt an, Sie fühlen eine deutliche Entspannung im ganzen Körper.

Atmen Sie kräftig durch die Nase ein und durch den Mund aus.

Genießen Sie das entspannende, kraftvolle Gefühl in Ihrer Aura.

Sucht

Haben Sie das Gefühl, dieses Leben nicht mehr aus eigener Kraft bewältigen zu können, weil Sie den Ansprüchen der Umgebung nicht gerecht werden können? Beschäftigen Sie sich im Alltag ausschließlich mit Lebensinhalten und nie mit geistigen, spirituellen Themen? Sind Sie häufig Verlierer in dem immerwährenden Hin- und Herziehen der Energie aus Kabelverbindungen?

Wenn dem so ist, wird Ihre Energie früher oder später so weit reduziert, dass Sie unter Ängsten und den daraus folgenden Lügen zusammenbrechen. Es kommt zu einem emotionalen Burn-out.
Wir suchen dann nach Möglichkeiten und Mitteln, die uns bei der Lebensbewältigung helfen, und landen in einer Sucht.
Der Begriff Sucht kommt von Suchen. Wir suchen nach uns, nach unserem Sinn, nach unserer Bestimmung und finden jedoch leider nicht die wirkliche Erfüllung, sondern Ersatzstoffe oder kompensierende Verhaltensweisen.

Alles, was wir an materiellen Dingen, Verhaltensweisen und zwischenmenschlichen Beziehungen kennen, kann zu einer Sucht werden. Die Sucht definiert sich darüber, dass wir meinen, ohne dieses Verhalten oder diesen Stoff nicht mehr leben zu können. Wenn wir der Sucht nachgeben, geben wir die Eigenverantwortung für unser Leben ab.

Löcher, Ohnmachten, Ängste und Lügen in der Aura können Auslöser für eine Sucht sein.

Stellen Sie sich die Entwicklung vor:

Ich erfülle ständig die Erwartungen anderer oder versage. Oder ich habe Erwartungen, die nicht erfüllt werden. Das sind die spürbaren Kabelverbindungen und Löcher.

Man traut mir nichts zu, ich traue mir selbst nichts zu. So fühlt sich die Ohnmacht an.

Ich kann nicht auf meine eigene Entscheidungsfähigkeit vertrauen, ich lasse von anderen entscheiden. Mein Energieniveau sinkt unter 50 Prozent.

Ich spüre meine eigenen Bedürfnisse nicht und orientiere mich an denen anderer. Der Energiepegel sinkt weiter, die Ohnmacht bleibt.

Ich verliere mich selbst hinter allen Anpassungen an meine Umgebung. Ich werde den Ansprüchen, die an mich gestellt werden, nicht gerecht. Das sind Auswirkungen einer Angströhre.

Ich verhalte mich nach außen hin stark und jeder Situation gewachsen. So wirkt die Lüge.

Ich finde eine Sucht, die mir die ganzen unangenehmen Gefühle vermeintlich nimmt oder mich nicht fühlen lässt.

Ich brauche die Sucht, weil die Gefühle immer wiederkommen.

Als Ausweg oder Flucht greift man zu Hilfsmitteln, um die niederschlagenden und negativen Gefühle nicht mehr zu fühlen. Hier bieten sich Alkohol, Nikotin, Drogen oder Medikamente, wie z.B. Schlafmittel und Antidepressiva, an.

Eine andere Maßnahme ist, sich in Arbeit und Aktivität zu verlieren. Um sich selbst nicht mehr wahrzunehmen, sucht man nach Möglichkeiten, anderen um jeden Preis zu helfen. Man hat ein Helfersyndrom oder wird zum Workaholic.

Man kann mit sich selbst nichts anfangen und weiß nicht, wer man wirklich ist. Dann macht man ständig auf sich aufmerksam und wird vielleicht zum Stalker. Oder man verharrt süchtig in einer längst beendeten Beziehung. Oder man wird ständig krank, um Zuwendung und Aufmerksamkeit zu bekommen.

Möglichkeiten der Sucht gibt es so viele, wie es Menschen gibt, und keine der Süchte ist besser oder schlechter. Kinder werden oft schon in jungen Jahren mit Sucht bekanntgemacht. Da sie in ihrer Welt nicht gut zurechtkommen, beschäftigen sie sich mit Computerspielen. Sie vertiefen sich so sehr in die virtuelle Welt, dass sie sich selbst nicht mehr spüren müssen. Workaholic im Kleinformat.

Ein weiteres Problemthema von Sucht im Kindesalter sind die Beruhigungsmittel, die verhaltensauffälligen Kindern gegeben werden (Ritalin u. a.). Die medizinischen Hintergründe stehen hier nicht zur Debatte.

Energetisch betrachtet wirken diese Mittel schwingungshemmend. Das Energiefeld wird von außen verlangsamt, die Kinder bekommen sehr früh vermittelt, dass sie so, wie sie sind, nicht geeignet sind für die Gesellschaft. Die Grundlage für späteres Suchtverhalten ist damit gelegt.

> Bei einer Sucht werden alle unangenehmen Emotionen, die sich angesammelt haben, weggedrückt. Die Eigenverantwortung für das eigene Leben, Fühlen und Handeln wird abgegeben an einen Suchtstoff.

Sucht aus energetischer Sicht

Eine Sucht ist immer eine Kombination verschiedener bisher beschriebener Strukturen. Sie bilden gemeinsam ein Konglomerat und bestimmen das süchtige Verhalten. Grundlage bilden Löcher in der Aura, Ängste und Ohnmachten. Das Gebilde wird abschließend von einer Lüge zusammengehalten.

Ist die Umgebung mit eingebunden in diese Lüge, kommt es zu Co-Abhängigkeiten. Die Umgebung deckt dann das süchtige Verhalten.

Die Emotionen, die zu der Sucht geführt haben, sind in den Strukturen eingebunden. Tritt ein bestimmter individueller Auslöser auf, wird die Sucht angeregt.
Fühle ich mich verlassen und einsam und will dieses Gefühl nicht spüren, weil es so sehr wehtut, dann greife ich zu einem Suchtmittel. Die Strukturen werden jedes Mal weiter verfestigt, wenn ich süchtig nach etwas greife, was mir in diesem Moment zu helfen scheint. Es kommen neue Strukturen der Ohnmacht und Lüge hinzu und setzen eine Abwärtsspirale in Gang.

18. Übung —
Sucht auflösen 1

Setzen Sie sich entspannt hin, und atmen Sie tief durch die Nase ein und durch den Mund aus.

Irgendwann in Ihrem Leben haben Sie die Entscheidung getroffen, ohne Ihre Sucht nicht leben zu können.

Spüren Sie Ihre Sucht?

Wo in Ihrem Körper haben Sie ein Gefühl dazu?

Gehen Sie vor Ihrem inneren Auge in Ihrem Leben zurück zu dem Zeitpunkt, an dem Sie die Entscheidung getroffen haben, ohne diese Sucht nicht sein zu können.

Schauen Sie sich an, welches Gefühl Sie dazu gebracht hat, Ihre Eigenverantwortung zu diesem Zeitpunkt abzulegen.

Wie alt waren Sie?

Verstehen Sie, dass diese Entscheidung damals genau richtig war und Ihnen in Ihrem Leben geholfen hat.

Jetzt können Sie sich neu entscheiden.

Vertrauen Sie auf Ihre Kraft und Ihr Bewusstsein.

Sie können die Verantwortung für sich jetzt, hier, in diesem Moment für sich übernehmen.

Nur Sie können das!

Stellen Sie sich vor Ihrem inneren Auge vor, wie Sie gestärkt und kraftvoll in Ihrem Leben ohne Sucht vorwärts schreiten.

Kommen Sie zurück ins Hier und Jetzt.

Bleiben Sie in der Entspannung und erholen Sie sich. Atmen Sie locker und ruhig weiter.
Spüren Sie, wie die alten Gewohnheiten Sie langsam verlassen und sich in Kraft auflösen.

Genießen Sie das Gefühl der Kraft in Ihrer Aura.

Sucht

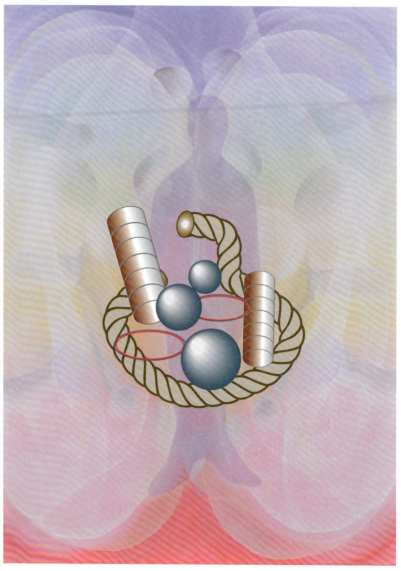

Zeichnung 17: Die Ballung verschiedener Strukturen und deren Abkapselung ist die Grundlage der Sucht.

19. Übung —
Sucht auflösen 2

Stellen Sie sich Ihre Sucht vor, und schreiben Sie eine Liste, welche Vorteile die Sucht Ihnen bringt.

Hätte Ihre Sucht keine Vorteile für Sie, dann hätten Sie sie nicht!

Schreiben Sie sich genau auf, welche Art von Struktur hinter Ihrer Sucht steckt, welche Enttäuschungen, welche Ohnmachten und Ängste.
Seien Sie sehr genau!

Lösen Sie nach und nach die Strukturen auf, und spüren Sie, wie Ihre Sucht immer leichter wird, bis sie sich ganz auflöst.

Genießen Sie das befreiende Gefühl.

Übernehmen Sie jetzt bewusst die Verantwortung für Ihr Leben, indem Sie sich sagen:

Ich entscheide mich bewusst für mein Leben im Hier und Jetzt.
Ich bin (Ihr Name).
Ich denke wie (Ihr Name).
Ich fühle wie (Ihr Name).
Ich bin im Körper von (Ihr Name).
Ich bin ein Mensch wie jeder andere.

Dünkel und Selbstmitleid

Sie kennen das Gefühl, anderen überlegen oder unterlegen zu sein?
Sich selbst besser oder schlechter als jemand anderer zu fühlen, dient der Orientierung und Selbsteinschätzung.
Bin ich gut? Sehe ich attraktiv aus? Bin ich schlanker als die Tischnachbarin?
Kann ich eine Aufgabe besser erledigen als mein Kollege oder Mitbewerber?

Diese Art sich zu orientieren, kennen Sie seit Ihrer Kindheit. Sie haben gelernt, sich von klein auf so zu verhalten, dass die Mutter gelächelt hat. Dies war bereits als Baby Ihr Hauptziel. Ihr ganzes Leben richteten Sie danach aus, sich so zu verhalten, dass Sie anerkannt und geliebt wurden.

Wir streben als Mensch immer danach, uns so an die Umgebung anzupassen, dass es sich für uns gut anfühlt.

Es hat Ihrer Erfahrung nach jedoch leider nie ausgereicht, einfach nur so zu sein wie Sie geschaffen wurden. Sie mussten sich anpassen, zurückstecken, sich umstellen, sich im Vergleich bewähren und lernen, unerwünschte Verhaltensweisen zu unterlassen. Dieses Verhalten zog sich durch Ihr gesamtes Leben und führte dazu, dass Sie Ihr eigenes Wesen immer mehr verleugneten.

Da Sie nie gelernt haben, sich selbst und Ihre Gefühle wahr- und ernstzunehmen, haben Sie kein wirkliches Selbstwertgefühl entwickeln können. Ihr gefühlter Selbstwert beruht auf dem Vergleich mit anderen. Er kommt nicht aus Ihrem tiefsten inneren Wesenskern.

Der Mensch fühlt sich überlegen, wenn er bei einem Vergleich gut abschneidet. Er fühlt sich entsprechend elend, wenn er im Vergleich schlecht abschneidet, verliert oder nicht beachtet wird.

Dieses Wechselspiel der Gefühle heißt *Dünkel und Selbstmitleid* und bedingt sich inhaltlich und zeitlich.

Stelle ich mich im Dünkel über einen Menschen und fühle mich besser, wirke ich auf den anderen arrogant oder herablassend. Der andere fühlt sich entsprechend unterlegen und empfindet Selbstmitleid aufgrund seines Versagens.

Die Verbindungen der Menschen untereinander über das Wechselspiel von Dünkel und Selbstmitleid sind sehr umfassend. Dieses Wechselspiel ist eine Triebfeder für die Entwicklung des Menschen im Umgang mit anderen Menschen. In diesem Wechselspiel steckt sehr viel Energie, die zwischen den Menschen hin- und hergeschoben wird. Durch Veränderung der Thematik können sich Dünkel und Selbstmitleid umkehren. Die Verhältnisse wechseln oft blitzartig.

Gerade noch hat die Mutter gesagt, wie toll ich bin, wie gut ich mich in der Schule mache, und ich bilde mir so richtig was auf meine Leistung ein, schon kommt meine Schwester, die in Mathe eine 1 geschrieben hat und ich fühle mich hundeelend. Da ich mich jedoch körperlich stärker fühle, remple ich sie gegen die Küchentür. Sie ruft Mutter um Hilfe, die mit mir schimpft. Mein Selbstmitleid schwelt dann eine Weile, bis mir eine Situation begegnet, die ich zu meinen Gunsten nutzen kann.

Gerade noch hat mein Mann mir Blumen geschenkt, und ich denke »So gut hätte es meine Freundin auch mal gerne«, da dreht er sich schon nach der Nachbarin um und flötet ihr ein Kompliment zu. Ich weise sie dezent auf die Laufmasche an ihrem rechten Strumpf hin, worauf sie mich keines Blickes würdigt, sondern meinen Mann anlächelt.

Gerade noch fühlte ich mich im Unterricht in meiner Klasse richtig gut, und die Schüler waren aufmerksam und nett. Während ich denke: »Ich bin der einzige Lehrer hier an der Schule der einen modernen Unterricht abhalten kann«, kommt die Kollegin und macht eine giftige Bemerkung, wie schlecht sich meine Schüler in ihrem Unterricht benehmen. Das lasse ich nicht auf mir sitzen und zitiere das Sprichwort vom Echo, das so zurückkommt, wie man es in den Wald hineingerufen hat.

In dem Wechselspiel von Dünkel und Selbstmitleid offenbart sich ein Grundproblem. Wir durften nie lernen, dass unser eigentliches Wesen seinen geistigen Ursprung in der Fülle hat und unantastbar ist.

Dünkel

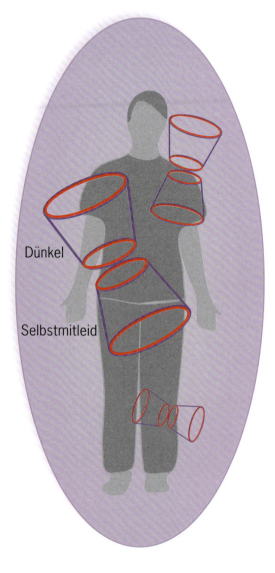

▬▬ Dünkel/Selbstmitleid   ▬▬ Aura stark

Zeichnung 19: Dünkel

Wir können zwar körperlich und emotional viel Leid und Beschränkung erfahren, aber dahinter existiert ein Kern, den wir nicht infrage stellen können und dürfen. Da wir jedoch diesen Kern als unser spirituelles Zentrum in uns nie spüren durften, stellen wir bei Bewertungen und sachlicher Kritik unsere gesamte Person und Existenz infrage. Dann fühlen wir die Seite des Selbstmitleids extrem. Um dies abzumildern oder zu verhindern, gehen wir in die Abwertung anderer Menschen und ziehen daraus Energie. Auf diese Weise kommt das immerwährende Wechselspiel von Dünkel und Selbstmitleid in Gang.

Bei den Strukturen von Dünkel und Selbstmitleid setzen Sie sich mit anderen in Konkurrenz.

Energetische Sicht zu Dünkel und Selbstmitleid

Wie alle Strukturen der Aura, entstehen auch Dünkel und Selbstmitleid im Kontakt – und hier speziell durch den Vergleich und die Bewertung – mit anderen Menschen. Sie dienen dazu, den Menschen an seine Grenzen zu bringen und damit seine Entwicklung anzuregen.

Dünkel und Selbstmitleid sind Löcher im Energiefeld. An diese Löcher können Kabelverbindungen zu anderen Menschen andocken, durch die Energie zu- oder abfließt.

Fühlen Sie sich besser als ein anderer, haben Sie in Ihrer Aura ein Loch, an dem ein Kabel zu einem anderen Menschen sitzt, über das Ihnen Energie zufließt. »Besser fühlen« bedeutet energetisch, Energie zu sich herzuziehen.

Wäre dieses Loch nicht da, müssten Sie sich nicht besser fühlen als der andere sondern wären glücklich und zufrieden und im Fluss Ihrer Energie. Sie hätten dann auch kein Kabel zu dem anderen, durch das Sie ihm Energie abziehen.
Umgekehrt geschieht dasselbe. Sie fühlen sich unterlegen, schwach, weniger Wert als ein anderer und sind im Selbstmitleid. »Schlechter fühlen« bedeutet energetisch, Energie zu verlieren. Sie haben ein Loch in Ihrer Aura, an dem ein Kabel zu einem anderen Menschen anliegt. Durch dieses Kabel fließt Energie aus Ihrem Energiefeld ab.

Das Energiefeld ist sehr findig, um seinen Pegel auf einem akzeptablen Stand zu halten. Eine Schutzmaßnahme ist die Verlagerung eines Selbstmitleidaspektes hin zu einem Dünkelaspekt.
Sie fühlen Selbstmitleid, weil Ihre Schwester eine bessere Note bekommen hat? Dadurch verlieren Sie Energie. Die Aura schützt sich sofort, indem Sie den Dünkel entgegensetzen, dass Sie schöner und begehrenswerter sind als Ihre Schwester. Ihre Schwester kommt an eine Selbstmitleidthematik und schreit Sie an, Schönheit sei vergänglich, Klugheit jedoch beständig. Schon wird Ihnen der Pickel auf Ihrer Wange überdeutlich bewusst …
Fühlen Sie, wie in beiden Richtungen Energie ins Fließen gekommen ist? Wird es einen Gewinner oder einen Verlierer in diesem Wettkampf um

Energie geben? Wer sich nach dem Streit besser fühlt, hat mehr Energie gezogen.

Aus der Interaktion von Dünkel und Selbstmitleid entsteht in der Aura eine Struktur aus Löchern mit 4 Aspekten, die Ähnlichkeit mit einer Eieruhr hat.

Nehmen Sie sich genügend Zeit und ein Blatt Papier zur Hand. Machen Sie sich nun die Beziehung von Dünkel und Selbstmitleid klar:

Sie haben sich über jemand anderen gestellt.
Der andere hat sich das antun lassen.
Der andere hat reagiert.
Sie haben sich seine Reaktion antun lassen.

Beispiel:

Ich fühle mich gut, weil ich besser rechnen kann als meine Schwester.
Meine Schwester hat mein Prahlen über sich ergehen lassen.
Sie hat mich deswegen bei der Mutter verpetzt.
Ich habe die Folgen dieses Verpetzens aushalten müssen.

Sie fühlen sich nach der Klärung des Dünkel-Selbstmitleid-Komplexes mithilfe der Übung 20 (S. 184) erleichtert. Die Energie steigt an, die Pulsfrequenz nimmt zu, Sie fühlen sich wärmer und kribbelig.
Ist dies nicht der Fall, wiederholen Sie die Übung, und ziehen Sie vielleicht einen Gesprächspartner zurate. Manchmal hat man beim Auflösen der Struktur einen blinden Fleck. Ein anderer kann dann helfen, genauer hinzuschauen.

Vielleicht stellen Sie bei sich fest, dass Sie sich schwertun, die vier Verzeihenssätze reibungslos auszusprechen. Sie bringen die Sätze womöglich durcheinander oder vergessen einen der Sätze. Nehmen Sie dies als Hinweis darauf, dass Sie das Thema noch nicht verinnerlicht haben.

20. Übung —
Vierfaches Verzeihen

Schreiben Sie die Situation, die Sie gerne bearbeiten wollen, in kompletten Sätzen mit dem vierfachen Verzeihen auf:

Ich verzeihe mir, dass ich (was ich gedacht oder getan habe) ihm/ihr angetan habe.

Ich verzeihe ihm/ihr, dass er/sie sich (was ich gedacht oder getan habe) hat antun lassen.

Ich verzeihe ihm/ihr, dass er/sie (was er/sie gedacht oder getan hat) mir angetan hat.

Ich verzeihe mir, dass ich mir das (was er/sie gedacht oder getan hat) habe antun lassen.

Neid und Eifersucht

Bei Neid und Eifersucht handelt es sich um Gefühle der eigenen Wertlosigkeit. Neid richtet sich auf materielle Dinge und setzt Sie in die Ohnmacht, nicht haben zu können, was Sie möchten.

Die Eifersucht richtet sich auf die Zuwendung und Bestätigung von Personen. Hier spielt die Angst eine Rolle, nicht zu genügen und deshalb als Mensch nicht geliebt und geachtet zu werden. Gleichzeitig zeigt sich die Ohnmacht, Opfer von Abläufen zu sein.

Umgangssprachlich sind diese Themen mit Bewertungen und Moralansichten stark belastet. Energetisch sind sie Strukturen in der Aura und völlig wertfrei.

Sowohl beim Neid als auch bei der Eifersucht sind Sie sich selbst nichts wert. Sie unterliegen Ihren eigenen Bewertungen von Personen und Dingen und schneiden dabei in Ihrer Vorstellung schlecht ab.

Sie sehen, dass andere Menschen mehr Besitz haben oder mehr Zuwendung bekommen als Sie selbst. Sie fühlen sich nicht als Wesen, das ganz genau richtig ist, sondern stellen Ihr Sein infrage. Das erzeugt ein Gefühl von Ohnmacht.

Eifersucht ist ein Empfinden, bei dem Ihr Selbstwert so reduziert ist, dass Sie sich als Opfer fühlen. Sie meinen, eine bestimmte Person wolle Sie verletzen, Ihnen wehtun, Sie ausspielen. Dieses Szenario drückt die eigene Energie immer weiter nach unten. Die Gefühle können fesseln, sie fokussieren die Gedanken und lassen den Wahrheitsausschnitt minimal werden.

Eifersucht und Neid führen zu einer verzerrten Weltsicht und zu schmerzhaften Gefühlen bis ins Körperliche hinein. Es sind alte Emotionen der Wertlosigkeit, die durch ein Ereignis oder eine Person ausgelöst oder gespiegelt werden.

Energetische Sicht zu Neid und Eifersucht

Neid ist eine Angströhre, durch die die Energie abfließt. Die Angströhre des Neides steht immer in Verbindung mit dem Dünkel einer anderen Person. Die Angströhre wirkt wie ein Pfeil, der in dem Dünkel des anderen steckt.
Dieses Phänomen ist im Alltag oft als Hexenschuss bekannt. Der Neidpfeil des A führt bei B, dem Dünkelpartner im Szenario zu einem plötzlichen, akuten, stechenden Schmerz.
Wird der Zusammenhang bewusst und der Neidpfeil mental entfernt, ist der Schmerz sofort behoben.

Die Wirkung der Heilenergetik ist hinsichtlich der Entfernung von Neidpfeilen spektakulär.
Wie Sie in diesem Buch bereits gelesen haben, sind energetische Abläufe nicht sichtbar und nicht spürbar, solange sie ohne Resonanzen ablaufen. Sobald Resonanzen auftreten, erfolgt die Meldung des Unbewussten an das Bewusstsein. Diese Meldung kann in Form eines körperlichen Symptoms erfolgen und ist als Schmerz spürbar. Je schneller dieser Schmerz verstanden wird, desto schneller hat er sich erübrigt und kann gehen. Der Schmerz ist ein Klingelzeichen. Er klingelt, bis er gehört wird.

Neidpfeile sind die Ursache sehr vieler plötzlich auftretender schmerzlicher Vorfälle im Alltag:

Es ist nicht nur der Hexenschuss, der Sie befällt, weil Sie bei der Gartenarbeit in selbstgefälligem Dünkel Ihr Gemüsebeet für viel gepflegter halten als das der Nachbarin.

Sie schneiden sich beim Kartoffelschälen in den Finger, weil Sie sich über Ihren Ehemann ärgern, der gemütlich im Wohnzimmer sitzt und keine Ahnung vom Kochen hat.

Sie lassen eine Kaffeetasse fallen, weil Sie an Ihre Kollegin denken, die im Büro das große Wort führt, jedoch am Wochenende ohne Familie allein zu Hause sitzt.

Sie stoßen sich den Kopf an der Kellertür, weil Sie sich über die Kinder ärgern, die nie das Leergut nach unten bringen. Wenn Sie nicht wären, würde hier nichts funktionieren …

Wichtig ist das schnelle Verstehen der Aussage, die hinter dem Schmerz steht. Ein Hexenschuss etwa, dessen Ursache sofort verstanden wird, kann rückstandslos verschwinden. Wird die Ursache des Hexenschusses erst nach Tagen erforscht, hat sich im gesamten Rückenbereich eine Verspannung ausgebreitet, die entsprechend Zeit braucht, bis sie sich löst.

Die Wunde am Finger hört schnell zu bluten auf und schließt sich ungewöhnlich rasch, wenn ihr Hinweis verstanden wurde. Der »normale« Heilungsvorgang hingegen würde Ihnen den verwundeten Finger und das Kartoffelschälen noch tagelang in Erinnerung rufen. Sie würden sich jedes Mal über Ihren Ehemann ärgern, der Ihnen nie hilft und Sie in Ihrer Überlastung nicht sieht. Einen Zusammenhang zwischen Ehemann und verwundetem Finger würden Sie nicht herstellen, sodass Sie sich beim nächsten verärgerten Staubsaugen die Zehen am Tischbein anschlagen.

Die zerbrochene Kaffeetasse ist für sich betrachtet kein Problem und lässt sich leicht zusammenkehren. Bleiben Sie jedoch in der ursächlichen Thematik verstrickt, verstärkt sich Ihr Wertlosigkeitsgefühl bezüglich der Kollegin und Ihnen schießt in den Kopf, dass Sie soeben die Lieblingskaffeetasse Ihrer Schwiegermutter zerbrochen haben und dass überhaupt in den letzten Tagen alles schiefging. Sie fangen zu weinen an und ziehen sich in Ihr Schlafzimmer zurück. Ihre Familienangehörigen verstehen nicht, was mit Ihnen plötzlich los ist – wegen einer alten Kaffeetasse.

Die Eifersucht ist eine Ohnmacht, in der die eigene Wertlosigkeit auf eine andere Person projiziert wird. Bei der Gelegenheit werden Kabel der Erwartung gelegt.
Ihr Partner kann jedoch niemals Ihre eigenen Wertlosigkeitsgefühle entkräften. Er kennt sie nicht einmal und kann deshalb Ihren Erwartungen nicht genügen. Sie selbst sind darüber enttäuscht und fühlen eine noch stärkere Wertlosigkeit. Sie suchen in äußeren Begebenheiten nach Anlässen und Gründen für das Verhalten des Partners. Nicht umsonst ist der Spruch zutreffend: Eifersucht ist eine Leidenschaft, die mit Eifer sucht, was Leiden schafft.

Mit Ihren Vorwürfen konfrontiert reagiert der Partner verstört und zieht sich zurück, weil er den Grund Ihres Angriffs nicht versteht. Es entsteht eine abwärts gerichtete Spirale, die Energie abzieht. Keiner der Beteiligten kann den anderen verstehen und zieht daraus den Schluss, der andere meine es böse.

21. Übung —
Neid klären

Setzen Sie sich entspannt hin, und atmen Sie durch die Nase ein und durch den Mund aus.

Fühlen Sie das Neidgefühl in sich hochsteigen. Worauf fühlen Sie Neid?

Was ist die Angst hinter Ihrem Neid?

Wo trauen Sie sich etwas nicht zu?

Woher in Ihrem Leben kennen Sie diese Emotion?

Mit welcher Person in Ihrem Leben steht die Emotion in Verbindung?

Schneiden Sie jetzt die Angströhre auf.

Spüren Sie den Energieanstieg, und atmen Sie bewusst kraftvoll durch den Mund aus.

Sagen Sie sich folgende Sätze, und spüren Sie den Sätzen nach:

Ich bin so, wie ich bin, vollkommen.

Ich bin genau so, wie ich es gewählt habe.

Ich lasse jeden so sein, wie er ist.

22. Übung —
Eifersucht klären

Setzen Sie sich entspannt hin, und atmen Sie durch die Nase ein und durch den Mund aus.

Spüren Sie Ihre Eifersucht.

Sie fühlen sich wertlos. Wie fühlt sich das an und wo im Körper spüren Sie das?

Welche Person in Ihrem Leben steht mit dieser Emotion in Zusammenhang?

Wie alt fühlen Sie sich in diesem Augenblick?

Lösen Sie jetzt Ihre Ohnmacht auf.

Trennen Sie die Kabel zu dem Menschen, auf den Sie eifersüchtig sind.

Spüren Sie den Energieanstieg, und atmen Sie kraftvoll durch den Mund aus.

Sagen Sie sich folgende Sätze, und spüren Sie den Sätzen nach:

Ich brauche mich nicht zu vergleichen.

Ich bin mir selbst wertvoll.

Ich löse meine Ohnmachten und gehe bewusst in die Eigenverantwortung für mein Leben.

6.
Rollen

Sie haben jetzt sämtliche in der Aura vorkommenden Strukturen im Einzelnen kennengelernt.

Diese Strukturen setzen sich in Ihrem Energiefeld als komplexe Strukturen zusammen. Mehrere Strukturen bilden eine Einheit und werden dann durch eine Ohnmacht als äußerste Struktur fixiert (vgl. Zeichnung 18 auf der folgenden Seite).

Eine solche Zusammenballung an Strukturen bildet eine Rolle, die Sie in Ihrem täglichen Leben spielen.

Wie sich die einzelnen Strukturen im Energiefeld bilden, wurde im bisherigen Text ausführlich geschildert. Am Ende bildet sich um die Struktur eine Ohnmacht. Dadurch nehmen Sie nicht mehr wahr, dass sich die Struktur dieser Rolle in Ihrer Aura befindet.

Das Rollenspiel, das sich durch die Strukturen sämtlicher Erfahrungen und Eindrücke in Ihrem Leben definiert, haben Sie von klein auf kennengelernt und zum großen Teil nonverbal von den vorigen Generationen übernommen.

Das Einnehmen der verschiedenen Rollen im alltäglichen Leben schränkt Sie stark in Ihrer Individualität ein. Die Rollen bieten Ihnen Sicherheit, jedoch auf Kosten einer authentischen Persönlichkeit.

In Ihrem Energiefeld sind viele verschiedene Rollen gespeichert. Entsprechend Ihrem sozialen Umfeld nimmt Ihr Bewusstsein eine dieser Rollen ein, und Sie leben damit bestimmte Vorstellungen und Verhaltensmuster. Dieses Verhalten ist durch die in der Rolle enthaltenen Strukturen defi-

Rollen

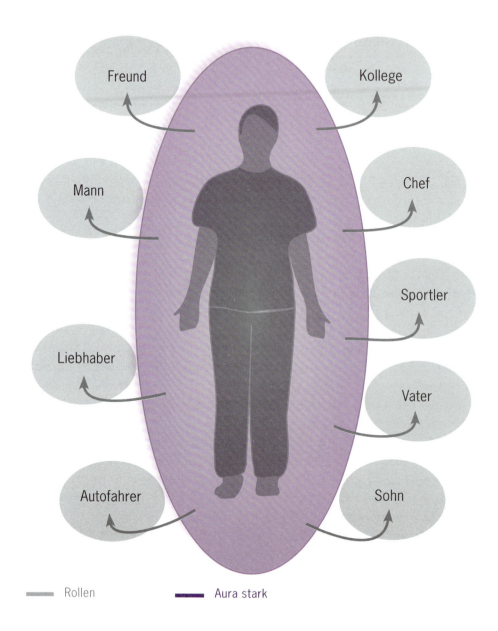

Zeichnung 20: Rollen, die das Ego definieren

niert. Jede dieser Rollen in Ihrem Leben verändert Ihre Sprache, Ihr Verhalten und die Signale, die Sie nonverbal an Ihre Umgebung senden.

Jeder kennt die Situation, als bereits erwachsener Mensch seine Eltern zu besuchen. Schon beim Betreten des Hauses der Eltern fällt man in die Kindrolle, manchmal sogar mit der entsprechenden Veränderung der Sprache. Nicht nur man selbst verhält sich wie ein Kind, sondern die Eltern verhalten sich wie Eltern. Sie nehmen einen nicht ernst, kochen das Leibgericht und versorgen einen mit Leckereien. Sie wissen besser, was für einen richtig ist und bemängeln Kleidung, Figur oder Haarschnitt. Das Alter der beteiligten Personen ist dabei nicht wichtig. Die Kindrolle ist eine fast nicht aufzulösende Rolle und enthält alle behandelten Strukturen.

Hier in kurzer Form einige der Strukturen und die damit verbundenen Emotionen oder Aussagen der Kindrolle:

Kabel und Löcher:
   Erwartungen Ihrer Eltern: Sie sollen sich als Kind so verhalten, wie es den Eltern gefällt.
   Ihre Erwartungen an die Eltern: Sie sollen Ihnen Unterkunft, Nahrung und Kleidung geben und Sie finanziell unterstützen.
   Pflicht, Sorge, Schuld binden Sie lebenslänglich an die Eltern, darüber bekommen und geben Sie Energie.

Ohnmachten:
   Sie fühlen, dass Sie so, wie Sie sind, nicht richtig sind.

Trotz, Wut, Trauer, Scham:
   Sie sollen nicht gefühlsbetont reagieren, sich nicht auf Ihre Wahrnehmung verlassen und sich nicht widersetzen.
   Ihre Gefühle werden korrigiert: Sei artig, schäm dich.

Moral und Glaubenssätze:
   Früher war alles besser.
   Man muss hart arbeiten.
   Die anderen Kinder sind klüger.
   Aus dir wird nie etwas.

Ängste:

Du schaffst das sowieso nicht, du bist zu schwach. Die Welt ist gefährlich.

Alles, wovor die Eltern Angst haben, ist für Sie schlecht und Sie erziehen die Kinder entsprechend.

Lüge und Sucht:

Lüge lieber, anstatt deine Angst einzugestehen.

Schau Fernsehen und lass die Eltern in Ruhe.

Nimm eine Tablette oder trink ein Bier, wenn du dich schlecht fühlst.

Lass die Eltern mit deinen Gefühlen in Ruhe.

Dünkel und Selbstmitleid:

Ich mach es besser als die Eltern.

Ich brauche finanzielle Unterstützung von ihnen, ich schaff es nicht allein.

Ich werde mit meinen Kindern besser umgehen.

Ich brauche Oma und Opa als Babysitter.

Dies ist nur ein kleiner Ausschnitt, wie eine Liste der Rollendefinition Eltern/Kind aussehen kann.

Ihr Bewusstsein reduziert sich im Alltag immer auf eine der Rollen, die Sie gerade spielen. Das ist abhängig davon, in welchem Umfeld Sie sich befinden. Sind Sie im Büro, erfüllen Sie eine andere Rolle als zu Hause oder im Sportverein.

Im Büro sind Sie der selbstbewusste, knallharte Geschäftsmann Dr. Müller.

Ihrem Vater können Sie seit Lebtag nicht genügen und verhalten sich unterwürfig.

Ihr Partner bestimmt, wie die Wohnung eingerichtet wird.

Im Sportverein sind Sie der Hansi, der Tollpatsch, der immer lustig ist.

Die Aufspaltung des Energiefeldes in Rollen macht den sozialen Umgang im Alltag berechenbar und vermittelt Sicherheit. Jemand, der sich in bestimmten Situationen berechenbar verhält, ist leicht zu handhaben. In den Rollen gehen Sie immer zurück in alte Emotionen und in bewährte Handlungsmuster. Wenn Sie sich auf eine bestimmte Art verhalten, bekommen Sie die Anerkennung der Umgebung. Dass Sie dafür einen großen Teil Ihrer Persönlichkeit nicht leben können, nehmen Sie dafür in Kauf.

Jede Struktur ist eine Beschränkung des Energiefeldes. Energie wird gebunden und steht dem freien Fluss und der Kraft der eigenen Persönlichkeit nicht zur Verfügung. Eine Rolle ist eine Ansammlung von Strukturen, in der sehr viel Energie gebunden ist. Die Folge ist eine starke Beschränkung der eigenen Wahrnehmung und eine Behinderung der eigenen Entwicklung.

> Sie leben in Rollen nie Ihr volles Potenzial, sondern immer nur einen Ausschnitt Ihrer Lebenskraft.

Das Erkennen der eigenen Rollen ist eine große Chance zu Selbsterkenntnis und Veränderung hin zum wahren Sein und zu einem authentischen Leben.

Hier sind einige der üblichen Rollen, die man in seinem Leben spielt:

> Deutscher, Ausländer, Kind, Mutter, Frau, Vater, Mann, Schüler, Lehrer, Arbeitgeber, Arbeitnehmer, Partner, Hausfrau, Tochter, Sohn, Enkel, Oma, Opa, Pfarrer, Geliebte, Kranker. Diese Reihe ist unendlich fortzusetzen.

Wenn Sie es schaffen, Ihre Rollen zu betrachten und infrage zu stellen, können Sie immer mehr der Strukturen in Ihrem Energiefeld auflösen und zu einem authentischen Selbst werden.

Sie werden bisher stolz auf die Rollen sein, die Sie spielen. Sie werden froh sein, dass andere verlässliche Rollen in Ihrem Leben spielen.

Sie sind der knallharte, erfolgreiche Geschäftsmann Dr. Müller. Sie verdienen viel Geld, haben ein schönes Büro, sind bei Ihren Geschäftspartnern geachtet und zugleich gefürchtet. Ihr Ruf eilt Ihnen voraus. Sie sind in Branchenkreisen eine bekannte Größe.

Diese Rolle hat Sie voll im Griff.

Sie müssen in Anzug und Krawatte auftreten. Im Büro herrscht strenge Arbeitsatmosphäre. Ihre Gedanken bewegen sich auf den Gebieten Angebot und Nachfrage, Forderungen und Verbindlichkeiten, Geld anlegen und Steuern sparen. Schwäche dürfen Sie nicht zeigen. Gefühle sind fehl am Platz. Sie haben wenig herzliche, private Kontakte. Freunde im Arbeitsumfeld haben Sie nicht. Wenn sich eine Frau für Sie interessiert, steht Ihr Vermögen im Vordergrund. Im Golfclub sind Sie nur als Dr. Müller bekannt, Hansi hätte dort nichts verloren. Ihre Arbeitswoche hat nicht selten 60 Stunden.

Bei Ihren Mitarbeitern sind Sie der strenge, stets korrekt gekleidete, knallharte Chef Dr. Müller. Ein Privatleben oder menschliche Züge scheint es bei Ihnen nicht zu geben. Entsprechend erfahren Sie nichts von einem Privatleben Ihrer Mitarbeiter. Ihre Mitarbeiter halten sich an die Regeln, denn sie wissen, dass Versäumnisse oder Schwächen nicht geduldet werden. Jedoch, sie sind Menschen und wenn sie die Erwartungen des Chefs nicht erfüllen können, müssen sie lügen, Ausreden erfinden, ein Attest vorlegen.
Die Mitarbeiter wissen, dass Sie um 9.00 Uhr zur Arbeit kommen. Die Zeit vorher nutzen sie nach ihren Vorstellungen.
Manchmal, wenn Sie Ihre Rolle verlassen und zu früh kommen oder sich eine private Anwandlung entlocken lassen, erfahren Sie, dass es ein Leben jenseits Ihrer Rolle gibt. Es ist ein vielseitiges, buntes Leben. Ein Leben, das von sehr vielen unterschiedlichen Menschen auf ganz verschiedene Art und Weise gelebt wird. Diese bunte Vielseitigkeit, die unterschiedliche Wahrnehmung und Sichtweise, gibt es bei Ihnen in der Rolle des Dr. Müller nicht.

Sie werden froh sein, dass Ihr Buchhalter Rolf Maier sehr korrekt ist. Er kommt um 7.00 Uhr zur Arbeit und geht um 17.00 Uhr nach Hause. Jeder Geschäftsvorfall wird streng protokolliert, jede Zahl ordnungsgemäß erfasst. Niemals würde er auch nur einen Blick über sein Buchhaltungsprogramm hinaus wagen.
Dass er im Privatleben sehr geschickt mit Aktien und Anleihen umgehen kann, bleibt Ihnen unbekannt. Möglicherweise könnte er als Rolf Maier mit all seinen Fähigkeiten für das Gesamtwohl der Firma mehr leisten als er es in seiner Rolle als Buchhalter kann.

Rollen legen fest und beschränken. Sie sind eine verlässliche Größe, allerdings auf der beschränkenden Ebene, die ihnen zuteil ist.

Der Wechsel der Rollen kostet Kraft und Anstrengung. Im Büro, zu Hause, bei den Eltern oder im Verein immer eine andere Rolle zu spielen, erfordert ständige Umstellung der eigenen Verhaltensweisen. Auch bleiben die Teile Ihres Energiefeldes, die in einer momentan nicht ausgeübten Rolle gebunden sind, für die Gestaltung der gegenwärtigen Situation ungenutzt. Sie sind dann bei der Gestaltung des Familienlebens oder bei der Wohnungseinrichtung nicht kraftvoll anwesend und gelten im Verein als der Tollpatsch, der alles mit sich machen lässt.

Wer bin ich eigentlich wirklich?
Wer bin ich, wenn ich in Rente gehe?
Wer bin ich ohne meinen Partner?
Wie verhalte ich mich, wenn ich im Verein nicht mit Hansi sondern mit Herr Dr. Müller angesprochen werde?

23. Übung —
Rollen auflösen

Setzen Sie sich entspannt hin, und atmen Sie durch die Nase ein und durch den Mund aus.

Erstellen Sie sich eine Liste der Rollen, die Sie in Ihrem Leben spielen.

Machen Sie zu jeder Rolle eine Liste der Strukturen, die diese Rolle definieren.

Machen Sie sich Ihre eigene Beschränkung durch diese Strukturen bewusst.

Lösen Sie die Strukturen im Einzelnen auf.

Atmen Sie bei jeder Struktur, die Sie lösen, kräftig durch den Mund aus.

Genießen Sie jedes gewonnene Stück Freiheit und Kraft in der Aura.

Spüren Sie tief in sich den Kern Ihres Wesens.

Es ist ein Glaubenssatz, dass Sie nur in Rollen überleben können. Wenn Ihr Energiefeld wieder in Fluss kommt und Sie die Freude und die Kraft des Lebens mehr und mehr spüren können, brauchen Sie das klapprige Gerüst der Rollen nicht länger.

Ihre Rollen lösen können Sie nur, wenn Sie innerlich *wirklich* bereit für einen solchen Schritt sind und alte Gewohnheiten und Verhaltensweisen loslassen wollen.

Ihr Wesen, also Ihr Inneres, ist groß. Sie können sich selbst mit all Ihren Emotionen jetzt erst einmal kennenlernen.
Lassen Sie sich Zeit, und haben Sie Vertrauen in den Prozess der Entwicklung.

> Ohne Rollen leben Sie jederzeit mit voller Kraft und vollem Bewusstsein als authentische Person.

Wenn wir auf das energetische Menschenbild zurückkommen, sehen Sie, dass es eine übergeordnete Rolle zu allen anderen Rollen gibt. Diese Rolle ist das Ego. Das Ego beinhaltet sämtliche Rollen und definiert Sie als Persönlichkeit.

7.
Bedeutung von Ego und Wesen

Was verstehen Sie unter Ihrem Ego? Was verstehen Sie als Ihr Wesen?

Das Ego hat in unserer Gesellschaft einen schlechten Ruf. Niemand weiß so genau, was das Ego eigentlich ist. Egoistisch sein ist keine repräsentative Eigenschaft, das steht schon einmal fest.

Das Wesen hat schon mehr Existenzberechtigung. Man kann es finden und sich entwickeln lassen. Beim Gedanken an das eigene Wesen bekommen Sie ein stilles, ehrfürchtiges Gefühl von etwas Unerreichbarem.

Bei der energetischen Arbeit geht es nicht um die Bewertung von schlecht oder gut. Es geht um die Erkenntnis, nach welchen Gesetzmäßigkeiten Ihr Leben abläuft und nach welchen energetischen Grundlagen das geschieht.

Ego und Wesen gestalten gemeinsam Ihre Persönlichkeit und Ihr Umfeld, das Sie erleben.
Ihr Wesen definiert, was Sie von Ihrem Ursprung her gedacht waren. Es enthält alle Ihre Möglichkeiten, die Ihnen gegeben sind, um Ihr Leben zu kreieren. Sie erinnern sich, dass die Wesensschwingung im Energiefeld die schnellste Schwingung im Gegensatz zur Vitalität ist.

Ihr Ego trifft die Auswahl aus dem riesigen Angebot Ihrer wesensgemäßen Möglichkeiten. Es manifestiert die Wahl im materiellen Leben und erschafft das Energiefeld mit allen Blockaden und Lernangeboten. Das Ego kreiert »die Rolle Ihres Lebens«.

Sie leben im Alltag fast ausschließlich ego-gesteuert. Alles, was Ihnen im Alltag begegnet, was Sie erleben, alle sogenannten Lebensinhalte sind Kreationen des Ego.

Das Wesen meldet sich bei Ihnen nur für eine sehr kurze Zeit, einen Augenblick lang macht es auf sich aufmerksam und sucht nach Sinn und Hintergrund.

Dem Ego hingegen reicht es, wenn es Beachtung findet und im Mittelpunkt steht. Es beschäftigt sich mit den Inhalten des Alltags, lenkt Sie dadurch von tieferen Gedanken ab und ist sehr erfinderisch darin, Ihr Wesen nicht zu Wort kommen zu lassen.

Integration von Wesen und Ego

Das Ego ist all das, was Sie in Zeit und Raum erleben. Ihre gesamte Vergangenheit und Zukunft, alle Gedanken und Vorstellungen entspringen dem Ego und sind als Strukturen in Ihrer Aura vorhanden.

Das, was den Augenblick ausmacht, ist das Wesen. Das Wesen ist nur im Moment spürbar, nur in der Stille, nur in Ihrer Mitte, im Herzen. Das Wesen ist keine Struktur im Energiefeld, es ist die erschaffende Kraft des Energiefeldes, reine fließende, schöpferische Energie.

Das Ego wird Ihnen in Ihrem Umfeld gespiegelt, das Wesen nicht.

Das Ego erschafft Zeit, Raum, Realität und die gesamte Spielwiese der Realität um Sie herum. All das geschieht, damit Sie letztlich Ihr Wesen erkennen, den Sinn und das Ziel Ihres Lebens finden.

Das Ego stellt die Mannschaft, das Wesen ist der Ball. Der Ball *ist*, rund und im Augenblick. Er ist wertfrei. Die Mannschaft ist dagegen veränderbar. Man kann auswechseln, man kann sich verletzen und man hat Emotionen. Der einzelne Spieler ist darauf bedacht, möglichst gesehen zu werden. Zusammenspiel ist gut und wichtig, aber der einzelne Spieler muss fit sein.

An diesem Beispiel wird klar, dass eine Mannschaft ohne Ball kein Spiel hat. Aber auch der Ball hätte ohne Mannschaft keinen Sinn. Im Zusammenspiel liegt der Reiz, alle Qualitäten zu leben, zu spielen und Tore zu schießen.

Die Entwicklung von Ego und Wesen im Leben gleicht einer Wellenbewegung.
Zu Beginn Ihres Lebens ist das Wesen umfassend und erfüllt Ihr gesamtes Bewusstsein. Als kleines Kind hatten Sie noch ein Wissen von Ihrem Ursprung und fühlten sich stets verbunden mit dem höheren Bewusstsein und der ganzen Welt. Sie ersehnten und erlebten die Einheit. Sie zogen

sich als Säugling oder Kleinkind oft in den Schlaf zurück, weil Sie sich hier verbunden fühlten mit Ihrem Ursprung. Viele Menschen in meinen Seminaren berichten, dass sie als kleines Kind noch Elfen oder Engel sehen konnten. Sie konnten mit Verstorbenen sprechen oder sahen Napoleon. Jeder von uns hatte als Kind noch diesen selbstverständlichen Zugang zu anderen Realitäten und energetischen Feldern. Aber je älter wir wurden, desto mehr wurde uns der Zugang zu anderen Welten aberkannt. Und auch die kindliche Verbundenheit mit dem eigenen Wesen ging im Laufe des Lebens nach und nach verloren.

Das Ego mit all seinen Strukturen und Beschränkungen wuchs auf Kosten des Wesens. Das Wesen wurde immer unbedeutender und war irgendwann fast nicht mehr wahrnehmbar.
Als Erwachsener spielen Sie tagaus und tagein Rollen, die Ihr eigentliches Wesen verbergen. Das Ego hat jetzt die Führung übernommen.

Ab der zweiten Lebenshälfte können wir uns des Zusammenspiels von Ego und Wesen bewusst werden.
Das Ego ist wichtig, und diese Wichtigkeit gilt es zu erkennen. Jede einzelne Rolle und Beschränkung hat eine inhaltliche Bedeutung und auf einer höheren Ebene einen Sinn.
Wenn wir unser Ego bewusst erkennen, können wir die Erfahrungen des Lebens zur Erkenntnis nutzen und uns als Menschen entwickeln. Diese Entwicklung ist schließlich der einzige Grund, weshalb wir das Leben auf der Erde angenommen haben.

Das Ego kann sich danach wieder zurücknehmen und einem Erkenntnis-, Reifungs- und Bewusstwerdungsprozess im Alter Platz einräumen. Das wäre dem Wesen allein, ohne die Erfahrungen und Emotionen des Egos nicht möglich gewesen

> Machen Sie sich noch einmal ein Bild von Wesen und Ego.
> Das Ego breitet sich in Raum und Zeit entlang einer Längsachse aus.
> Das Wesen ist ohne Zeit und Raum, es existiert nur im Augenblick.
> Der Berührungspunkt der beiden sind die Gefühle, und zwar nicht die Emotionen der Vergangenheit, sondern die Gefühle des Augenblicks.

Wie fühle ich mich jetzt gerade?
Frei von Bewertungen, frei von Erinnerungen oder Erfahrungen?

Ich – jetzt – hier – in meiner Kraft.
Das ist Ihr Wesen in Verbindung mit dem Ego.

Ihr Wesen kann das Ego erlösen. Es kann das Ego bewegen, alle Möglichkeiten zu leben, die es geben kann.
Ihr Ego kann spüren, wie gut es sich anfühlt, mit dem Wesen in Einklang
zu sein. Es braucht zwar die Bewertung und den Erfolg. Aber gemeinsam
mit dem Wesen ergibt sich eine starke und bewusste Lebenskraft.

Ihr Wesen braucht nichts. Ihr Ego braucht alles, weil ein materieller
Bedarf vorhanden ist, um gefühlte, energetische Löcher zu stopfen.

Ihr Wesen ist, aus sich heraus. Ihr Ego will intellektuelle, logische
Erklärungen und die Bestätigung und Anerkennung von außen.

Ihr Wesen ist hier und jetzt. Ihr Ego ist Emotion und denkt und handelt ausschließlich in Vergangenheit und Zukunft.

Ihr Wesen kennt keine Strukturen. Ihr Ego besteht aus Strukturen.

Ihr Wesen ist Sinn. Ihr Ego ist Inhalt.

Die beiden, Wesen und Ego in Kombination, bringen Sie zu einem sinn-
erfüllten Leben. Es ist wichtig, die Erfahrungen und Planungen des Egos
zu erkennen und die Begrenzung darin zu durchleben. Dahinter können
Sie Ihren eigenen Ursprung im Wesen erkennen und mit Bewusstsein diese Teile zusammenführen. Das Leben in der Polarität führt Sie so in ein
erfülltes, ganzheitliches Sein und in einen lichtvollen Reifezustand.

Jeder von uns trägt diese Möglichkeit in sich.
Jeder kann seinen Ursprung und sein Wesen entdecken.
Jeder kann die Fähigkeiten seines Egos mit seinem eigenen Ursprung des
Wesens zusammenführen und seine eigene lichtvolle und bewusste Exis-
tenz leben und sein.

24. Übung —

Wesen und Ego in Einklang bringen

Setzen Sie sich entspannt hin, und atmen Sie durch die Nase ein und durch den Mund aus.

Erstellen Sie eine Liste mit allen Eigenschaften Ihres Egos.

Erkennen Sie darin, welch großartige Möglichkeiten das Ego Ihnen im Leben bietet.

Atmen Sie tief durch und bleiben Sie ganz hier im Augenblick.

Fühlen Sie sich, den Augenblick, mit Ihrem Wesen.

Fühlen Sie darin die grenzenlose Kraft und Freiheit.

Fühlen Sie jetzt die Verbindung von Ego und Wesen.

Lassen Sie aus dieser Verbindung Ihre innere Kraft durch bewusstes Atmen weiter wachsen und fühlen Sie Ihr Potenzial.

Nehmen Sie diese Kraft mit in Ihren Alltag.

Sie haben nunmehr erfahren, wie Sie sich bisher Ihr Leben kreiert haben.
Sie haben Übungen kennengelernt, die Ihre Energie in Ihrer Aura immer weiter steigen lässt, um endlich in wirklicher Eigenverantwortung Ihr Leben bewusst gestalten zu können.
Sie haben gelernt, sich von belastenden Strukturen zu befreien, um den Energiefluss weiter bewusst zu fördern.

> Jeder von uns ist Meister seines Lebens und weiß, welcher Weg richtig für ihn ist.

Keine der bisherigen Übungen ist mehr oder weniger wert als eine andere. Sie bauen aufeinander auf und ergänzen sich wie Puzzleteile zum Gesamtkunstwerk Ihres Lebens.

Um ein komplettes Bild zu erhalten, fehlen Ihnen nur noch wenige Puzzleteile.
Machen Sie eine Verschnaufpause, ehe Sie zum Endspurt ansetzen.
Schauen Sie, welche Fortschritte und Veränderungen es in Ihrem Leben bereits jetzt schon gegeben hat.

8.
Es gibt uns nur im Spiegel

Ihre gesamte Umgebung, die Welt, wie Sie von Ihnen wahrgenommen wird, ist Ihr Spiegel.

Es gibt keine objektive Welt, die für alle Menschen gleich ist. Jeder Mensch hat sich seine ganz persönliche Welt geschaffen und erschafft sie jeden Augenblick aufs Neue. Diese Welt entspricht zu 100 Prozent Ihren Vorstellungen und Beschränkungen. Alles, was Sie in sich tragen und was sich in Ihrem Energiefeld als Struktur manifestiert hat, bildet die Welt, in der Sie leben.

Alles was Sie als Welt erleben, sind SIE selbst.

Stellen Sie sich vor, Sie bestehen ausschließlich aus fließender Energie. Würden Sie dann etwas spüren, wenn Sie im Fluss sind? Nein, natürlich nicht.

Spüren können Sie nur dann etwas, wenn es einen Widerstand in Ihrem Fluss gibt. Wenn die Energie ins Stocken gerät, nur dann entsteht Bewusstsein.

Ihr Ursprung als geistiges Wesen ist daran interessiert, Erfahrungen in einem Körper sammeln zu können. Dafür ist Widerstand nötig.

Ihre Aura ist die Grundlage für die Umsetzung Ihrer eigenen Realität in Materie. In Ihrer Aura sind alle Begebenheiten des Lebens und alle Erfahrungen als Strukturen abgespeichert.

Da, wo im Energiefeld die Energie nicht fließt, also eine Struktur vorliegt, entsteht Ihr Bewusstsein. Die gesamte Welt könnten Sie also auch als »Störung« Ihres eigenen Energieflusses bezeichnen.

Es gibt bei Energiefeldern nur die Zustände von Fließen und Nicht-Fließen.

Das betrifft die Realität jedes Einzelnen von uns. Sie nehmen nur dann etwas in Ihrer Umgebung wahr, wenn Ihr Energiefluss gestört ist. Wenn alles fließt, sind Sie mit sich selbst und allem um Sie herum im Reinen. Sie erleben andere Menschen in Ihrer Umgebung, weil sie in Ihrer eigenen Aura eine Resonanz erzeugen. Die anderen sind sozusagen »Störungen« in Ihrem Energiefeld. Das betrifft nicht nur andere Menschen, sondern Ihr gesamtes Lebensumfeld, Ihre gesamte Umgebung.

Ihre Wahrnehmung und Ihr Bewusstsein finden ausschließlich an Widerständen statt.

Wie erleben Sie Ihre Welt? In der Umgebung findet nur das statt, was Sie in Ihrer Aura mit sich herumtragen. Sie brauchen also über nichts zu schimpfen – alles sind Sie selbst.

Ist Ihnen schon einmal aufgefallen, dass Sie, wenn Sie einen neuen Wagen kaufen wollen, überall nur noch die Automarke sehen, für die Sie sich interessieren?
Wenn Sie schwanger sind, begegnen Ihnen garantiert alle Schwangeren der Stadt und wenn Sie zu klein sind, laufen Ihnen viele große Menschen über den Weg und jeder Einzelne ist Ihnen ein Dorn im Auge.
Das sind einfache Alltagsbeispiele, die Ihnen verdeutlichen, wie der Mensch seine Realität als seinen inneren Spiegel erlebt. Lassen Sie uns nun die verschiedenen Spiegel in Ihrer Umgebung genauer kennenlernen, um das nächste Puzzleteilchen in Ihr Lebensbild einfügen zu können.

Partner als Spiegel

Wenn Sie einen Partner wählen, tun Sie es nach dem Spiegelprinzip. In der Phase der Verliebtheit sehen Sie ausschließlich die Eigenschaften am anderen, die Sie wunderbar und erstrebenswert finden. Die Zeit des Verliebtseins ist wunderschön und alle Wünsche scheinen wahr zu werden. Nach der Phase dieser Verliebtheit begegnen Sie sich selbst in Ihrem Partner. Der Partner präsentiert Ihnen Ihre verborgenen Eigenschaften. Den Spiegel in der Partnerschaft anzunehmen bedeutet, wirklich an die tiefsten eigenen Schattenseiten zu gelangen und sie zu bearbeiten. Erst dann sind Sie zu einer wirklichen Partnerschaft aus einer wertfreien und bedingungslosen Liebe bereit.

Sie können sich im anderen erkennen und daraus lernen.
Zu diesem Schritt sind jedoch die meisten Menschen nicht bereit. Es ist einfacher, die eigenen Themen auf den anderen zu projizieren und ihm Vorwürfe zu machen. Hieraus resultieren die vielen Trennungen. Man trennt sich lieber von seinem Partner, als dessen Eigenschaften als Spiegel seiner eigenen Persönlichkeit anzunehmen und diese Erfahrung lebendig umzusetzen.

So gehen viele Menschen von einem Partner zum nächsten und treffen immer wieder auf die gleichen Schwierigkeiten. Aber die eigenen Themen werden einem so lange serviert, bis man sie auf irgendeine Weise bearbeitet hat.

Hatten Sie in Ihrer Partnerschaft Schwierigkeiten im Umgang mit Geld und war das sogar Ihr Trennungsgrund? Sie konnten über dieses Thema nicht offen miteinander reden und die Schulden wurden immer größer? In der nächsten Beziehung wird dies über kurz oder lang wieder zum Hauptthema, bis Sie irgendwann einmal den Sinn verstehen und das Thema bewusst bearbeiten.
Schauen Sie, wo Sie selbst nicht mit Geld umgehen können. Vielleicht liegt die Ursache seit Ihrer Kindheit als Glaubenssatz vor (siehe Kapitel

»Strukturen«), der in Ihrer Aura so viel Energie gebunden hat, dass der Fluss Ihrer finanziellen Lebensgestaltung gestört ist. Bearbeiten Sie ihn, und die Thematik kann sich klären.

Nicht der Partner *ist* das Problem, sondern Sie selbst sehen Ihr Problem in ihm gespiegelt.

Dies ist eine große Chance, mit der Bearbeitung zu beginnen. Setzen Sie nicht denjenigen vor die Tür, der Ihnen bei der Bearbeitung Ihres Themas behilflich sein kann.

Wirkliche Partnerschaft, in der Sie einem anderen Menschen gleichberechtigt gegenübertreten, beginnt dann, wenn Sie Ihre eigenen Schattenseiten angenommen und integriert haben. Ein Partner ist die größte Offenbarung, wenn dieser Weg gelingt, weil sich dann die Seelen in tiefer Reinheit begegnen können, ohne durch die Lernaufgaben der Egos blockiert zu sein.

> Sie können nur erleben, was Sie in sich tragen. Indem Sie sich selbst im Außen erleben, können Sie sich stetig weiterentwickeln.

Kinder als Spiegel

Ihr Kind spiegelt Ihnen immer genau Ihren eigenen emotionalen Zustand, den Sie hatten, als Sie so alt waren, wie Ihr Kind es gerade ist.
Haben Sie ein Problem mit Ihrem Kind, das sich gerade in der Pubertät befindet, können Sie davon ausgehen, dass Sie selbst in diesem Alter für Ihre Eltern ein schwieriges Kind gewesen sind.

Fällt es Ihnen schwer, mit Säuglingen umzugehen und fürsorglich zu sein, haben Sie mit Sicherheit selbst nicht viel Nähe und Fürsorge als Baby genossen.

Sie tragen also das »schwierige Kind in der Pubertät« oder den »verlassenen Säugling« in sich.
Da Ihr Energiefeld den Ablauf erzeugt, den es gespeichert hat, begegnet Ihnen genau diese Situation – jetzt allerdings mit der Chance, zu Erkenntnis und Veränderung zu gelangen.
Ihre Strukturen und Ihre Erfahrungen aus der Pubertät oder frühen Kindheit manifestieren sich in Ihrer Umgebung als Ihr eigenes »schwieriges Kind«. Ihr Kind bringt in Ihrem Energiefeld die entsprechenden Strukturen in Resonanz und lässt Sie Ihre Verletzungen aus der eigenen Kindheit erkennen und heilen.

Sie können mit diesem Verständnis sehen, dass nicht das Kind in Ihrer Umgebung das Problem ist, wie Sie vielleicht bisher meinen. Das Kind weist Sie vielmehr auf Sie selbst hin, und die einzige Lösung aus dem Dilemma mit »schwierigen Kindern« ist die Veränderung bei Ihnen selbst.
Sehen Sie sich Ihre Schwierigkeiten in Ihrer eigenen Jugend an und erkennen Sie die Thematik. Nur dann haben Sie die Möglichkeit, an der Situation mit Ihren Kindern in Ihrer Realität wirklich etwas Grundlegendes zu verändern.

Annehmen bedeutet zunächst einmal, anzuerkennen und sich selbst in der Situation wiederzufinden. Annehmen bedeutet, nicht zu projizieren, sondern im Augenblick, in dem eine Situation schwierig ist, die Brücke zum eigenen Leben zu schlagen.

In diesem Fall bedeutet annehmen, noch einmal das Gefühl zuzulassen, das Sie selbst als Kind fühlten oder nicht fühlen durften.

Beispiel:

Ich sehe mein trotziges Kind und merke innerlich, wie ich sauer und unfähig werde, damit umzugehen. Ich schreie es an, schicke es in sein Zimmer und lebe meine Wut auf das Kind aus. Ich bin immerhin stärker.

Lösung:

Ich sehe mein trotziges Kind und fühle meine innere Berührtheit, meine eigenen Gefühle, meinen eigenen Trotz aus der Kindheit. Dadurch, dass ich dieses Gefühl bei mir selbst zulasse, kann ich weich werden und mein Kind in der augenblicklichen Situation in den Arm nehmen. Das Kind kann sich beruhigen, und solche Situationen werden nicht mehr oft vorkommen.

Trennungskinder stellen heute einen großen Anteil der scheinbar schwierigen Kinder dar. Sehen Sie die Kinder als Ihren Spiegel, erkennen Sie, dass sie Ihre eigene Ablehnung des ehemaligen Partners präsentieren.

Eine Trennung läuft in den seltensten Fällen ohne Konflikte ab. Beide ehemaligen Partner tragen ihre Erfahrungen und Verletzungen davon. Die Kinder spiegeln diese Verletzungen. Bleiben Sie als Elternteil in der Haltung der Projektion, verstärkt sich die Spiegelfunktion. Je stärker Sie in die Ablehnung des alten Partners gehen, umso stärker regt das Kind in Ihnen Gefühle an, die mit dem alten Partner in Zusammenhang stehen.

Die Kinder begegnen Ihnen zwangsweise schwierig. denn Sie sind ja mit dem Partner und seinen Spiegelanteilen auch schon nicht zurechtgekommen!

Der Mensch bekommt die Thematik als Aufgabe so oft serviert, bis er ihren Sinn verstanden hat und eine Veränderung und Entwicklung herbeiführt.

Beispiel:

Ihr Kind hat am Tisch das gleiche Verhalten an sich, das Sie an Ihrem Partner schon nicht mochten.

Sie schimpfen mit dem Kind und sagen, dass es genauso blöd ist wie der Papa und Sie es nicht mögen, wenn es sich so verhält. Das Kind fühlt einen Teil in sich abgelehnt und spürt, dass zwischen den Eltern noch etwas nicht geklärt ist. Es muss sich noch auffälliger verhalten, um diesen Aspekt zur Klärung bringen und in sich selbst annehmen zu können.

Lösung:

Ihr Kind hat am Tisch das gleiche Verhalten, das Sie an Ihrem Partner schon nicht mochten.

Sie fühlen, welches Gefühl bei Ihnen ausgelöst wird.

Sie nehmen die Wut auf Ihren ehemaligen Partner wahr.

Sie stellen fest, dass schon Ihr Vater sich so am Tisch verhalten hat, Ihre Mutter schon darüber mit ihm geschimpft hat und Sie ihn dafür gehasst haben.

Sie fühlen Ihre eigene Zerrissenheit als Kind in dieser Situation und lassen das Gefühl zu.

Sie spüren, wie sich in Ihnen das Gefühl auflöst.

Sie können Ihr eigenes Kind anschauen, ohne aggressiv zu werden. Sie können es in den Arm nehmen und ein Gefühl von Dankbarkeit spüren, dass es Ihnen als Spiegel weitergeholfen hat.

Das Kind braucht das Verhalten nicht mehr zu zeigen, denn es hat gespürt, dass Sie es als eigenständige Persönlichkeit ernst- und wahrnehmen und es sich entwickeln kann.

Kinder haben für ihre Eltern eine wichtige Funktion, da viele Eltern ihre Hauptlebensthemen seit ihrer Kindheit mit sich herumtragen. Deswegen können verstehende Eltern ihren Kindern sehr dankbar sein und jeden Augenblick mit ihnen genießen. Die Kinder leben noch die Gefühle aus, die bei den Erwachsenen unter Moral und Scham vergraben sind. Sie geben den Eltern durch das Verständnis des Spiegels eine einmalige Chance der Erfahrung und Bearbeitung, um zu reifen.

Erziehung in der heutigen Zeit bedeutet, die Möglichkeiten der eigenen Reifung in den Kindern zu erkennen und sich selbst zu verändern.

Das Schöne an der Arbeit mit dem eigenen Spiegel ist, dass Sie das Ergebnis alsbald sehen. Wenn Sie bei sich ein Gefühl und in der Folge ein Verhalten aufdecken und verändern, ändert sich sofort Ihr Spiegel.

> Stehen Sie manchmal vor einem materiellen Spiegel und sind entsetzt, wie traurig und ernst Sie aussehen? Dann setzen Sie ein breites Lachen auf – und Ihr Spiegelbild ist sofort ein anderes!

Für Kinder wiederum sind die Eltern wichtige Spiegelbilder ihres Lebens. Sie erkennen in ihnen, wie ein erwachsener, reifer Mensch die Themen seines Lebens bearbeitet. Kinder haben noch einen unkomplizierten Zugang zur Wahrnehmung, sie brauchen keine Erklärung. Sie spüren Authentizität und nehmen nur die Erwachsenen wirklich ernst, die nicht mehr ihr eigenes Leben auf andere Menschen projizieren.

Die schwierigen Kinder der heutigen Zeit sind nicht von Natur aus schwierig. Die Problematik von Schwierigkeiten allgemein entsteht, weil in diesem Fall die Erwachsenen nicht den Sinn der Entwicklung verstehen. Sie verstehen nicht die Zusammenhänge und die energetischen Grundgesetze, nach denen wir alle zusammenleben.

Die emotionale Entwicklung wird in der Gesellschaft unterschätzt, weil die Erwachsenen selbst Angst vor der Begegnung mit ihren Gefühlen haben, die ihnen von den Kindern gespiegelt werden. Diesen Spiegel wollen sie nicht annehmen und wälzen die Problematik als Projektion auf ihre Kinder ab.

Pädagetik, die Heilenergetik für den Bereich der Erziehung und Schulbildung setzt dieses und alle weiteren Themen des Buches in die praktische Arbeit und in das Leben mit Kindern um.

25. Übung —
Kind als Spiegel erlösen

Setzen Sie sich entspannt hin, und atmen Sie durch die Nase ein und durch den Mund aus.

Stellen Sie sich als inneres Bild die Kinder vor, die Ihnen täglich begegnen.

Welche Gefühle lösen sie bei Ihnen aus.

Kennen Sie das Gefühl von früher?

Mit welcher Person aus Ihrem Leben und Ihrer Umgebung verbinden Sie dieses Gefühl?

Lassen Sie das Gefühl jetzt zu, egal wie weh es tut. Fühlen Sie einfach.

Nehmen Sie in Ihrer Vorstellung das Kind, das das Gefühl bei Ihnen ausgelöst hat, in die Arme.

Fühlen Sie, wie Sie sich innerlich entspannen können.

Abgespaltene Teile Ihres Lebens werden integriert und bringen Kraft.

Tiere als Spiegel

Leben Tiere in Ihrem Umfeld, spiegeln auch sie Ihre Gefühle.
Das Tier zeigt, was Herrchen oder Frauchen innerlich fühlen, aber nicht nach außen leben dürfen. Dies betrifft alle Tierarten, die als Haustiere gehalten werden. Die Tiere im menschlichen Umfeld werden von den strukturgeprägten Auren ihrer Umgebung überlagert. Sie verlieren die tiergemäße energetische Bindung in ihre Art und stehen stattdessen dem Menschen als Spiegel für seine Entwicklung zur Verfügung.
In diesem Kapitel wird nur auf Hunde als Spiegel eingegangen.

Sie finden den wild umhertollenden Hund witzig und lassen ihn Stöckchen holen.
Sie lassen sich die interessantesten Erziehungsmethoden für Hunde einfallen, um die wild gewordenen Gefühle zu gängeln.
Sie wundern sich über die Kampfhunde, die die Wut ihrer Besitzer ausleben oder über den fetten Dackel, der immer dann etwas zu essen bekommt, wenn sein Frauchen oder Herrchen Hunger hat. Sie wundern sich auch über das Halten eines Hirtenhundes in einer Etagenwohnung oder über die Kleidungsstücke und Frisuren niedlicher kleiner Zwerghunde.
Sie lesen Berichte über Rettungsaktionen für wild lebende Hunde aus fremden Ländern, die nach Deutschland gebracht werden. Sie werden geimpft und kastriert und leben in Städten.

Tiere als Spiegel sind ausgesprochen hilfreiche Hinweise auf das verdeckte Gefühlsleben ihrer Besitzer. Sie sind häufig Ersatz für Lebenspartner oder für Kinder. Manchmal sind sie Ventil für Aggressionen, manchmal für vermisste Liebe und Nähe.

Um auf das Kapitel Gefühle zurückzukommen: Tiere haben Basisgefühle, wie Hunger oder Müdigkeit, und sehr gut funktionierende Primärgefühle, die eine Reaktion zur Erfüllung der Basisgefühle auslösen.

Der Mensch bringt in die Beziehung zu seinem Haustier die Sekundärgefühle ein. Tiere sind eingebunden in das menschliche Energiefeld und reagieren.

Aus der Sicht des Tieres sind Sekundärgefühle Verhaltensauffälligkeiten. Sie leiden unter der Pflicht, Sorge, Schuld, Ohnmacht, Angst, Moral und all den gesellschaftlichen Problemen ihrer Besitzer.

Sie spiegeln dies dann in ihrem Verhalten und werden zum Tierarzt oder Tierheilpraktiker gebracht, der sich leider nur um die oberflächlich auftretenden Symptome kümmert.

Entdecken Sie als Mensch Ihre Gefühlswelt neu, und leben Sie Gefühle da, wo sie hingehören, in Ihren zwischenmenschlichen Beziehungen.

> Genauso, wie es keine erziehungsschwierigen Kinder gibt, gibt es auch keine schwierigen Tiere.

Es geht nicht darum, keine Haustiere zu halten oder einen großen Bogen um Kinder zu machen. Es ist vielmehr genau umgekehrt. Sie können glücklich sein über jedes Kind, jedes Tier und über Ihre gesamte Umgebung, weil Sie endlos Chancen bekommen, sich selbst zu entdecken.

Auto als Spiegel

Das Auto ist ebenfalls ein Spiegel Ihres Selbst.

Das Auto zeigt Ihnen, wie fit Sie mit Ihrer Aura in Ihrem Leben stehen. Funktioniert es gut? Ist es gepflegt und kümmern Sie sich um Ihr Auto? Ist es ein starkes Auto oder hat es ständig irgendwelche Macken? Fahren Sie sich öfter mal Beulen ins Blech? Streikt Ihr Anlasser? Haben Sie Angst vor dem Autofahren? Stehen Sie oft im Stau?

All das können Sie auf sich selbst und Ihre Lebenskraft beziehen und als Spiegel 1:1 übertragen.

Geld als Spiegel

Geld dient in Ihrem Leben als Spiegel für Ihren Energiefluss.

Haben Sie immer genügend Geld und geben es mit Freude aus, sodass ein Hin- und Herfließen entsteht? Oder halten Sie Ihr Geld zurück?

Sparen Sie krampfhaft und haben Sie immer einen Geldstau im Einnehmen und Ausgeben, so bedeutet dies, dass Ihre Energie nicht fließt.

Haben Sie Schulden und verfügen über kein Geld? Fließt zuviel Energie weg oder kommt zuwenig Energie hinzu?

Wie können Sie diese Thematik lösen?

Schimpfen Sie nicht über den zu geringen Lohn, über den schlechten Tarifvertrag oder über Ihren Ehemann, der zu viel Geld ausgibt.

Dies sind die Symptome, die auf den Zustand Ihres Energiefeldes hinweisen. Schauen Sie bei sich selbst, welcher Art Ihr Problem ist. Sie können eine Änderung herbeiführen, indem Sie die ursächliche Struktur in Ihrem Energiefeld bearbeiten und zum Beispiel Glaubenssätze lösen. Zum Thema Geld gibt es unendlich viele Glaubenssätze, die sich als Spiegel in Ihrer Umgebung manifestiert haben können (siehe Kapitel »Ohnmachten«).

Aspekte der Persönlichkeit

Ihre Umgebung erleben Sie als Spiegel, der alle Aspekte Ihrer eigenen Persönlichkeit widergibt.
Da Sie Ihr Inneres nicht sehen und verstehen können, bekommen Sie es im Außen durch Ihre Umgebung als Spiegel vorgehalten. Alles, was Sie im Außen serviert bekommen, haben Sie im Inneren, also in Ihrer Aura abgespeichert, selbst wenn Sie es zunächst auf Anhieb nicht verstehen können.
Der Spiegel zeigt alles, wirklich alles!
Alle Blockaden und Strukturen Ihres Energiefeldes spiegeln sich in Ihrer Realität.
Sie sehen sich selbst im Spiegel, wenn Sie in Ihrer Familie oder bei Ihren Freunden sind, wenn Sie Ihren Beruf ausüben, wenn Sie Auto fahren, einfach immer. Die Art und Weise, wie Sie Ihr Leben gestalten, was Ihnen gefällt und was nicht, Ihre Hobbys und Vorlieben, all das spiegelt Sie selbst.

Betrachten Sie die Vorgänge des Spiegelns völlig wertfrei. Bobachten Sie sich in Ihrem Umfeld ohne sich zu be- oder verurteilen. Gefällt Ihnen ein Teilbereich des Spiegels nicht, können Sie diesen Teilbereich ändern.
Sie müssen diesen Bereich nicht erdulden und ihn leidend und schimpfend ertragen. Wenn Sie verstanden haben, dass dieser Bereich Ihre Entwicklungsaufgabe als Mensch ist, können Sie an sich selbst arbeiten und das Spiegelbild wird sich verändern.
Treten Sie grimmig vor den Spiegel, blickt Ihnen ein grimmiges Gesicht entgegen. Treten Sie lächelnd vor den Spiegel, blickt Ihnen ein lächelndes Gesicht entgegen.

Anhand des bereits bekannten Energiebarometers können Sie hier die Entwicklung Ihrer Aura nachvollziehen:

Energieniveau	Spiegel
< 50 Prozent	Druck, Belästigung, Vernachlässigung, Missachtung, Opfer
+/- 50 Prozent	Sie stehen vor vielen Entscheidungen
> 50 Prozent	Die anderen sind freundlich, Ihnen gelingt alles reibungslos
+/- 90 Prozent	Angst vor einem Ereignis, einem Thema oder einer Person
+/- 100 Prozent	Prüfungssituation unterschiedlicher Art und Intensität
> 100 Prozent	Wachstum, Lebensfreude, Glück und Erfolg
+/- 160 Prozent	Entfaltung des Energiefeldes, als Rückschlag gefühltes Wachstum

Aus allem, was Ihnen begegnet, können Sie lernen oder eine Information über sich selbst erhalten.

Hat Ihr Auto einen Schaden, können Sie daraus ableiten, wo es bei Ihnen selbst an Energie fehlt.
Fühlen Sie sich von Kollegen gemobbt, wissen Sie, dass Sie sich selbst nicht ernst nehmen.
Sehen Sie im Fernsehen ständig Berichte über Gewalttaten, Arbeitslose und Opfer, wissen Sie, dass Sie selbst ein hohes Gewaltpotenzial haben, Ihre Wut wegdrücken und selbst in einem Energieniveau sind, in der »man Opfer ist«, also unter 50 Prozent.
Ist Ihr Nachbar jähzornig, haben auch Sie einen entsprechenden Teil in sich.
Ist Ihre Freundin eifersüchtig, brauchen Sie sicher nicht lange zu suchen, um diesen Aspekt auch bei sich selbst zu entdecken.

Bisher bekämpften oder entfernten Sie alles aus Ihrem Umfeld, was Ihnen unangenehm auffiel. Die Scheidung vom Ehemann, das Ende der Freundschaft mit der besten Freundin, der lange nicht mehr besuchte Bruder, der

Mieter über Ihnen, der immer laut Musik hört, die Querelen im Verein, die schlechte Stimmung in der Firma, der Rechtsstreit gegen Ihren Nachbarn, der Tratsch gegen »Sonderlinge« – was davon hätte Ihnen Anlass geben können, zu schauen, ob das alles etwas mit Ihnen zu tun hat?

Weshalb erlebten Sie diese Situationen? Was war die Lernaufgabe für Sie? In welcher veränderten Art und Gestalt kam die gleiche Situation erneut auf Sie zu? Wie haben Sie dann beim zweiten Mal reagiert? Ist ein drittes und viertes Mal nötig?

Haben Sie eine Thematik verstanden, die Ihnen gespiegelt wird, verändert sich der Spiegel.

Alles in Ihrer Umgebung ist ein Spiegel. Es bringt Ihnen große Fortschritte für Ihre Bewusstseinsentwicklung, diese Spiegel zu erkennen und zu bearbeiten.
Mit der Erkenntnis des Spiegels verlassen Sie die Ebene der Projektion, werden zum Verstehenden Ihrer Welt und damit zum bewussten Gestalter Ihrer Realität.

Direkter und verdeckter Spiegel

In der Arbeit mit dem Spiegel werden der direkte und der verdeckte Spiegel unterschieden. Beim direkten Spiegel ist uns die Spiegelaussage eindeutig und klar. Eine andere Person tut oder hat etwas, was Sie selbst gerne hätten oder täten, was Sie sich aber nicht zugestehen.

Beim verdeckten Spiegel haben Sie das Gegenteil von der Eigenschaft, die Sie an einem anderen Menschen nicht mögen. Hier kommen Sie sich selbst auf die Schliche, wenn Sie Ihre eigenen Bedürfnisse und Eigenarten sehr genau und ehrlich unter die Lupe nehmen.

> Entwicklung bedeutet immer das Annehmen Ihrer Spiegel im Außen, um sich selbst besser kennenzulernen und nach und nach alle Aspekte Ihres Lebens integrieren zu können.

Lassen Sie uns das an ein paar praktischen Beispielen betrachten

× Der unordentliche Kollege regt mich auf.

Direkter Spiegel: Ich bin selbst unordentlich?

Verdeckter Spiegel: Ich wäre gerne unordentlich, gestehe es mir aber nicht zu, bin äußerst pedantisch und vertrage es nicht, wenn andere unordentlich sind.

× Meine Kinder sind so laut und gehen mir auf den Wecker.

Direkter Spiegel: Ich bin selbst oft laut.

Verdeckter Spiegel: Ich durfte als Kind nie laut sein und unterdrücke meine Lautstärke heute krampfhaft und schimpfe, wenn jemand laut ist.

× Mein Partner kauft mir immer billige Geschenke, um möglichst wenig Geld auszugeben.

Direkter Spiegel: Ich bin auch oft geizig bei anderen.

Verdeckter Spiegel: Ich bin mir selber nichts wert und gönne mir selber nichts, ärgere mich aber, dass andere so geizig sind.

× Mir geht der unordentliche Haushalt der Freundin auf die Nerven.

Direkter Spiegel: Mich stört der Dreck bei mir selbst auch.

Verdeckter Spiegel: Ich könnte auch mal fünf gerade sein lassen, gestehe es mir aber nicht zu, bin besonders ordentlich und rege mich lieber auf, wenn die Freundin unordentlich ist.

26. Übung —
Spiegel annehmen

Nehmen Sie sich eine halbe Stunde Zeit, und machen Sie sich eine Liste von allen Menschen in Ihrer direkten Umgebung.

Ergänzen Sie Ihre Liste mit Eigenarten oder Verhaltensweisen dieser Menschen, die Sie als störend oder provokativ empfinden. Schreiben Sie sie stichwortartig auf.

Was spiegeln Ihnen diese Eigenschaften bei sich selbst?

Erkennen Sie Ihr eigenes Muster im anderen?

Handelt es sich um direkte oder verdeckte Spiegel Ihres Selbst?

Was können Sie an sich selbst oder an Ihrem Verhalten sofort ändern?

Gehen Sie liebevoll mit sich selbst um.

Beobachten Sie, wie sich schon bald nach der Übung Ihre Umgebung verändert und der Spiegel sich wandelt.

9.
Bewertungen

Sinn und Zweck von Bewertungen

Stellen Sie sich vor, Sie seien ein kleiner schwarzer Punkt in einer unendlichen weißen Weite. Wie fühlen Sie sich?

Sie haben keine Orientierung, Sie wissen nicht, wo oben und wo unten ist. Sie haben kein Gefühl für Ihre Größe. Sie haben kein Empfinden für Helligkeit und Dunkelheit. Sie haben keine Vorstellung von Zeit.

Jetzt stellen Sie sich weiter vor, es käme ein anderer Punkt in Ihren endlosen weiten Raum hinzu. Wie fühlen Sie sich jetzt?

Ist er über oder unter Ihnen? Ist er größer oder kleiner, dicker oder dünner? Ist er genauso schwarz wie Sie, oder heller? Bewegt er sich schneller als Sie, oder langsamer?

In dem Augenblick, in dem Sie einen Vergleich herstellen, haben Sie die Möglichkeit, sich selbst einzuschätzen, und Ihre eigene Existenz fängt an, für Sie interessant zu werden.

So geht es dem energetischen Bewusstsein im Sein. Es *ist* im Energieuniversum. Es wählt das Leben auf der Erde, um in der Welt der Vergleiche und Möglichkeiten, also in der Welt der Materie, Erfahrungen zu machen.

Als Mensch brauchen Sie einen Bezugspunkt, um sich selbst durch den Widerstand oder den Vergleich wahrnehmen zu können.

Als Sie sich als geistiges Wesen entschieden haben, für Ihr Leben hier auf der Erde einen Körper zu wählen, haben Sie sich für den Weg der Erfahrungen entschieden und damit unweigerlich auch für Bewertungen.

Sie haben sich mit Ihrem Körper eine riesige Spielwiese an Möglichkeiten geschaffen, haben aber vor lauter Aktivität vergessen, dass Sie auch ein *geistiges* Wesen sind, das jenseits von Bewertungen einfach *sein* darf.

Als Mensch haben Sie, um sich weiterzuentwickeln, die Möglichkeit des Vergleichs mit anderen Menschen. Im Zusammenleben ist es möglich, Erlebnisse und Begegnungen zu bewerten, sich im Spiegel zu sehen und sich dadurch selbst zu erkennen.

Sie haben in jedem Moment Ihres Lebens die Möglichkeit und Freiheit, jede Ihrer Wahrnehmungen Ihrem Gefühl gemäß neu zu bewerten. Bisher haben Sie eine Situation immer aus den Emotionen bewertet, die sich aus den Erfahrungen Ihres bisherigen Lebens ergeben hatten.

Sie betrachten heutige Situationen also mit den Augen der Vergangenheit. Es ist dadurch kein Wunder, dass Sie wiederkehrende Situationen immer aus dem gleichen Blickwinkel betrachten und dadurch keinen wirklichen Fortschritt machen. Sie stoßen dadurch immer wieder die gleichen Strukturen in Ihrer Aura an, verhalten sich in den entstehenden Abläufen gleich und verstärken dadurch die in Ihrem Energiefeld gespeicherten Strukturen.

Bewertungen sind *die* Grundlage für die Strukturen in der Aura.

Wenn Sie mehr und mehr den Sinn in Ihrem Leben erkennen, wird Ihnen die Bedeutung der Bewertungen bewusst. Bewertungen sind absolut individuell und entspringen dem eigenen Wahrheitsausschnitt.

> Der Wahrheitsausschnitt ist die individuelle Sichtweise Ihres Lebens. Er setzt sich zusammen aus allem, was Sie in der Erziehung, in der Schule, im Beruf und durch eigene Erfahrungen im bisherigen Leben an Weltsicht gewonnen haben. Ihr Wahrheitsausschnitt ist vom Wahrheitsausschnitt jedes anderen Menschen verschieden.

Im Alltag sind Sie ständig damit beschäftigt, Ihren Wahrheitsausschnitt mit den Wahrheitsausschnitten der anderen zu vergleichen und abzustimmen. Was Ihnen gefällt, muss der Freundin noch lange nicht gefallen. Was der eine für wertvoll hält, kann für den anderen belanglos sein. Was der eine schön findet, ist für den anderen womöglich hässlich. Was für den einen eine günstige Gelegenheit darstellt, ist dem anderen zu waghalsig. Was dem einen hilft, macht den anderen ratlos. Was der eine sagt, wird vom anderen nicht immer richtig verstanden.

Sie erinnern sich: Wenn wir beide die gleiche Farbe Rot sehen, sehen wir dann wirklich das Gleiche?

Es gibt keine allgemeingültigen, objektiven Bewertungen.

Bewertungen im persönlichen Leben

Jeder Mensch hat in Bezug auf Erfahrung, Moral, Glaubenssätze und Prägungen seine individuelle Geschichte.
Der Grundglaubenssatz, der viele Menschen durch ihr Leben begleitet, wird nonverbal früh in der Kindheit verankert und lautet:

»Ich nehme dich als Wesen nicht wahr und du bist nicht so, wie ich dich wollte«,

Jedes Mal, wenn die Eltern ein Verhalten des Kindes nicht gutheißen, schimpfen und es als nicht richtig bewerten, wird dieser Glaubenssatz im Kind bekräftigt.

Sie sehnen sich nun schon lebenslang danach, endlich als das, was Sie sind, gesehen und wahrgenommen zu werden. Sie wollen Anerkennung und Lob für Ihr Sein bekommen. Ursprünglich richtete sich dieser Wunsch an Ihre Eltern. Er dehnte sich schließlich auf Ihr gesamtes Leben aus. Der Partner, der Kollege, die Kinder, die Freunde – alle sollen dafür zuständig sein, Ihnen Ihre Daseinsberechtigung zu geben.
Das gelingt nicht.

Sie lassen sich durch die eigene Bewertung, nicht richtig zu sein oder etwas nicht richtig zu machen, in Ihrer Energie reduzieren. Sie passen sich an, um zu gefallen.
Ihr Energiefeld wird immer schwächer, da durch Ihre Bewertungen Strukturen im Energiefeld entstehen. Durch Bewertungen entstehen Ohnmachten (ich bin schlechter, ich kann nicht so gut wie …) und Dünkel (ich bin besser …), in denen Energie gebunden wird.

Bewertungen würden nur dann Sinn machen, wenn es »Richtig« und »Falsch« gäbe.
Wenn Sie erkannt haben, dass alles, was ist, einen Sinn macht, können Sie die Einschätzung von »Richtig« und »Falsch« loslassen. (siehe Kapi-

tel »Ein Symptom ist die Heilung eines energetischen Problems«) Es gibt kein »Richtig« und kein »Falsch«. Bewertungen hängen von der eigenen Perspektive ab und sind immer nur für Sie selbst und auch nur in diesem Augenblick gültig.

Der Mensch kann durch seinen lebenslangen Reifungsprozess dazu kommen, hinter allen Bewertungen sich selbst zu finden: sein Wesen.
Finden Sie zu sich selbst! Dabei kommen Sie zur Ruhe und hören auf zu suchen. Sie brauchen sich nicht mehr zu vergleichen und andere nicht zu bewerten, weil Sie erkennen, dass alles, was ist, einfach nur *ist*, und zwar völlig wertfrei.
Sie müssen dann Ihr Ego nicht länger füttern und weiter Strukturen ansammeln, um sich besser oder schlechter zu fühlen. All das können Sie lassen.
Sie können verstehen und fühlen, dass Sie, so wie Sie sind, richtig sind.
Denn wenn Sie in sich selbst ausgeglichen sind, wird dies in Ihrer Umgebung auch dementsprechend positiv gespiegelt.

> Bewertungen ziehen Emotionen und Erfahrungen aus dem Unterbewusstsein zur Festlegung der Realität heran.

Sie denken, das Leben müsse doch sicherlich langweilig sein, wenn Sie nicht mehr bewerten. Sie denken, Sie hätten keine eigene Meinung mehr, wenn Sie nicht bewerten. Sie befürchten, Sie hätten keine Gesprächsthemen mehr, wenn Sie nicht mehr bewerten.

In Wahrheit ist es anders. Das Leben wird wesentlich spannender, wenn Sie neue Sichtweisen zulassen. Bisher betrachten Sie das Leben immer auf die gleiche, althergebrachte Art und Weise. Was soll daran spannend sein?
Wenn Sie die immer gleichen Bewertungen anwenden, die Sie sich schon in Ihrer Kindheit angeeignet haben, haben Sie keine tatsächliche eigene freie Meinung. Bewertungen schränken ein. Wenn Sie diese Einschränkungen verlassen, erhalten Sie Weitblick.
Wenn Sie Weitblick und Verständnis für die Vielfalt der Lebensmöglichkeiten haben, sind die Gesprächsthemen wesentlich vielfältiger. Sie finden dann auch Gesprächspartner, die an Weitblick und Lebensverständnis interessiert sind und ihrerseits dazu beitragen, sich gemeinsam im Gespräch weiterzuentwickeln.

Beispiele, wie Bewertungen wirken, finden sich in allen Bereichen des Zusammenlebens. Sie haben sicher schon die schmerzliche Erfahrung gemacht, in einer Schublade von Bewertungen zu stecken und nicht herauszukommen.

Wenn ein Schüler einmal als »schlecht« eingestuft wurde, muss er sich richtig anstrengen, um aus dieser Schublade wieder herauszukommen. Wenn der Chef einmal ein Vorurteil gegen Sie hat, ist es schwer, dieses zu widerlegen. Und wenn die Schwiegermutter Sie nicht mag, haben Sie einen schweren Stand in der Familie.

Ein Grundbestreben des Menschen ist, dazugehören zu wollen. Deshalb ist er darauf aus, sich so zu verhalten, dass er bei seinen Mitmenschen Gefallen findet.

Dies führt dazu, dass er sich anpasst und seine eigenen Bedürfnisse zurückstellt. Manchmal geht diese Anpassung bis zur Unkenntlichkeit der eigenen Wesensart.

Bewertungen sind sinnvoll wenn es darum geht, das eigene Leben zu schützen. Sie sollten wissen, wann eine Situation bedrohlich für den Körper ist. Sie sollten einschätzen können, was Ihnen körperlich oder energetisch guttut und was nicht.

Im Lebensalltag beherrschen Bewertungen die moralische Ebene des Zusammenlebens. Die Menschen bewerten sich selbst und ihre Umgebung ohne Unterlass. Diese Bewertungen haben nichts mehr mit körperlichem Wohl zu tun. Die Medien und die Werbebranche nutzen den Hang der Menschen zur Bewertung geschickt aus. Berichte über Unfälle, Unglücke, Krieg, Verbrechen, Armut oder Arbeitslosigkeit geben den Lesern, Sehern und Hörern das Gefühl, besser zu sein als die Menschen, über die berichtet wird. Dieses Gefühl spürt der Konsument gerne und wählt die Zeitschrift, die Sendung oder das Magazin aus.

In der Werbung wird den Adressaten geschickt vermittelt, was sie haben müssen, um schön, erfolgreich, angesehen und vital zu sein. Das lebenslang ersehnte Glück wird in greifbare Nähe gerückt. Wer kann sich diesen Argumenten entziehen?

Die Menschen bewerten an Anderen das, was sie an Eigenschaften bei sich selbst nicht mögen oder für ihr Leben fürchten. Sie bewerten ihren eigenen Spiegel. In jeder Bewertung lehnen sie also sich selbst ab.

Mithilfe des Spiegels bietet sich jedoch die Möglichkeit, durch die unangenehmen Seiten im anderen sich selbst anzunehmen. Gelingt Ihnen das, haben Sie einen Teil mehr von sich selbst erkannt und integriert. Dies ist ein wichtiger Schritt auf Ihrem Entwicklungsweg zur Heilung.

Bleiben Sie in Bewertungen verhaftet, fühlen Sie sich zwar kurzzeitig wohler, weil Ihre Energie auf Kosten der anderen ansteigt. Jedoch spalten Sie auf diese Art und Weise Teile von Ihrem Bewusstsein komplett ab und werden mit der Zeit unzufrieden und unglücklich.

× Eine Bewertung macht eng.

× Eine Bewertung legt fest und lässt keine Veränderung zu.

× Eine Bewertung schafft Schubladen, in die ich mein Leben einsortieren kann.

× Eine Bewertung führt mich raus aus dem Augenblick, hin zu meinem Ego, das nur aus Bewertungen besteht.

× Wenn ich Bewertungen vermeide, kann ich mich neu auf jeden Moment und jede Begegnung einlassen.

× Wenn ich Bewertungen lasse, kann ich Raum schaffen und meine alten Erfahrungen loslassen. Ich kann die Welt um mich herum neu kreieren.

× Bewertungen zu unterlassen ist angebracht, wenn es darum geht, im Augenblick zu leben.

Nur der Augenblick ist offen für Neues, alles andere ist weitergelebte und manifestierte Vergangenheit, die in aller Beschränkung Ihre Zukunft gestaltet.

27. Übung —
Bewertung loslassen

Was stört Sie am anderen?

Was haben Sie selbst für eine Beschränkung, dass es Sie stört?

Welche Vorteile hat der andere durch sein Verhalten?

Was können Sie für sich daraus lernen?

Um an den eigenen Bewertungen zu arbeiten und um Ihr Denken bewusster zu lenken, bietet sich nebenstehende Übung an. Machen Sie diese Übung, sooft es nur geht. Immer, wenn Sie bemerken, dass Sie jemanden bewerten, stellen Sie sich die vier Fragen und beantworten Sie sie kurz und bündig.

Ein Beispiel:

Was stört mich am anderen?
Mich stört, dass er so unordentlich ist.

Welche Beschränkung habe ich selbst, sodass es mich stört?
Ich denke, jeder sollte ein bestimmtes Maß an Ordnung halten für das Allgemeinwohl.

Welche Vorteile hat der andere durch sein Verhalten?
Er ist entspannter und nicht so hektisch, er findet trotzdem alles und kann auch mal fünf gerade sein lassen.

Was kann ich für mich daraus lernen?
Ich bin sicher auch entspannter, wenn ich nicht so pedantisch auf alles achte.

Wenn Sie diese Übung ständig, liebevoll und präsent in Ihren Alltag einflechten, werden Sie schnell eine Veränderung in Ihrer Umgebung spüren. Sie selbst werden frei. Sie verstehen andere Menschen besser und brauchen keine Bewertung, um sich selbst besser zu fühlen.
Sie können jeden Menschen so lassen wie er ist, denn jeder hat für sein Verhalten einen Grund, den Sie jetzt sogar verstehen können.
Sie werden toleranter und entspannter, denn Sie erkennen Ihren eigenen, bisher abgespaltenen Anteil und integrieren ihn. Sie lieben sich selbst wieder ein Stückchen mehr.

Energetische Wirkung von Bewertungen

Jeder energetischen Struktur in der Aura liegt eine Bewertung zugrunde.

Wenn Sie bewerten, halten Sie sich an Ihren Lebensvorstellungen fest. Sie erkennen nicht den Sinn von Begegnungen mit anderen Lebensanschauungen und nehmen sich die eigene Möglichkeit, zu lernen.

Je weniger Sie bewerten, desto weniger Strukturen entstehen in Ihrer Aura. Dies gilt ebenso umgekehrt. Je mehr Strukturen Sie bewusst in Ihrer Aura lösen, desto mehr kommen Sie in einen aufbauenden Lebensfluss und umso weniger attraktiv werden Bewertungen für Sie.

10.
Wahrheitsausschnitt

Das Bewusstsein ist, wie Sie bisher schon sehen konnten, ein überaus kreatives, vielschichtiges und vieldimensionales Gefüge.

Jeder Mensch schafft sich mit seinem Bewusstsein eine ganz eigene Welt an Erfahrungen, in der er sich selbst erleben kann. In seiner Welt kann er genau die Erfahrungen machen, die ihn weiterbringen auf seinem Entwicklungsweg.

Die Aura gestaltet das Erlebnisfeld des Menschen mit allen seinen individuellen Möglichkeiten und Eigenarten.

Die gestaltende Kraft der Aura wird definiert

- durch die aus der geistigen Welt mitgebrachten energetischen Voraussetzungen,
- durch die von den Eltern genetisch weitergegebenen körperlichen Möglichkeiten und
- durch die Strukturen, die sich der Mensch im Laufe seines Lebens aus seinen Erfahrungen, Erlebnissen und Begegnungen ansammelt.

Die Summe dieser Aspekte bildet das Leben des Individuums. Es kann die Einzelteile seines Lebens an seinem Umfeld ablesen, denn sie werden ihm gespiegelt

- durch die Menschen, mit denen es zu tun hat,
- durch die Erlebnisse, die ihm im Alltag widerfahren,
- durch Erfolge oder Misserfolge, Anerkennung oder Ablehnung, Glück oder Unglück, Gemeinschaft oder Alleinsein, Reichtum oder Armut, usw.

All dies macht die persönliche Realität des Menschen aus, stellt den Ausschnitt seines Lebens dar, den er für allein gültig hält.

Dieser persönliche »Wahrheitsausschnitt« kommt zum Ausdruck in allem, was der Mensch tut und von sich gibt. Journalisten geben ihre Sichtweise des Geschehens weiter, und zwar in ihrem Schreibstil und mit ihrer Wortwahl. Redakteure wählen aus den Millionen von Nachrichten diejenigen aus, die sie für wichtig halten. Therapeuten wenden diejenigen Methoden an, die sie für wirksam erachten. Monteure machen die Handgriffe, mit denen sie am besten zurechtkommen. Ladenbesitzer bestimmen das Sortiment und die Öffnungszeiten nach ihren Erfahrungen. Der eine schwört auf Jogging durch den Wald, der andere spielt lieber Fußball in einer Mannschaft.

Von diesen Realitäts- oder Wahrheitsausschnitten gibt es auf der Erde zurzeit ca. sieben Milliarden, und die Tendenz ist steigend. Die Richtigkeit aller dieser Wahrheitsausschnitte ist unbestreitbar gleich gültig. Jeder Mensch hat, von sich aus betrachtet, mit allem, was er sieht, denkt und fühlt, recht. Die Gesamtheit aller Wahrheitsausschnitte ergibt das Gesamtbild, das die Schöpfung im Blick hat.

Die Betrachtung des Ganzen auf der Ebene der Energiefelder gibt Überblick und macht die Zusammenhänge sichtbar und verständlich.

11.
Entstehung von Realität

Alles, was Sie sind, Ihr Körper und wie Sie Ihr Leben gestalten, sind *Sie*. (siehe Kapitel »Spiegel«)

> Das heißt, in allem was Sie sind und leben, ist Ihr individueller energetischer Zustand wahrzunehmen.

Kennen Sie das Sprichwort »Zeige mir deine Freunde und ich sage dir, wer du bist«? Das stimmt! Tatsächlich kann man daran, wie Sie Ihre Umgebung gestalten und mit welchen Menschen Sie sich umgeben, genau erkennen, was für eine Art Mensch Sie sind. Ihre Freunde, Ihre Kleidung in Art und Farbe, Ihre Wohnung, Ihr Konto, Ihr Auto, Ihre Kinder, Ihr Partner, Ihre Tiere, Ihr Essen und Ihr Haarschnitt. Alles, einfach alles ist Ausdruck Ihrer Person in diesem Augenblick, weil es Ihre Persönlichkeit spiegelt.
Das ist so, weil Sie Ihre Realität nach dem erschaffen, was Sie in sich tragen. Ihre Aura erschafft die Realität im außen eben auch mit jeder Struktur und Blockade, die Sie in sich haben.

Sie können nur Ihren eigenen Ausschnitt des Lebens erkennen. Die Leben Ihrer Mitmenschen, mit all ihren Erfahrungen, sind Ihnen nicht zugänglich. Sie können also nicht ab morgen das Leben Ihrer Nachbarin leben und sie nicht das Ihrige.
Sie sind in Ihrem Leben als irdischer Körper sehr beschränkt in Ihrer Realität. Für Sie sind – aus Ihrer Wahrheit heraus – die Dinge, die Sie denken und tun, richtig und logisch. Sie gehen grundsätzlich davon aus, dass jeder so denkt wie Sie.

Sie kennen vielleicht das Sprichwort: «Sag nicht, dass du mich kennst, bevor du nicht sieben Tage in meinen Schuhen gelaufen bist.«
Sie müssten genau die Position eines Menschen, mit allen Emotionen, Bewertungen und Erfahrungen in seinem Leben einnehmen, um ein Gefühl für ihn und sein Leben zu bekommen. Alles, was Sie ihm ansonsten zuschreiben oder in ihn hineininterpretieren, sind Bewertungen aus Ihrem eigenen Wahrheitsausschnitt.

Sie verstehen das Verhalten oder die Aussage eines Mitmenschen nicht? Sie können über ihn schimpfen, ihn angreifen und bekämpfen. Damit verharren Sie in Ihrem Wahrheitsausschnitt. Sie können allerdings versuchen, seine Weltsicht zu verstehen und damit Ihren eigenen Wahrheitsausschnitt erweitern.
Hierdurch wird nach und nach Ihr Blick weiter und Ihr Verständnis für die Lebensabläufe in Ihrer Ganzheitlichkeit wächst.

Sie können nur Ihre eigene Welt erleben und sehen so nur einen winzigen Ausschnitt einer gigantischen Wahrheit. Das ist der individuelle Wahrheitsausschnitt, aus dem heraus Sie Ihr Leben kreieren.

28. Übung —
Aura ausdehnen

Setzen Sie sich entspannt hin, und atmen Sie durch die Nase ein und durch den Mund aus.

Gehen Sie mit Ihrer Aufmerksamkeit zu Ihrem Herzen.

Lassen Sie Ihre Aufmerksamkeit wachsen, indem Sie entspannt weiteratmen.

Sie wird jetzt so groß wie Ihr gesamter Körper.

Sie wächst weiter und wird so groß wie Ihre Aura.

Sie atmen entspannt und Ihre Aufmerksamkeit wächst weiter.

Sie wird jetzt so groß wie Ihr persönlicher Wahrheitsausschnitt und Ihre gesamte Realität.

Lassen Sie Ihre Aufmerksamkeit jetzt über die Grenzen Ihres Wahrheitsausschnitts hinausfließen.

Sie sind jetzt verbunden mit allen Wahrheitsausschnitten, die es gibt.

Spüren Sie die Größe und Kraft der Aufmerksamkeit.

Lassen Sie sie langsam wieder kleiner werden.

Lassen Sie Ihre Aufmerksamkeit so groß werden wie Ihr Herz.

Kommen Sie mit Ihrem Bewusstsein wieder in den Raum zurück, in dem sich Ihr Körper befindet.

Genießen Sie noch einige Momente das Gefühl der Verbundenheit.

12.
Ein Symptom ist die Heilung
eines energetischen Problems

Übergeordnete Energiefelder

Der Mensch ist mit seiner Aura in ein riesiges, unendliches Geflecht von Energiefeldern eingebunden. Dieses gesamte Energiegefüge ist das höhere Bewusstsein, das – ähnlich wie die persönliche Aura für den Einzelnen – das universelle Wissen der gesamten Existenz enthält. Auf dieses Wissen hat jeder Mensch jederzeit Zugriff.

Dieses Wissen steht und stand dem Menschen schon immer als allgemeiner Wissensspeicher zur Verfügung, aber im heutigen wissenschaftlichen Zeitalter haben sich die Menschen von den Kenntnissen darüber weit entfernt.
Der moderne Mensch ist ausschließlich auf das intellektuelle Verständnis der Welt orientiert, was jedoch nur einen minimalen Teil der Lebensmöglichkeiten umfasst. Alles was intellektuell nicht erklärbar ist, wird dem Zufall zugeschrieben.
Der universelle Wissensspeicher wird allerdings auch von jenen, die seine Existenz verleugnen, ständig angezapft. Jeder Einfall, jede Idee, jede Erfindung entspringt diesem universellen Wissensspeicher. Jeder Wissenschaftler und Forscher greift auf das universelle Wissen zu. Derjenige, der für dieses Wissen durchlässig ist, transferiert es als Erfindung oder Idee. Es ist deshalb häufig zu beobachten, dass dieselben Ideen und Erfindungen zur gleichen Zeit an unterschiedlichen Stellen der Erde gemacht werden.

Wenn Sie lernen, Zugang zum allgemeinen Wissensspeicher zu erlangen, können Sie alle Fragen, die Sie je hatten und je haben werden, selbst beantworten.

In früherer Zeit war das einzelne, persönliche Bewusstsein nicht in der Lage, sich auf diese Weise zu öffnen. Die Menschen brauchten Erleuchtete oder eingeweihte Meister, die sie mit speziellen Riten auf einem solchen Weg begleiten konnten. Sie lehrten die Menschen, die eigene Energie zu erhöhen und schufen ihnen so einen kontrollierten Zugang zur geistigen Welt.

> Die Menschheit hat jetzt ein Zeitalter des Bewusstseins betreten, in dem die Energie – und damit das Bewusstsein des Einzelnen – so weit ausgebildet ist, dass jeder einen solchen Weg beschreiten kann. Niemand kann Sie begrenzen, Sie brauchen keinerlei Riten und keinerlei Erlaubnis, wie in früheren Kulturepochen, um sich Ihrem höheren Bewusstsein zu öffnen.

Es geht beim höheren Bewusstsein nicht um das intellektuelle Wissen, das nur der Bestätigung des Egos dient. Es geht um die Erkenntnisse und den Sinn des eigenen Lebens, dem sich nun jeder auf seine Weise annähern kann.
Die eigene Suche nach dem Lebenssinn ist ein sehr persönlicher Vorgang und die Antwort auf die Sinnfrage ist immer individuell.

Wesenserkenntnis, wie sie hier als höheres Bewusstsein gemeint ist, benötigt keinen Kampf und keine Erklärung. Sie ist einfach da. Sie spüren in ihr den inneren Frieden und die Wahrheit. Wesenserkenntnis ist zeitlos, immer gültig und von Kultur unabhängig. Wenn Sie die Verbindung zu dem höheren Bewusstsein und zu Ihrem Ursprung aus der geistigen Welt wieder spüren, bekommt Ihr Leben neue Kraft, und erst jetzt können Sie in eine zeitgemäße, wirkliche Eigenverantwortung für Ihr Sein eintreten.

Die Erkenntnis über das Eingebundensein in die energetischen Zusammenhänge bringt dem individuellen Bewusstsein einen großen Fortschritt.
Der Körper und sein Verstand, der aus dem Ego lebt, fühlen sich oft allein, einsam und nicht gesehen. Alle kriminellen, sozialen, politischen und religiösen Machenschaften haben ihre Ursachen in einem nicht sinnverbundenen Leben. Dieses Gefühl entstammt der Aufspaltung in Polaritäten. Das Ego tut alles, um gesehen zu werden. Aber diese Aktivitäten gehen zunächst am eigentlichen Wesen vorbei.

Das Wesen, eingebunden in die energetischen Felder des Bewusstseins, ist immer in Verbindung mit allen Wesen und der ganzen Welt. Es kennt weder Zeit noch Raum und lebt nur im Augenblick. Es handelt immer aus der Gesamtheit.

Die alles verbindenden Energiestrukturen definieren Sie als Mensch. Sie definieren Sie in einer Kultur als Europäer oder Asiaten und sie definieren Sie als Mann oder Frau. Die energetischen Verbindungen definieren Sie in Ihren Verhaltensweisen, Weltanschauungen und in Ihren konfessionsgebundenen Vorstellungen.
Sie sind also nicht völlig frei in Ihren Denk- und Verhaltensweisen. Sie sind nicht so frei, wie Sie das Ego glauben macht. Selbst neue Ideen und Erfindungen sind nur die Wahrnehmungen der Möglichkeiten, die im universellen Wissensspeicher schon vorhanden sind.

Sie kombinieren in Ihrer individuellen Art immer wieder Gedanken, die andere Menschen auch denken. Neudenker müssen sich aus den alten Verbindungen lösen, sie müssen die Wege des bisher Gedachten verlassen und müssen die Aktivität des Egos umgehen. Das Ego verführt Sie immer wieder dazu, alte Bahnen einzuschlagen.

> Festhalten an dem Altbewährten mit dem Ziel, die Zukunft zu kontrollieren, das ist die größte »Fähigkeit« des Egos.

Die meisten Menschen bewegen sich gedanklich noch im wissenschaftlichen Zeitalter, allerdings immer gepaart mit einer leisen, inneren Suche nach dem Sinn. Sie freuen sich über jede Erkenntnis der Wissenschaft, über jede messbare und wiegbare Erkenntnis, die sie in eine bekannte Schublade stecken können. Dies gibt ihnen ein Gefühl von Sicherheit.

Die Entwicklung der Menschheit kommt an die Schwelle neuer Erfordernisse. Die Klimaveränderung, die Globalisierung, die Weltfinanzkrise, die schrumpfenden Energiereserven, die Nahrungsmittelverteilung, die Zunahme der Weltbevölkerung und die gentechnischen Möglichkeiten werden mit den herkömmlichen Denk- und Arbeitsgepflogenheiten nicht wirklich zu verstehen sein.

Hierzu passt das eigentümliche Verhalten der kleinsten aller Materieteilchen, die immer dort sind, wo das Bewusstsein des Betrachters ist.

Der Mensch fühlt sich als Herr der Schöpfung, dabei hat er nicht annähernd verstanden, was Schöpfung ist. Das bewirkt, dass die Menschen sich zunehmend sinnlos und leer fühlen. Die Wissenschaft ist wichtig und unentbehrlich, aber es wäre schön, wenn sie durch »verbindende« Erkenntnisse ergänzt würde. Sämtliche Wissenschaftler, die in unserer Kultur zu den Neudenkern gehören, bewegen sich in diesen Grenzbereichen.

Bisher wird das Hauptaugenmerk auf die Erforschung des Vorhandenen, des Materiellen gelegt. Weshalb ist das Vorhandene eigentlich da? Wie stehen die Menschen untereinander in Verbindung? Welchen Sinn verfolgen die Lebensabläufe? Diese Fragen lassen sich unter Betrachtung der Energiefelder beantworten.

Im Sinn-Verstehen liegt Entspannung

Das Eingebundensein in die verbindenden Energiefelder hat den gleichen Sinn, den wir schon beim individuellen Energiefeld kennengelernt haben.

Die verbindenden Energiefelder beziehen sich jeweils auf Systeme von immer größerem Ausmaß. Sobald Sie mit einem Menschen zusammentreffen oder auch nur an ihn denken, ergibt sich sofort ein übergeordnetes, gemeinsames Energiefeld. Auch dieses gemeinsame Feld schwingt und ist dynamisch veränderbar. Auch dieses Feld definiert sich durch Fluss und blockierende Strukturen.
Kommt eine Gruppe von Menschen zusammen, ergibt sich ein Gruppenenergiefeld mit entsprechenden Schwingungen und Interaktionen auf der energetischen Ebene. Größere Gruppen, Vereine, Organisationen, Firmen, Staaten sind ebenfalls Gebilde aus großen Gruppenenergiefeldern.
Die jeweils umfassender werdenden Energiefelder bilden Resonanzgefüge und schwingen, wie das persönliche Feld, in einem drei-sekündigen Rhythmus, wobei auch hier alles, was geschieht, im Energiefeld gespeichert wird. Jetzt bekommen Sie eine Vorstellung der Komplexität der energetischen Ebenen.

Es gibt energiebindende Strukturen in jedem dieser Energiefelder, die den Fluss der Energie reduzieren. Durch die Strukturen ergeben sich – wie im persönlichen Feld – Hindernisse, Aufgaben oder Probleme, durch deren Lösung bzw. Erkenntnisgewinn die Entwicklung der Gruppe vorangetrieben wird.

Das Gruppenenergiefeld »Deutsche« hat zum Beispiel als Struktur das Thema »Schuld«. Diese Struktur »Schuld« ist ein energetisches Loch im Gruppenenergiefeld, das an zahlreichen Beispielen offensichtlich wird. Andere Kulturen haben andere Strukturen in ihrem Gruppenenergiefeld und damit entsprechend anderen Themen.

Den ungehinderten Energiefluss bemerken Sie nicht. Sie spüren nach dem Gesetz der Resonanz Ihre Umgebung dann, wenn die Energie nicht fließt. Dort wo Sie die Strukturen und damit den Nichtfluss spüren, setzen Sie zur Veränderung an, dort besteht Handlungsbedarf.
Im Fall der Gruppe »Deutsche« besteht Handlungsbedarf, das Thema der Schuld zu bearbeiten.

Eine energetische Struktur benötigt ein Symptom, um sichtbar zu werden. Dieses Symptom ist ein Vorgang auf der materiellen oder inhaltlichen Ebene. Solche inhaltlichen Symptome sind z.B. der Nationalsozialismus, der zweite Weltkrieg oder die hohe Staatsverschuldung. Sie dienen dazu, den Sinn der Gruppe, nämlich die Schuld, zu erkennen und zu bearbeiten, um die Entwicklung der Gruppe und ihrer Mitglieder zu fördern. In diesem Fall aber nicht auf der Ebene der persönlichen Aura, sondern auf der energetischen Ebene des Staates.

Die jeweiligen Themen, wie hier die Schuld, betreffen alle Angehörigen der Gruppe. Sie fühlen sich mit den anderen Menschen der gleichen Gruppe verbunden, solidarisch und verfolgen ähnliche Ziele. Auf der inhaltlichen Ebene werden die Ereignisse als positiv oder negativ bewertet. Auf der energetischen Ebene sind die Vorgänge dagegen wertfrei und zeigen nichts anderes als das Fließen oder Nichtfließen von Energie.

Wie Sie als einzelnes Wesen an Ihrem Energiefeld arbeiten können, haben Sie in den ersten Kapiteln dieses Buches gelernt.

Sie können dieses Wissen auf Gruppen übertragen. Sie können die Energieblockaden des Gruppenfeldes, dem Sie angehören, erkennen und bearbeiten. Ist es Ihre Firma, die sich nicht so fließend entwickelt, wie es sein sollte? Ist es Ihre Fußballmannschaft, die eine Phase der Erfolglosigkeit erlebt? Ist es Ihre Partei, die in sich zerstritten ist?

Immer, wenn Sie an der persönlichen Aura arbeiten, verändern Sie auch etwas an den Energiestrukturen, die Sie mit anderen Menschen verbinden. Sie *entwickeln* sich, nicht nur persönlich, sondern auch in der Gemeinschaft und die Entwicklung der Gemeinschaft wirkt wiederum auf das einzelne Mitglied.
»Jeder sollte vor seiner eigenen Tür kehren« bedeutet deshalb eigene Entwicklung und gleichzeitig Entwicklung der Gemeinschaft.

Beschäftigen Sie sich mit Ihren eigenen Themen und klären Sie sie energetisch, dann tragen Sie mit dieser Klärung zur Entwicklung der übergeordneten Energiefelder bei.

Persönliche Auswirkungen

Wenden Sie sich Ihren ganz persönlichen Fragen im Leben zu. Wenn Sie heute, in diesem Augenblick, irgendeine Form der Erkrankung spüren, ist dies kein zufälliges Ereignis.

Der Körper, der Ihnen die Krankheit serviert, hat schon lange vorher Botschaften gesendet, um Sie in Ihrem Verhalten zu korrigieren. Sie haben diese Botschaft, die sich als Gefühl gezeigt hat, nicht erkannt oder ignoriert. Sie sind es gewohnt und haben es gelernt, Gefühle zu ignorieren. Sie haben das in Kapitel 7 bei der Bearbeitung der Strukturen bereits gesehen.

Vielleicht war Ihnen schon als Kind immer übel bei einer bestimmten Begegnung. Damals durften Sie nicht entsprechend handeln, weil die Eltern es Ihnen verboten haben. Jetzt, als Erwachsener, haben Sie auf einmal ein Magengeschwür mit starken Schmerzen. Ihr Bewusstsein ist jetzt auf ein Basisgefühl fokussiert. Sie müssen hinschauen und reagieren, weil der Körper Ihnen eine Grenze setzt. Sie erinnern sich? Die Gefühle nehmen Sie als Erwachsener erst dann ernst, wenn sie zu Basisgefühlen werden.

Sie können jetzt die Symptome beheben, den Hinweis nochmals ignorieren und weiterleben wie bisher. Sie können aber auch die Ursache in Ihrer Aura suchen und damit die Krankheit an ihrer Wurzel beheben.

Wenn Sie in Ihrem Garten eine Pflanze mit starker Wurzelbildung entfernen wollen, müssen Sie jedes kleine Wurzelstück erwischen, um sie tatsächlich konsequent loszuwerden. Bleibt auch nur das kleinste Stück der Wurzel erhalten, bildet sich die Pflanze neu und meist stärker und widerstandsfähiger als vorher.

So erleben Sie es auch mit Krankheiten oder Auffälligkeiten Ihres Körpers. Sie entfernen das Symptom, den sichtbaren und schmerzenden Teil, die Wurzeln aber lassen Sie stehen. Sie decken Erde darüber und hoffen, dass diese Pflanze damit ausgemerzt ist. Wenn sie dann wieder wächst oder an einer anderen Stelle aufkeimt, sind Sie überrascht und reißen erneut ein Stück heraus, mit dem gleichen Effekt wie vorher.

Beim Gärtnern sind Ihnen diese Zusammenhänge klar. Nur auf Ihr eigenes Leben oder Ihren Körper bezogen, fallen Ihnen solche zusammenhängenden Denkweisen schwer. Jede Erscheinung hat eine Ursache, und wenn Sie die Ursache nicht sehen und bearbeiten, treibt die Erscheinung neue Sprossen.

Dieses Buch möchte Sie zur Arbeit an den Wurzeln ermutigen und befähigen. Wenn sich allerdings bereits ein körperliches Symptom bei Ihnen bemerkbar gemacht hat, suchen Sie bitte einen Arzt auf.

In Ihrem Wahrheitsausschnitt zeigen sich Ihnen Symptome, die Sie auf irgendeiner Ebene des Seins an Ihre Grenzen bringen. Dies können körperliche Symptome sein, jedoch auch Symptome in Form von Einsamkeit, Erfolglosigkeit, Arbeitslosigkeit, Umsatzrückgang, Insolvenz. Diese Symptome sind entstanden, weil Ihr Energiefeld die Information einer energetischen Störung enthält.

Symptome, egal welcher Art, zwingen Sie, Ihre momentane Situation infrage zu stellen.

Arbeiten Sie an einem Symptom, dann bringen Sie Energie an diese Struktur in Ihrer Aura. Die Gefühle und Ursachen aus der Vergangenheit bekommen Aufmerksamkeit und ändern Ihre Lebenshaltung und Ihre Gefühle im Jetzt. Das Symptom, das auf der materiellen Ebene auf einen energetischen Missstand hingewiesen hat, kann dann gehen, weil sich die Struktur gelöst hat, und Ihnen die gebundene Energie wieder zur Verfügung steht.

Erkennen Sie nicht, dass das Symptom ein Hinweis auf ein dahinterliegendes energetisches Thema ist, dann versuchen Sie nur, das Symptom oberflächlich zu beseitigen. Sie bearbeiten dann den Inhalt, erkennen aber nicht den Sinn. Die energetische Ebene schafft daraufhin eine neue Materialisation, und ein neues Symptom entsteht.

Ob Sie ein Symptom als Problem oder Herausforderung sehen, hängt von Ihrem Wahrheitsausschnitt und Ihrem Bewusstsein für Zusammenhänge ab.

Sie teilen Ihre Welt mit Ihren Bewertungen ein in die Kategorien Schaden und Nutzen. Sie beurteilen rein inhaltlich, ob Dinge oder Menschen für Sie einen Nutzen darstellen, ohne den Sinn zu erkennen.

Es gibt nichts, was uns schaden kann. Alles, was im Wahrheitsausschnitt unseres Lebens erscheint, kommt ausnahmslos, um uns in unserer persönlichen Entwicklung zu unterstützen.

Das betrifft alle Verhaltensweisen anderer Menschen, wie wir beim Prinzip des Spiegels bereits sehen konnten.
Es betrifft alle sogenannten Schädlinge, die Krankheiten verursachen, es betrifft Naturerscheinungen oder Umweltgifte jeder Art. Es gibt nichts Sinnloses, wenn Sie bereit sind, die Zusammenhänge zu erkennen.

Erdstrahlung oder Wasseradern in Ihrer Wohnung weisen Sie auf Ihr persönliches Thema hin. Sie sind nicht schädlich. Wenn Ihr Energiefeld in Ordnung ist, kann Ihnen keine natürliche Strahlung etwas anhaben. Haben Sie in Ihrem energetischen Feld einen Mangel, kommen von außen Ereignisse als Helfer hinzu, um Sie auf den Mangel aufmerksam zu machen. Diese Aufmerksamkeit führt dazu, dass der ursprüngliche Mangel behoben wird. Haben Sie eine Erkältung oder eine andere durch Erreger verursachte Erkrankung, sagt die energetische Sichtweise, dass die Erreger dem Körper zu Hilfe kommen, um auf den schon lange im Energiefeld schlummernden Missstand aufmerksam zu machen. Sie machen auf einen Mangel aufmerksam und bleiben, bis dieser behoben ist.

Ein Beispiel ist der Fußpilz. Pilze siedeln sich dort an, wo kein anderes Bewusstsein aktiv ist. Umgefallene Bäume im Wald werden als Erstes von Pilzen besiedelt, die Leben in die Substanz bringen, um sie weiterzuentwickeln oder zu transformieren. So wirkt auch der Fußpilz beim Menschen. Ist das Bewusstsein in bestimmten Körperregionen nicht vorhanden, ist der Pilz der Erste, der sich dort ansiedelt, um zu helfen und bewusst zu machen. Nicht um zu schaden, wohlgemerkt. Er erreicht, dass Sie sich um die lange missachtete Körperstelle kümmern, sie betrachten, behandeln, versorgen, einreiben, Vorsorgemaßnahmen ergreifen, Verhaltensweisen ändern. Sobald genügend Energie an die befallene Körperstelle gebracht wurde, kann der Pilz gehen.

Wenn Sie die energetischen Zusammenhänge verstanden haben, können Sie von der Einteilung in Schaden und Nutzen ablassen. Alles ist zu Ihrem Nutzen da, es gibt nichts, was Ihnen schaden kann. Sie können alles dankbar annehmen und Ihre entsprechenden Erfahrungen machen, Sie müssen nur den größeren Zusammenhang und den Sinn erkennen.

Symptome sind also immer die Heilung eines dahinterliegenden energetischen Themas, weil sie immer Energie an die zu behebende Struktur oder an den Mangel in der Aura bringen.

Gehen wir die einzelnen Schritte bis hierher noch einmal durch.

× 1. Alles ist Energie. Das Energiefeld speichert alle Ereignisse und bildet auf dieser Grundlage von Blockaden oder Energiefluss den materiellen Körper und Ihre gesamte Realität.

× 2. Ihre gesamte materielle Welt ist immer das Ergebnis Ihres Bewusstseins.

× 3. Diese materielle Welt ist Ihr individueller Teil vom Ganzen, Ihr Wahrheitsausschnitt.

× 4. Haben Sie in Ihrem Energiefeld irgendeine Art von Struktur, setzt sich diese auf der materiellen Ebene um.
Diese Umsetzung kann auf der körperlichen Ebene erfolgen, auf der finanziellen, auf der psychischen, auf der sozialen oder auf jeder Realität, die Ihnen sonst noch einfällt.

× 5. Die Erfahrungen und Emotionen, die sich auf der materiellen Ebene ausdrücken, bringen Sie persönlich an Ihre Grenzen. Die materielle Ebene macht Sie also aufmerksam auf den Nichtfluß, die Blockade der Energie.

× 6. Ändern Sie jetzt nur die materielle Erscheinungsform, bleibt das dahinterliegende energetische Thema, die »Wurzel« bestehen.

Damit ist der Sinn der Aufgabe von der energetischen, geistigen Seite nicht erkannt und die blockierende Struktur im Hintergrund ist nicht gelöst.

× 7. Sie bekommen auf einer anderen Ebene ein Problem, oder das gleiche Problem tritt wieder auf, da sich die nicht gelöste Struktur wieder materialisiert.

× 8. Es gibt nur eine Lösung, wirklich auf allen Ebenen heil zu werden: Sie dürfen sich dieser Zusammenhänge bewusst werden, den Sinn für sich persönlich erkennen und die Struktur lösen, um die materielle Ebene – und damit den Inhalt – zu verändern.

× 9. Wirkliche Veränderung und Gesundung heißt: Sich auf die Suche nach dem letzten kleinen Wurzelstückchen zu machen und es gründlich zu entfernen.

29. Übung —
Herz-zu-Herz-Übung

Setzen Sie sich entspannt hin, und atmen Sie durch die Nase ein und durch den Mund aus.

Stellen Sie sich vor Ihrem geistigen Auge einen Menschen vor, den Sie mögen.

Gehen Sie mit Ihrer Aufmerksamkeit zum Mittelpunkt Ihres Herzens.

Lassen Sie von diesem Mittelpunkt heraus über das Scheitelchakra in Form eines Bogens Energie zum Scheitelchakra des Menschen fließen, den Sie mögen.

Spüren Sie, wie Sie sein Herz erreichen und ihn in Wachstum bringen.

Fühlen Sie, wie die Energie zu Ihnen zurückströmt und jetzt Sie in Wachstum bringt.

Genießen Sie einige Minuten den steigenden Energiefluss und die Kraft.

Machen Sie diese Übung mit allen Menschen in Ihrer Umgebung.

Bringen Sie mit Ihrer Kraft jeden Menschen in Wachstum, und entdecken Sie die liebevolle und verbindliche Qualität der Übung, täglich, immer.

13.
Sinnanalytische Aufstellungen

Bei einer sinnanalytischen energetischen Aufstellung machen Sie sich auf der Grundlage des energetischen Menschenbildes die Zusammenhänge in Ihrem Leben klar.

Diese Art der Aufstellungsarbeit bietet die Möglichkeit, sämtliche Lebensthemen auf der Basis des bisher im Buch Beschriebenen genauer anzuschauen, sich ihrer bewusst zu werden und sich von ihnen zu lösen.

> Ihr jetziges Leben ist ein komplexer Ausdruck Ihrer energetisch-geistigen Ebene.

Eine in Ihrem materiellen Leben auftretende Thematik ist in Ihrem Energiefeld schon längere Zeit vorhanden gewesen, sonst könnte sie sich nicht materialisieren. Dabei ist es gleich bedeutend, ob Sie ein körperliches Symptom spüren oder ob die Auswirkung in Partnerschaft, Familie, Beruf, Finanzen, in der Beziehung zu anderen Menschen oder in einem Ihrer sonstigen Lebensaspekte auftritt. Das Sichtbarwerden in der Welt des Alltags ist vergleichbar mit einem Film, der auf der Leinwand gezeigt wird. Der Film ist in Ihrem Kopf und durch Ihre Dreharbeiten entstanden. Er ist im Inneren des Vorführgeräts gespeichert, er ist nicht identisch mit der Leinwand, er wird dort nur sichtbar.

Folgendes Beispiel kann Ihnen diesen Vorgang verdeutlichen:
Sie führen Ihren Freunden einen Film über Ihren Urlaub auf Gran Canaria per Beamer auf der Leinwand vor. Manche Sequenzen des Films gefallen Ihnen beim Betrachten nicht. Dabei ist Ihnen klar, dass Sie selbst

es waren, der die Kamera bedient, das Material auf Festplatte überspielt, geschnitten und nachvertont hat.

Wie verhalten Sie sich? Schimpfen Sie lauthals über das zu sonnige Wetter, das keine richtige Belichtung ermöglichte, über die vielen Menschen, die Ihnen keine Ruhe zum Filmen ließen, über das zu blaue Wasser, das einen Blaustich in den Film brachte, über Ihren Partner, der sich immer an den Rand des Films stellte und mal links, mal rechts und mal oben aus dem Bild ragte? Beklagen Sie sich über die Leinwand, über die Kamera, über den Beamer oder über den Laptop?

Wird durch Schimpfen der nächste Film besser oder hat es mehr Sinn, sich die Fehler zu merken und es beim nächsten Mal besser zu machen?

Jedem Thema, das Sie heute als Problem in Ihrem Leben ansehen, liegt ein emotionales Ereignis in der Vergangenheit zugrunde, das eine Struktur in Ihrer Aura bildete. Dieses Thema zeigte sich im Verlauf Ihres Lebens immer wieder, und jedes Mal hatten Sie Gelegenheit, es zu bearbeiten. Falls Ihre bisherigen Bearbeitungsversuche nicht ausreichend waren, wiederholt sich das Thema bis heute.

Könnten Sie jetzt den Film Ihres Lebens rückwärts betrachten, bekämen Sie einen Ablauf von Gefühlen und Entscheidungen gezeigt, bis hin zu einem Bild von der Ursache des aktuellen Themas oder Problems.

Dieses emotionale Grundereignis kann in einer sinnanalytischen, energetischen Aufstellung betrachtet werden. Sie erleben und fühlen in einer Aufstellung, welche Gefühle und welche Entscheidungen in Ihrem bisherigen Leben für Ihr heutiges Problem ursächlich sind.

Die Struktur in Ihrer Aura, die mit diesem Gefühl zusammen hängt, wird in der energetischen Aufstellung gelöst. Dadurch wird in der Aufstellung ein Prozess angeregt, der einen neuen Blick auf Lebenssituationen möglich macht, um in letzter Konsequenz durch Bewusstsein den heutigen Zustand zu verändern.

Sinnanalytische Aufstellungen sind prozessorientiert

Sie geben keine ideale Lösung vor, sondern richten ihre Lösung ausschließlich am individuellen Thema des einzelnen Klienten aus.

Das Thema einer Aufstellung kann nur vom Klienten und dessen Bewusstsein gelenkt werden, um zur Lösung zu kommen. Der Trainer oder Aufstellungsleiter ist Prozessbegleiter, nicht Zielgeber.
Von Vorteil ist es, wenn der Trainer die Strukturen in den Energiefeldern sehen kann. Er kann die entsprechenden Emotionen sehen und danach aufstellen lassen.
Der Trainer sollte selbstverständlich sein eigenes Energiefeld weitestgehend geklärt haben, so dass er auf keinen Fall in Resonanz zum Thema des Klienten geht, um nicht selbst Teil der Aufstellung zu werden.

Funktion der sinnanalytischen Aufstellung

Bevorzugt werden energetische Aufstellungen in Gruppen durchgeführt. Derjenige, der eine Thematik klären möchte (Aufsteller), stellt dieses Thema der Gruppe möglichst kurz in zwei bis drei Sätzen vor, ohne über Einzelheiten oder familiäre Hintergründe zu berichten.

Der Aufsteller wählt dann aus der Gruppe eine Person als Stellvertreter für sich selbst aus.
Aus der Gruppe werden nach und nach vom Aufsteller intuitiv weitere Vertreter ausgewählt, die räumlich dem Gefühl des Aufstellers entsprechend zueinander in Beziehung gestellt werden. Der begleitende Trainer gibt dem Aufsteller hierzu Hinweise, welche Personen aus seiner Biografie mit der Thematik zu tun haben.

Jede der aufgestellten Personen ist sofort in das Energiefeld eingebunden, das sich mit der beschriebenen Thematik des Aufstellers aufgebaut hat und nimmt die mit dieser Position im Raum verbundenen Gefühle wahr. Diese können körperlicher oder emotionaler Art sein.

Die Stellung der Personen zueinander im Raum wird vom Trainer immer wieder verändert. Die hierdurch eintretenden Veränderungen der Gefühle werden von den Stellvertretern mitgeteilt.

Die Aufstellung kann im laufenden Prozess durch weitere Stellvertreter ergänzt werden. Auch ist es sinnvoll, im Verlauf der Aufstellung nicht nur für Personen Stellvertreter aufzustellen, sondern es können auch Stellvertreter für Dinge oder Emotionen hinzukommen.
Das Aufstellen von Emotionen ist dann sinnvoll, wenn ein Stellvertreter durch seine Position innerhalb der Aufstellung nicht in der Lage ist, ein empfundenes Gefühl zu benennen oder zuzulassen. Öfter ist dies bei Trauer oder Wut der Fall.

Unter den Stellvertretern entsteht ein Austausch und eine Eigendynamik, die zum Prozess und damit zur Lösung der Thematik beitragen.

Die einzelnen Positionen sollten so lange in der Stellung bestehen bleiben, wie es der Prozess der Strukturlösung benötigt. Dies kann sehr kurz sein, es ist aber auch möglich, dass es sich in die Länge zieht oder zu diesem Zeitpunkt noch gar nicht möglich ist.

Das Bewusstsein jedes einzelnen Teilnehmers lässt immer genau so viel an Emotionen zu, wie er zu diesem Zeitpunkt aushalten kann.

Der erfahrene Trainer sieht, wie weit der Prozess sich entwickelt hat und wann die Lösung ansteht. Er kann den Aufsteller zu einem geeigneten Zeitpunkt bitten, selbst seine Position einzunehmen.

Alle Personen im Raum, auch die Zuschauer, sind in diesen Lösungsprozess involviert. Dynamiken, die sich aus dem Gesamtrahmen ergeben, wie zum Beispiel, dass eine Person den Raum verlässt, Langeweile, Gelächter, Unkonzentriertheit oder Unruhe aufkommt, sind Bestandteil des

Prozesses und sollten nicht unterbunden werden. Oftmals führen gerade spontane Beiträge oder Begebenheiten zu Lösungen.

So kann es vorkommen, dass das Handy des Aufstellers mitten in der Aufstellung mehrfach klingelt. »Zufällig« rief die Mutter des Aufstellers an, die in der Aufstellung eine sehr kontrollierende Haltung einnahm. Wer solche Hinweismöglichkeiten von Anfang an ausschließt, indem er z.B. ein Handyverbot während der Aufstellungen ausspricht, zeigt seine Angst, der Ablauf könnte ihm durch solche Störungen entgleiten. Die Lebenswirklichkeit ist kein kontrollierter Idealzustand sondern ein multidimensionales Ineinanderschwingen von Energiefeldern. Wenn die Aufstellung echte Ergebnisse bringen soll, müssen auch die Rahmenbedingungen lebensecht sein.

Eine energetisch-sinnanalytische Aufstellung soll die Strukturen aufzeigen, die im Energiefeld des Aufstellers und in dem von ihm aufgestellten Gruppenenergiefeld wirken. Sie soll auch die Ursachen für das Entstehen dieser Strukturen zutage fördern. Dies kann nur gelingen, wenn die Interaktionen sich frei entwickeln können. Energiefelder sind nie statisch und haben auch keinen allgemeingültigen Idealzustand, der als Musterlösung hingestellt und verinnerlicht werden kann.

Ereignisse der Vergangenheit, die unser Leben blockieren, wirken wie Anker. Immer, wenn wir uns nach vorne bewegen wollen, halten sie uns fest und verhindern so eine Entwicklung.

Durch die Auflösung der Strukturen während des Aufstellungsprozesses, wird Energie frei. Dieser Vorgang ist vergleichbar dem Auflösen von Strukturen in der persönlichen Aura.

Eine Aufstellung ist dann beendet, wenn der Aufsteller und alle Beteiligten ihre Gefühle geklärt haben und durch die gelösten Strukturen ein entspanntes Grundgefühl eintritt.

Der Trainer kann im Einzelfall, wenn er spürt, dass der Prozess stecken bleibt, eine Unterbrechung machen, um die Aufstellung später mit anderen Stellvertretern an diesem Punkt wieder aufzugreifen.

Das Schöne und Erfolgversprechende an einer Aufstellung ist die Tatsache, dass eine Arbeit auf der Ebene der Emotionen und Gefühle stattfindet. Die Aufstellungsteilnehmer zeigen spontane Regungen, ohne dass diese durch den Filter der Gedanken mit all ihren Belastungen und Verzerrungen gegangen sind. Sollte dies doch passieren und sich bei den Stellvertretern die Tendenz entwickeln, in die Gedanken und die Interpretation abzudriften, sollte der Trainer die Teilnehmer behutsam auf die Gefühlsebene zurücklenken.

Es ist allerdings auch ein aussagekräftiger Teil der Aufstellung, wenn die Stellvertreter in die Gedanken und die Interpretation abdriften. Dies ist ein Zeichen, dass die Beteiligten Ängste vor ihren Gefühlen bekommen. Im Einzelfall ist es hilfreich, wie vorher beschrieben, einen Stellvertreter für eine Emotion zu wählen. Die Auswahl der Person eines solchen Stellvertreters sollte dann der Trainer treffen, da der Aufsteller selbst zu sehr in die Thematik verwickelt ist.

Der Trainer sollte die Aufstellung durch sein von Strukturen geklärtes Energiefeld stärken und begleiten. Trainer bei energetisch-sinnanalytischen Aufstellungen sind Heilenergetiker, die einen intensiven Schulungsweg zurückgelegt haben.

Der Trainer sollte nicht manipulierend eingreifen und ein eventuell vorher schon mit dem Aufsteller besprochenes Ziel anpeilen. Dies ist jedoch nur möglich, wenn er selbst im Laufe seiner Ausbildung sein eigenes Energiefeld geklärt und seine eigenen Themen gelöst hat.

Der Heilenergetiker hat durch seine Ausbildung ein tiefes Vertrauen zu allen Lebensprozessen erlangt und weiß um die energetischen Zusammenhänge.

Er kann ohne Wertung an den Prozess herangehen und den Aufsteller als einen Menschen annehmen, der seinen Sinn im Leben und den Sinn einer Thematik versucht zu verstehen, um sich zu entwickeln. Der Begriff »sinnanalytische« Aufstellungen bringt dies zum Ausdruck.

Es geht in energetisch-sinnanalytischen Aufstellungen auf keinen Fall darum, Schuldzuweisungen an die Vorfahren zu machen, oder voyeuristisch in der Vergangenheit zu stochern. Es geht einzig und allein darum, die Anker zu lösen, die Zusammenhänge im eigenen Leben zu erkennen, im Jetzt die Verantwortung zu übernehmen für die eigenen Lebensentscheidungen und daraus das eigene Leben kraftvoll zu gestalten.

Nach energetischen Aufstellungen kommt es zu Veränderungen in den jeweiligen Lebenssituationen. Diese Veränderungen treten manchmal, je nach Lösungsebene, erst nach einem gewissen Zeitraum ein, manchmal auch sofort.

Der Veränderungsvorgang, egal in welchem Lebensbereich er spürbar wird, ist ein heilender Prozess im Sinne von Ganzwerden.

Energie, die der Aura durch Bindung an Strukturen fehlte, steht nun wieder zur Verfügung.

Der Mensch wird heil,
× indem er die Zusammenhänge in seinem Leben anerkennt und die Verantwortung für sich selbst übernimmt und
× indem er den Sinn der Lebensabläufe analysiert und wirken lässt.

Dieses Heilwerden ist nicht mit dem Gesundwerden auf der körperlichen Ebene zu verwechseln. Die körperliche Ebene ist immer nur der Bereich des Inhalts, auf dem sich Symptome zeigen.

Heil werden, wie es hier gemeint ist, ist das Einswerden mit sich, das nur umfassend unter Einbeziehung der energetischen oder Sinnebene erreicht werden kann.

Deshalb ist die Begriffsdefinition »heilen«, wie sie die Heilberufe verwenden, für die energetische Arbeit ohne Bedeutung.

Wenn Sie die Zusammenhänge der Energien verstehen und sie wieder in Fluss bringen, kann sich auch die physische Realität entsprechend verändern.

Möglichkeiten der sinnanalytischen Aufstellung

Aufstellungen mit Gegenständen

Es besteht auch die Möglichkeit, Aufstellungen im kleineren Rahmen ohne eine Personengruppe als Stellvertreter durchzuführen.

Hierzu können Trainer und Klient (Aufsteller) Themen mithilfe von Gegenständen aufstellen. Die Gegenstände stehen dann stellvertretend für Personen, Gefühle und Strukturen. Der Aufsteller fühlt selbst, wie die Dinge zueinander im Verhältnis stehen und ändert die Positionen entsprechend, damit es zur Entspannung kommen kann. Der Ablauf ist ähnlich der einer Aufstellung mit Personen. Der Verlauf und das Ergebnis werden vom Aufsteller meist als weniger lösend oder emotional nachempfunden. Es können aber alle Themen und Fragen des Lebens auch mit dieser reduzierten Darstellung betrachtet und bewusst gemacht werden.

Aufstellungsarten

Grundsätzlich werden bei den sinnanalytischen, energetischen Aufstellungen zwei Arten unterschieden.

Unterscheidungskriterium ist die Frageart, die als Ausgangsfrage gestellt wird. Entsprechend dieser Ausgangsfrage gibt es »Wie«- und »Warum«-Aufstellungen.

Die Wie-Aufstellung

Bei einer Wie-Aufstellung geht es um die Abfrage von aktuellen Gefühlen der Beteiligten, um sich ein genaueres Bild von der direkten Umgebung machen zu können. Wie-Aufstellungen brauchen nicht viel Zeit, meist reichen 15 bis 30 Minuten aus, um Antworten zu erhalten. Eine Wie-Aufstellung bewegt nur die aktuelle Dimension der Zeit. Die Aufstellung bleibt bei dieser Fragestellung im Hier und Jetzt und liefert einen aktuellen Zustandsbericht des Innenlebens.

Wie Sie bei der Arbeit mit diesem Buch bereits festgestellt haben, sind Sie Meister im Nicht-Wahrnehmen Ihrer eigenen Gefühle und Bedürfnisse. Selbst wenn Sie sich spüren, sind Sie kulturell so angepasst, dass Sie Ihre wahren Empfindungen gegenüber Ihren Mitmenschen nicht kundtun, sondern eher lügen und verdrehen. Dieses Verhalten erleben Sie im Alltag ständig und überall. Es gehört quasi zu einem »guten Benehmen«.

Wer sagt schon offen, dass er sich an seinem Arbeitsplatz nicht wohlfühlt, weil die Kollegen immer soviel reden? Wer bittet den Chef um eine Gehaltserhöhung, weil er sich zu schlecht bezahlt fühlt? Solche Faktoren arbeiten unterschwellig in den Köpfen vieler Menschen und führen oft zu schlechtem Arbeitsklima oder entladen sich an völlig falscher Stelle.

In einer Wie-Aufstellung kann man für sich selbst solche Sachverhalte klären. Es wird in der Aufstellung dann ausschließlich gefragt »Wie fühlt sich der Stellvertreter in seiner Position mit dem oder jenem Menschen jetzt im Augenblick?« Man bekommt von den Teilnehmern aussagekräftige Gefühle geschildert und steigt nicht in die komplexe Welt der tiefen Emotionen ein.

Hilfreich ist diese Art der Fragestellung bei Unsicherheit in kurzfristigen Entscheidungen.

Drei augenscheinlich gleich gute Jobangebote – welches entspricht mir am meisten?

Welcher Spieler passt in meine Mannschaft?

Wie fühlt sich der Spieler, der seiner Form hinterherläuft?

Welche Geldanlage wähle ich für mein Erspartes?

Welches Auto entspricht mir?

Wie kann ich mein Haus verkaufen?

Wie fühlt sich das Kind mit ADS?

Wie wirke ich auf meine Kollegen? Sehen sie in mir den Chef, der ich zu sein meine?

Wie fühlt sich mein Hund?

u. v. m.

Der Stellvertreter bekommt in der Aufstellung Symptome und Gefühle, die einen vollkommen neuen Einblick gewähren.

Die Welt für einen Augenblick aus der Sichtweise eines anderen kennenzulernen, trägt wesentlich zum Verstehen von Handlungen und Abläufen
bei.

Diese Aufstellungsart kann ebenfalls sehr effektiv bei Firmenberatungen
und Mitarbeitercoachings angewandt werden.
Wie fühlt sich der gemobbte Angestellte, und wie fühlen sich seine Kollegen?
Eine neue Zusammenstellung der Arbeitsteams kann die Folge sein. Die
angedachte Neubesetzung kann in einer weiteren Wie-Aufstellung auf die
Probe gestellt und solange verändert werden, bis die optimale Lösung gefunden ist.
Wollen Sie eine Filiale neu besetzen, dann können Sie in einer Wie-Aufstellung die günstigste Kombination anschauen und optimieren.
Sie können durch eine Wie-Aufstellung wertvolle Hinweise für die Bewer-
berauswahl bei Neueinstellungen bekommen.
Da für die Aufstellungen Stellvertreter ausgewählt werden, kommen die
im normalen Alltagsumfeld nicht ausgesprochenen Empfindungen offen
ans Licht. So sind oft teure, herkömmlich nicht sofort zu durchschauende,
personelle, betriebliche Schwierigkeiten bereits im Vorfeld zu vermeiden.

Bei Ausschreibungen zur Gewinnung neuer Aufträge kann Ihnen eine
Wie-Aufstellung zeigen, wie Sie Ihr Angebot in das rechte Licht rücken.
Eine Wie-Aufstellung beeinflusst nicht, sondern zeigt unverfälscht das,
was ist. Sie zeigt das Fließen der Energiefelder zwischen den Personen
oder Gruppen, die betrachtet werden. Blockierte Energieflüsse führen zu
eingeschränkten Erfolgsmöglichkeiten, während freie Energieflüsse das
gesamte Potenzial bieten.
Wie-Aufstellungen können als schnelle und zuverlässige Entscheidungs-
hilfen in allen Lebenslagen dienen, in denen Sie von außen auf die Zusammenhänge schauen sollten, im Augenblick aber zu sehr verwickelt
sind in die Umstände.

Die Warum-Aufstellung

Die Warum-Aufstellung will nicht nur zeigen, wie sich jemand fühlt, sondern bei ihr geht es in die Tiefe der Emotionen, und es soll die Frage, *warum* sich jemand *wie* fühlt, beantwortet werden.

Alle Strukturen, die bisher im Buch beschrieben wurden, können bei einer Warum-Aufstellung zum Thema werden.

Durch die tiefgehende Fragestellung werden energetische Zusammenhänge in anderen zeitliche Dimensionen geschaffen. Es wird hier an der Vergangenheit gearbeitet.

Der Aufsteller arbeitet an Strukturen in seinem Energiefeld, die sich aus weggesteckten Gefühlen, aus knebelnden Glaubenssätzen oder einengenden Bewertungen gebildet haben. Sein Bewusstsein wird auf die Ursachen dieser Strukturen gerichtet, die so viel Energie gebunden haben, dass für die heutige Lebensgestaltung zu wenig übrig ist, um gesund, glücklich und erfolgreich zu sein.

In der Aufstellung nehmen Sie Ihre Emotionen wahr und erkennen die Muster Ihrer Biografie. Sie können dann Ihre Bewertungen verändern und die Strukturen aus der Vergangenheit im Energiefeld lösen. Hierdurch kommt es sofort zu Auswirkungen in Ihrem momentanen Leben.

Betrachten Sie beispielsweise folgende Fragestellung: »Warum hat mein Kind ADS?«

Durch eine Warum-Aufstellung können Sie zu tiefen Erkenntnissen kommen, die die Biografie des Kindes betreffen. Erfahrungsgemäß ist es so, dass bei Themen mit Kindern die Ursachen im Energiefeld der Eltern zu suchen sind.

Die meisten kranken oder auffälligen Kinder bilden nur das Symptom für ihre Umgebung (Spiegel). Alles, was Sie in der Aufstellung entdecken, ist nicht »schlimm«. Es bleibt ohne Bewertung, aber es ist wert, angeschaut zu werden, damit das Symptom gehen kann. Klären Sie in diesem Beispiel also die Ursache bei den Eltern mithilfe der Warum-Aufstellung auf, braucht das Kind nicht mehr die ADS-Problematik weiter zu tragen und kann heil werden.

In der Warum-Aufstellung wird – ausgehend von dem aktuellen Symptom – der Ursache auf den Grund gegangen und eine Veränderung herbeigeführt.

Die Aufstellungsarbeit führt den Einzelnen zu einem neuen Bewusstsein seines Lebens. Es wird offensichtlich, dass die Ereignisse des Lebens und jeder einzelne Augenblick aus einem Zusammenhang heraus so kreiert worden sind, wie sie jetzt sind.

Sie verstehen, warum Sie lebenslang rote Zahlen auf dem Konto geschrieben haben:

Weil ein entsprechender Glaubenssatz aus Ihrer Vergangenheit, der Ihnen nie bewusst war, Sie daran hinderte, Geld zu verdienen.

Sie verstehen, warum Ihre Partner Sie nie ernst nehmen: Weil Sie dies von Ihren Eltern vorgelebt bekommen und in Ihr Energiefeld übernommen haben.

Sie verstehen, warum Sie eine schwere Krankheit bekommen haben: Weil Sie unbewusst einem toten Verwandten in der Familie folgen wollen.

Sie verstehen, warum Ihr Hund die Krätze hat: Weil er das Gefühl, das Sie Ihrer Schwiegermutter gegenüber haben, es sich aber nicht auszusprechen trauen, auslebt.

Diese Beispiele sind fiktiv. Schließen Sie aus diesen Beispielen und aus der Teilnahme an einem Aufstellungstag nicht auf allgemeingültige Abläufe. Der Mensch ist heutzutage sehr bemüht, Abläufe zu verallgemeinern und methodische Festlegungen zu treffen. Beispiele hierfür sind die Fallpauschalen der Krankenkassen für die Behandlung eines Patienten, die computergesteuerten Auswertungen von Blutwerten und anderen körperlichen Merkmalen oder die Medikamente und Behandlungsmethoden für bestimmte Indikationen. Sie treffen für den Durchschnitt zu. Wer jedoch nicht zu diesem Durchschnitt zählt, erlebt die Risiken und Nebenwirkungen, den Kreislauf von Arzt zu Arzt, das Urteil »medizinisch austherapiert« oder stellt die Fachwelt vor Rätsel.

Die Lösungen und Wege in den Aufstellungen sind immer absolut individuell!

Es können keine allgemeingültigen Lösungen angeboten werden. Der Trainer muss in der Lage sein, in jedem Moment der Aufstellung in absoluter Präsenz zu sein. Ansonsten wird er dem Aufsteller mit seiner einzigartigen Biografie nicht gerecht. Wer als Trainer meint, der Blick auf den Boden habe immer etwas mit einem Verstorbenen zu tun, lässt sich bereits unbewusst in eine verallgemeinernde Richtung lenken. Wer als Trainer oft Fehlgeburten und Abtreibungen in seinen Aufstellungen erlebt, hat womöglich ein eigenes Thema nicht bearbeitet.

Erinnern Sie sich daran, wie ausgesprochen individuell Ihr Leben gestaltet ist. Jeder hat seinen Wahrheitsausschnitt und daraus seine Erfahrungen. Zwei Menschen können eine vergleichbar schwere Kindheit erlebt haben. Der eine kann aus diesen Erfahrungen eine Krankheit entwickeln, der andere kann die Härten der Kindheit nutzen, um erfolgreicher Großverdiener zu werden.

Sehen Sie zwei Menschen mit den gleichen Symptomen, ist die Ursache bei jedem eine vollkommen andere.

Sowohl bei den Wie- als auch bei den Warum-Aufstellungen können alle Lebensthemen beleuchtet werden. Bei der Warum-Aufstellung wird eine Auflösung und Erlösung der Thematik angestrebt. Bei der Wie-Aufstellung bleibt es bei einer Betrachtung des Augenblicks ohne konkreten Lösungsansatz.

Die herkömmliche Sichtweise ist bestrebt, möglichst allgemeingültige Lösungen zu finden. Dies ist auf der Ebene der Symptome machbar und wird hier nicht bewertet.

Die Heilenergetik bietet einen anderen Weg an:

Es gibt 7 Milliarden Menschen auf der Welt, es gibt genauso viele individuelle Lebensthemen, und die Heilenergetik ist bestrebt, 7 Milliarden individuelle Lösungen zu bieten.

Sie meinen, das sei überheblich?

> Wenn jeder sich selbst liebt und dann entsprechend seine Nächsten lieben kann, kommen wir alle gemeinsam dem Ziel des höheren Bewusstseins ein Stück näher.

Einsatz von sinnanalytischen Aufstellungen

Aufstellungen sind hilfreich, um Zusammenhänge zu beleuchten, das eigene Leben wahrzunehmen, zu verstehen und komplexer zu sehen.
Es gibt kein Thema, das nicht aufgestellt werden könnte.
Aufstellungen bringen den Teilnehmern Entwicklung, Freude und die Möglichkeit, das eigene Leben eigenverantwortlich selbst zu gestalten.

Wenn Ihnen klar wird, dass Ihr jetziges Leben das Ergebnis der Gestaltungskraft Ihres Energiefeldes ist, das Ihre eigenen Ansichten und Bewertungen, Ihre Strukturen und Beschränkungen aus der Vergangenheit in das Heute umsetzt, dann wird Ihnen auch klar, dass Sie durch Ihre heutigen Entscheidungen und Bewertungen Ihr Leben von morgen gestalten.

Eine energetisch-sinnanalytische Aufstellung ist so etwas wie die Besichtigung Ihrer Küche und Ihres Vorratsraumes. Hieraus ersehen Sie, mit welchen Zutaten, mit welchen Werkzeugen, mit welcher Sauberkeit und mit welcher Hingabe das Menü bereitet werden wird. Das Menü ist Ihr Leben und es kann nur so gut werden, wie die Zutaten Ihres Energiefeldes es zulassen.

Wenn Sie die sinnanalytische Aufstellungsarbeit konsequent durchdenken und sich der Komplexität des Lebens bewusst werden, kommen Sie zu folgendem Schluss:

> Das Leben als solches ist Aufstellung!

Sie machen ständig und immer, den ganzen Tag lang Aufstellungen. Die Menschen, denen Sie im Alltag begegnen sind die Teilnehmer an Ihrer Aufstellung des Lebens. Sie interagieren mit Ihnen und geben Ihnen Rückmeldung Ihrer Sichtweise, Ihrer Wahrnehmung und Ihrer Gefühle. Daraus können Sie nun wieder Rückschlüsse auf Ihr Verhalten ziehen und sich entwickeln.
Jeder, der Ihnen im Leben begegnet, steht in einer Energiefeldverbindung zu Ihnen und regt bestimmte Strukturen in Ihrem Energiefeld an. Ansonsten würden Sie diesen Menschen nicht wahrnehmen.

14.
Werden Sie zum bewussten
Gestalter Ihres Lebens

Sie können nun alle Puzzleteile zusammenfügen und werden feststellen, dass Ihnen das letzte kleine Teil noch fehlt. Dieser kleine Teil kann aber darüber entscheiden, ob das Puzzle zusammenhält und am Ende ein großes Gesamtbild ergibt oder in Einzelteile zerfällt und nicht *mehr* bietet, als alle anderen Bücher, die über Themen des Lebens geschrieben wurden.

Das letzte Puzzleteil sind Ihre Gedanken.

Gedanken sind energetische Schwingungen, die die Welt das werden lassen, was Sie an Emotionen fühlen und aus Erfahrung kennen.

Gedanken sind in ihrer Existenz genial. Mit Ihren Gedanken kreieren Sie Ihre Realität. Auch in dem Moment, da Sie etwas nicht denken wollen, denken Sie es schon, und bewirken damit etwas.
Auf den vergangenen 270 Seiten dieses Buches wurde Ihnen ein neues Bild der Existenz präsentiert und bewusst auf wissenschaftliche Zitate und Verweise verzichtet.
Bisher nutzen Sie Ihre logischen Gedanken wie scharfe Messer. Sie analysieren, zerlegen, zerteilen, verletzen und trennen.
Hier, in diesem Buch, werden neue Wege der Gedanken erlebt. Die neuen Gedanken erkennen, verbinden, fügen zusammen, lassen leben und lernen lieben.

In diesem Buch haben Sie sämtliche unbewussten Anteile des Lebens und alle Emotionen des Unterbewusstseins angeschaut. Sie haben sie gefühlt und verstanden, verändert und akzeptiert. Jetzt ist es an der Zeit, sie wieder in den See des *Unbewussten* absinken zu lassen.

Wenn Sie alle Übungen intensiv durchgeführt haben, haben Sie Ihr Energiefeld geklärt und ins Fließen gebracht. Es steht Ihnen viel Kraft zur Verfügung, Ihr Leben nunmehr ganz nach Ihren Wünschen zu gestalten.

Sie sind nicht länger Opfer der Verhältnisse, sondern Gestalter Ihrer eigenen Realität.

Dieses Buch soll Ihr Herz und Ihr Wesen anregen, sich zu fühlen. Aus der Kraft des Herzens wächst eine neue Gedankenform, ein herzliches Denken, das Ihnen neue Wege in Ihr Leben zu Ihrem inneren Frieden eröffnet. Dies gibt Ihnen ein Gefühl, »verstanden zu werden« und »angekommen zu sein«. In diesem Buch finden Sie sich wieder. Alles, was Sie bisher zwar gefühlt haben, aber nicht denken konnten, können Sie jetzt wahrnehmen.

Ihre Gedanken formen die Welt Ihres Wahrheitsausschnitts. Wie Sie denken, so erleben Sie Ihre Welt. Wenn Sie es schaffen, komplex und wohlwollend zu denken, ist Ihre Welt als Ihr Spiegel entsprechend. Um so denken zu können, sollten Sie die schwierigen Themen und Emotionen in Ihrem Leben betrachten und mit den erlernten Übungen bewusst integrieren. In dem Maße, in dem Sie innerlich heil werden können, in Gedanken, Emotionen und Taten, kann Ihre Umgebung ebenfalls heil werden.

Denn alles ist Spiegel Ihres Selbst.

Ihre Gedanken werden, wenn Sie den Inhalt des Buches umsetzen, zu heilenden Gedanken. Sie denken fühlend, verbindlich und erleben die Zusammenhänge.

Ihre Gedanken fügen Ihre Welt zu Ihrem individuellen Bild zusammen. Wenn die Gedanken geklärt und liebevoll sind, erschaffen SIE eine liebevolle, friedliche Welt.

30. Übung —

Gedankenkraft bewusst leben

Setzen Sie sich entspannt hin, und atmen Sie durch die Nase ein und durch den Mund aus.

Beobachten Sie Ihre Gedanken, aber halten Sie an keinem Gedanken fest.

Mit jedem Atemzug lassen Sie alle belastenden Gedanken nach und nach los.

Die Welt ist, was Sie von ihr denken.

Ihr Leben ist, was Sie von ihm denken.

Stellen Sie sich jetzt vor, wie Ihr Leben sich in den kommenden Jahren entwickeln wird.

Malen Sie sich Ihre Vorstellung genau aus.

Stellen Sie sich vor, wie Ihr Leben in fünf/zehn/fünfzehn Jahren aussehen wird.

Gestalten Sie es vor Ihrem inneren Auge genau so, wie es Ihnen gefällt.

Fühlen Sie Ihr Leben, fühlen Sie sich entspannt und glücklich.

Nehmen Sie das Gefühl dieser Vorstellung mit zurück in Ihr jetziges Leben.

Fühlen Sie das tiefe Vertrauen, dass alles genau so wird, wie es für Sie richtig ist.

15.
Das Gesamtbild

Sie haben als Energiewesen, als Bewusstsein, dieses Leben gewählt.
Das Leben ist ein riesengroßes Spektakel und – wie Sie jetzt wissen – doch nur Ihre eigene Wahrheit. Wenn diese Wahrheit Ihnen nicht gefallen sollte, dann schimpfen Sie nicht länger, ändern Sie sie.

Es war Ihre ganz persönliche Entscheidung, an diesem großartigen Spiel des Lebens teilzunehmen. Alles ist genau so, wie Sie es erleben wollten, um sich entwickeln zu können.
× Ob Sie es bewusst oder unbewusst tun, ist gleich gültig (nicht: gleichgültig!).
× Ob Sie sich freuen oder leiden, ist gleich gültig.
× Ob Sie es lieben oder hassen, ist gleich gültig.

Haben Sie das Spiel des Lebens verstanden und können Sie es in sich fühlen, dann macht es Spaß, die Spielregeln kennenzulernen und mitzuspielen.
Ihr Leben war zerfallen in viele kleine Inhalte und Symptome, jetzt nehmen Sie das komplette Bild des Puzzles und schauen es sich öfter an. Jedes Mal, wenn Sie Ihr Bild anschauen, werden in Ihnen die komplexen Zusammenhänge der energetischen Grundgesetze angesprochen.

Heilenergetiker zu sein bedeutet, die Zusammenhänge des Lebens komplex mit einem universellen Denken zu begreifen, und diese Erkenntnisse im eigenen Leben umzusetzen.

Heilenergetiker zu sein bedeutet, einen Schulungsweg gegangen zu sein und sich selbst auf diesem intensiven Weg geheilt zu haben.

Heilenergetiker zu sein bedeutet, selbst nie wieder in Ohnmacht zu leben, sondern sein Leben in Eigenverantwortung bewusst und kreativ zu gestalten.

Heilenergetiker zu sein bedeutet, Spaß zu haben und im Fluss zu sein.

Heilenergetiker zu sein bedeutet, Vertrauen zu haben in die Schöpfungskraft und alle Zusammenhänge des Lebens und Bewusstseins. Alles ist immer genau so richtig, wie es ist.

Heilenergetiker bedeutet, zu sein.

Zu »sein« bedeutet, immer wieder fühlen zu können, dass Schöpfung genau so gemeint ist, wie Sie sind und das tiefe Vertrauen zu haben, dass – egal, was passiert – es aus einem Zusammenhang und einem Sinn heraus geschieht. Ihr Leben ist die reinste Freude!

Nachwort

Das erweiterte Verständnis von den Lebensabläufen ist – sowohl im privaten als auch im beruflichen Leben – äußerst wertvoll.

Die Unterschiedlichkeit von Mann und Frau im Fühlen, Denken und Handeln ist im Allgemeinen Ursache für Ehescheidungen. Wenn jedoch verstanden wird, dass der Ehepartner der intensivste Spiegel und damit der wertvollste Lehrer für die eigene Weiterentwicklung ist, ermöglicht dies Kommunikation statt Sprachlosigkeit, sich miteinander weiterzuentwickeln anstatt im Streit auseinanderzugehen.

Die Kinder in der heutigen Zeit gelten als schwierig. Die Situation in den Familien und in den Schulen ist problematisch. Wenn verstanden wird, dass die Kinder Aspekte der eigenen Persönlichkeit der Eltern und Lehrer darstellen, können die üblichen Schuldzuweisungen entfallen, und eine gemeinsame Arbeit kann beginnen. Die Kinder zeigen den Eltern und Lehrern ihre Schwachstellen und ermöglichen dadurch Entwicklung. Die Kinder haben die Kraft der schneller schwingenden Energiefelder bereits in sich, die die Eltern und Lehrer erst erlangen müssen. Von daher sollten sich die Eltern und Lehrer entwickeln und nicht ihr Hauptaugenmerk darauf richten, die Kinder zu bremsen.

Das Gesundheitssystem unseres Landes steht vor immensen Herausforderungen, weil immer mehr Menschen am fehlenden Sinn ihres Lebens verzweifeln. Dies führt zu physischen und psychischen Krankheiten, die mit herkömmlichen, symptomorientierten Behandlungsmethoden kaum zu therapieren sind. Die heilenergetische Arbeit, die den Menschen die Ursachen ihrer Probleme und die Möglichkeiten zur Bearbeitung aufzeigen kann, vermag in vielen Fällen, zur Entspannung der Lage beizutragen. Es ist sinnvoll, dem Menschen einen Lebenssinn zuzugestehen.

Das Weltfinanzsystem droht zu zerbrechen und die Realwirtschaft in einen Abwärtsstrudel zu reißen. Der Sinn von Geld als einer Form von Energie, die die menschlichen Interaktionen fördern sollte, geriet in Vergessenheit. Die Angst vor dem Mangel, die eine Auswirkung des materiellen Lebens ist, hat im Energiefeld der Menschheit zu einer Struktur geführt, die den freien Energiefluss stark stört. Nun gilt es, nicht an den Symptomen zu kurieren, sondern die Ursachen zu ermitteln. Diese finden sich im Gruppenenergiefeld der Menschheit.

Wie an anderer Stelle in diesem Buch erklärt wurde, kann jeder Einzelne zur Arbeit am Gruppenenergiefeld beitragen, indem er sein eigenes Energiefeld bearbeitet. Jeder Einzelne möge sich fragen, ob er Geld als Energieform empfindet, die ihr Potenzial im freien Fließen entwickelt oder ob er aus tiefsitzender Angst Vermögen hortet und dem freien Fließen entzieht.

Geld sollte wirken wie ein Netzwerk von feinen Wasserläufen, die alles bewässern und überall Wohlstand erzeugen. Wir haben es jedoch zu reißenden Strömen gemacht, die über die Erde hinwegfegen, an der einen Stelle für Überschwemmungen sorgen und an der anderen für Dürre.

Heilenergetik ist die Grundlage für Verständnis und Veränderung in allen Lebensbereichen.

Stefanie Menzel
Jahrgang 1959,
Therapeutin, Dozentin, Autorin, Künstlerin
und Mutter von vier Kindern.

Nach dem Studium der Kunsttherapie absolvierte Stefanie Menzel eine intensive Aus- und Weiterbildung in energetischer Lebensphilosophie, sensitiver Wahrnehmungsfähigkeit sowie systemischer Aufstellungsarbeit. Sie arbeitet seit 23 Jahren als Therapeutin, Dozentin und Künstlerin.

Sie hat durch ihre Arbeit Hellsichtigkeit und den Zugang zu höheren geistigen Ebenen erlangt und nimmt den Ursprung, den Sinn und das Ziel des Lebens des Menschen aus einer übergeordneten Perspektive wahr.
In ihren Kursen „Schulungs- und Erkenntnisweg zum Heilenergetiker" gibt sie dieses Wissen weiter.

Die Kurse sind so aufgebaut, dass den Teilnehmern der Zugang zur Ebene des Sinns, der Kreativität und der Gestaltungskraft für das eigene Leben vermittelt wird.
Durch die extreme Steigerung der Kraft des eigenen Energiefeldes können die Teilnehmer mit ihrer gesamten Aura ihre Umgebung wahrnehmen und einen westlichen Weg der Erleuchtung gehen.
Dies führt zu Hellsinnigkeit auf allen Ebenen des Seins, zur kreativen Weiterentwicklung des beruflichen Wissens, zur Erlangung von Ausstrahlung, Präsenz, Selbstvertrauen und Führungsqualität und nicht zuletzt zu reiner Lebensfreude aus dem Gefühl der Verbundenheit mit allem was ist.

Die Heilenergetik nach Stefanie Menzel bezieht sich auf das Leben. Die alles verbindenden Energiefelder wirken in allen Lebensbereichen überall auf dieselbe Art und Weise. So wie der elektrische Strom den Rasenmäher, den Föhn, das Rechenzentrum eines Konzerns oder die Weltraumstation zum Leben bringt, bilden die Energiefelder die Grundlage als Kraft hinter allen persönlichen, beruflichen, gesellschaftlichen, finanziellen, wirtschaftlichen und politischen Abläufen. Erst dieser Überblick über das Sein lässt die Kraft zur Heilung in allen Lebensbereichen entstehen. Wenn Sie sich ausführlich informieren wollen, besuchen Sie die Internet-Seite *www.systems-of-life.de*.

Weitere Angebote von Stefanie Menzel:
Einzelberatungen im privaten, beruflichen und sozialen Bereich
Gruppen-, Firmen- und Organisationsberatungen
Energetisch-sinnanalytische Aufstellungen
Heilenergetikertage
Malkurse: Farben als Ausdruck von Körper und Seele
    Wirkung von Kunst in Räumen
    Energetisch-kunsttherapeutische Malkurse

Roomflow: Künstlerische Planung, Gestaltung und Einrichtung von Gebäuden und Räumen nach westlichen Raumbedürfnissen.
Individuell gestaltete Bilder.
www.roomflow.de

Kartensets zum Thema:
Mit Chakren deine Seele öffnen
58 Karten und Booklet zur Arbeit mit den 10 Chakren der Energie 2012.
16,95 Euro, ISBN 978-3-89767-381-6

Die Karten der Heilenergetik
Arbeits- und Erklärungskarten zum vorliegenden Buch *Heilenergetik* erscheint Herbst 2009

www.heilenergetiker.de